나의 소중한 사람들에게
이 책을 바칩니다.

———

나를 성장시켜 줘서 고마워요.

나를 위해 싸워 줘서 고마워요.

내 곁에 있어 줘서 고마워요.

당신의 사람을 찾으라

지은이 | 제니 앨런
옮긴이 | 이석열
초판 발행 | 2023. 2. 23
등록번호 | 제1988-000080호
등록된 곳 | 서울특별시 용산구 서빙고로65길 38
발행처 | 사단법인 두란노서원
영업부 | 2078-3333 FAX | 080-749-3705
출판부 | 2078-3332

책값은 뒤표지에 있습니다.
ISBN 978-89-531-4414-9 03230

독자의 의견을 기다립니다.
tpress@duranno.com   www.duranno.com

두란노서원은 바울 사도가 3차 전도 여행 때 에베소에서 성령 받은 제자들을 따로 세워 하나님의 말씀으로 양육
하던 장소입니다. 사도행전 19장 8 - 20절의 정신에 따라 첫째 목회자를 돕는 사역과 평신도를 훈련시키는 사역,
둘째 세계선교™와 문서선교단행본 · 잡지 사역, 셋째 예수문화 및 경배와 찬양 사역, 그리고 가정 · 상담 사역 등을 감
당하고 있습니다. 1980년 12월 22일에 창립된 두란노서원은 주님 오실 때까지 이 사역들을 계속할 것입니다.

FIND YOUR PEOPLE

홀로 세상에서 깊고 친밀한 관계로

당신의 사람을 찾으라

제니 앨런 지음
이석열 옮김

두란노

이 책을 향한 찬사들

고립을 택하기보다 사람들과 어우러져 살고 지지해 주는 공동체를 가까이 두는 것이 좋다. 하지만 종종 관계에서 실패하고 상처 입을 때, 너무 바쁜 나머지 어떤 노력도 할 수 없을 땐 그 방법이 궁금해지곤 한다. 제니 앨런은 좋은 사람들과 참된 정서적 연결을 이룸으로 건강한 관계를 만들어 가는 방법을 알려 준다.

: 리사 터커스트(Lysa TerKeurst), 베스트셀러 작가이자 Proverbs 31 Ministries 대표

이 책은 하나님의 마음을 오롯이 보여 줌으로써 거짓 없고 의미 있는 관계를 경험하도록 도전한다. 지혜와 실질적인 조언들을 통해 저자는 우리의 사람들을 찾지 못하도록 가로막는 일반적 장애물들을 어떻게 극복해 나갈지에 대한 통찰을 나누며, 외로움을 공동체로 대신하기 위해 싸우라고 권면한다.

: 새디 로버트슨(Sadie Robertson), Live Original 창립자

현시점을 위한 책이나 메시지로 《당신의 사람을 찾으라》보다 더 나은 선택지는 떠오르지 않는다. 우리는 공동체, 의미, 더 풍성하고 깊숙이 생명을 주고받는 관계에 굶주려 있다. 저자는 실제로 이룰 수 있는 지침을 제시해 준다. 이 책은 힘들고 외로운 영혼들에게 꼭 필요하다.

: 제퍼슨 베스키(Jefferson Bethke), *Take Back Your Family*(가족 되찾기) 저자

제니 앨런은 참된 우정과 공동체에 대한 놀라운 비전을 제시할 뿐만 아니라 직접 모범을 보이며 앞장선다. 이 책은 깊고 의미 있는 우정이 불가능하다고 믿도록 유혹하는 시대에 시기적절하고 실용적인 자원이다.

: 루스 초우 시몬스(Ruth Chou Simons), gracelaced.com 설립자

깊숙이 연결된 공동체는 건강, 기쁨, 성공, 연결로 나아가는 길이다. 이 책은 당신에게 꼭 필요하고 당신이 바라는 관계로 발돋움하도록 영감을 불어넣고 도전하며 격려할 것이다.

: 애니 F. 다운스(Annie F. Downs), *That Sounds Fun*(참 재밌네요) 저자

모든 세대가 다시금 새롭게 배워야 할 사실이 있다. 우리 모두가 경험하는 헤아릴 수 없는 고통은 바로 혼자가 되는 고통이다. 성경의 삼위일체 하나님은 그 고통을 치유하시고, 세상의 아름다움과 선함을 창조하는 사역을 우리에게 다시 맡기려고 예수님의 몸을 입고 이 땅에 오셨다. 제니 앨런은 이 세대가 필요로 하는 민감한 목소리이며 이 책을 통해 영감을 줄 뿐 아니라 실용적인 길잡이 또한 제공한다. 이 책을 읽고 당신의 사람들을 찾기 바란다. 그동안 갈망하고 목말랐던 삶을 찾기 바란다. 예수님을 찾기 바란다.

: 커트 톰슨(Curt Thompson), 《수치심》 저자

우리는 외롭게 인생길을 가도록 설계되지 않았다. 보이고 알려지고 서로 소속되어야 풍성한 삶을 누릴 수 있다. 이 책에서 제니 앨런은 어떻게 하면 더욱 깊고 탄탄한 관계를 이루어 서로에게 예수님을 보여 주고 하나님이 주신 목적을 이루도록 도울 수 있는지 알려 준다.

: **크리스틴 케인**(Christine Caine), Propel Women 설립자

공동체는 충실하고 믿음 충만한 삶을 살기 위한 열쇠이다. 저자는 자신의 삶의 여정을 진솔하게 보여 주면서 우리의 삶에 왜 사람들이 필요한지 더욱이 그 사람들을 어떻게 찾을 수 있을지에 대한 비전을 제시하고 있다. 이 책은 원수의 거짓말을 단호히 물리치고 믿음의 순환이라고 부르는 것을 발견하도록 도전할 것이다. 당신을 위해 싸워 줄 사람들을 찾을 뿐만 아니라 당신도 그들을 위한 투사가 되도록 사기를 북돋을 것이다.

: **마이클 토드**(Michael Todd), 변혁 교회 수석목사

사람이 혼자 사는 것이 좋지 아니하니

-하나님이 지구상에서 첫 인간을 창조하신 후

그러므로 비록 관계 맺는 일이
골치 아프더라도 우리는
외톨이로 살아갈 수 없다.
이 점을 놓치지 말아야 한다.

contents

Part 1

좋은 관계, 인생의 축복이자 선물

Part 2

홀로 세상에서 건너와 나의 사람들과

'연결'을 위한 다섯 가지 노력들

Part 3

공동체에서 뿌리 내리기

프롤로그

찰거머리 같은 외로움,
함께 이겨 내기

지난주 갑자기 공황이 찾아왔다. 거세게 몰아치는 발작에 제대로 숨을 쉬지 못하고 방바닥에 주저앉았다. 십 년 동안 한 번도 없었던 일이었다.

돌아보니 사람이 없었다

지금 나는 책의 나머지 부분의 집필을 얼추 끝내고서 이 글을 쓰고 있다. 솔직히 털어놓아야겠다. 이것이 최근의 내 현실이다. 나는 2년여 동안 글을 쓰고 연구하며 적어도 다섯 명 중 세 명은 날마다 느낀다는 외로움에 대해 생각했다.

"외로움."

당신도 역시 그런 감정을 느끼기 때문에 이 자리에 있는 것이리라. 자신이 보이지도 않고 알려지지도 않으며 삶이 던져 주는 어떤 난관도 혼자서 맞서야 한다는 그 아득하고 소름끼치게 가라앉는 느낌 말이다. 나도 오롯이 이해한다.

하지만 확신하건대 그 감정은 새빨간 거짓말에 뿌리를 박고 있다. 대항하는 법을 배우지 않는다면 끊임없이 우리를 어두운 심연으로 끌어들이기 위해 위협해 오는 거짓말이다. 최근 내 공황 발작이 대표적인 예다.

공황은 몇 주간에 걸쳐서 조금씩 생기고 있었다. 이 책을 퇴고한다고 잠적했다가 마침내 모습을 드러냈을 때 여동생과 다툼이 생겼다. 우리는 몇 달 동안 서로를 보지 못했고 둘 다 매우 분주하게 살고 있었다. 하지만 여동생은 두말할 필요 없이 내 가장 절친한 친구이다.

남편은 내가 너무 정신이 딴 데 가 있다고 불만스러워 했다. 심지어 책을 쓰지 않을 때조차도 제대로 굴러가지 않는 수백 가지 일들로 정신이 흐트러지기 때문이다.

친구들은 내가 없이도 변함없이 추억을 쌓고 경험을 나눠 왔음을 문득 깨달았다. 함께 어울릴 수 없는 시간이 너무 길어지자 친구들은 더 이상 내게는 전화도 걸지 않았다. 친구들은 함께 어울리고 있는데 나만 홀로 빠져나와 있었다.

참담할 정도로 분명하게 모든 생각이 한꺼번에 몰려왔다. 나는 자신의 사람들을 찾으라는 책을 쓰는 동안에 친구들을 모두 잃고 말았다. 나는 더없는 사기꾼이었다. 내게는 사람들이 없었다.

갈등과 고립과 두려움은 몇 주 동안이나 계속되었다. 그리고 점차 증폭되었다. 그 생각이 머릿속에서 떠나질 않았다. 그 후 또 다른 친구가 나에 대한 실망감을 드러냈고 급기야 나는 홀로 방바닥에 주저앉아 숨을 헐떡대고 있었다. 내 숨통을 조여 온 그 거짓말은 무엇인가?

나는 완전히 혼자다

바로 그날 밤 최악의 두려움이 현실로 나타나는 생생한 악몽에 시달렸다. 친구들이 모두 떠났을 뿐만 아니라 모함을 하면서 내 험담을 늘어놓고 있었다.

우리의 절친한 우정에 대한 책이 세상에 나와 있는 상태였다. 너무 감상적인가? 혹시 의아하게 여길지도 모르겠다. 바로 이런 일로 혼란스러운 사람에게 도대체 무슨 도움을 기대할 수 있을까 하고 굳이 당신에게 이런 이야기를 털어놓는 이유는 무엇일까?

우리는 모두 어느 정도 마음속 깊숙이 혼자라는 두려움을 공유하고 있기 때문이다. 어쩌면 당신은 바로 지금 외로움에 허덕이고 있을지도 모른다. 어쩌면 당신의 사람들이 있었지만 지금은 떠나고 없을지도 모른다. 아니라면 진정으로 당신의 사람들이 있었던 적이 결코 없었을지도 모른다. 아니라면 아마도 지금 당신의 사람들이 있지만 함께 있을 때조차 소외감을 느끼고 없는 존재가 된 것 마냥 느낄 수도 있다.

외로움의 고통은 지독하며, 찰거머리 같다

《당신의 머릿속에서 나오라》에서 언급했듯이 내게 신경 관련 조언을 해 주는 친구 커트 톰슨(Curt Thompson)은 "모든 사람은 자신을 찾고 있는 누군가를 찾아서 세상에 나온다"고 즐겨 말한다. 맞는 말이다. 하지만 충분치는 않은 듯하다. 왜냐하면 우리는 그 이상의 것을 찾고 있기 때문이다.

최근 연결됨에 관한 얘기를 나누던 중 커트는 유아기부터 노인에 이르기까지 우리는 다음 세 단어를 필요로 한다고 짚어 주었다![1] 모든 인간은 바란다.

> 보이고(Seen).
> 위로받고(Soothed).
> 안전하길(Safe).

우리는 그저 눈에 보이기만을 바라지 않는다. 친구나 사랑하는 사람들에게 좌절과 희망의 말을 털어놓고 위로받고 싶다. 눈에 보이고 위로받으며 안전하기를 바란다. 하지만 언제나 안전하지는 않다. 항상 위로받지도 않으며 심지어 보이지 않는 존재처럼 느껴지기도 한다.

때로 외로움은 스치는 생각일 만큼 대수롭지 않다. 미래에 대한 몇 가지 걱정 속에서 잠들기도 할 것이고 이런 속삭임이 마음속으로 슬그머니 발을 들이기도 할 것이다.

'아무도 내가 무슨 일을 겪는지조차 모를 거야.'

이따금 그것은 보다 심각한 현실이 된다. 몇 년 동안 삶이 너무도 혼란스럽고 벅차서 뜻하지 않게 관계에는 마음을 쓰지 못했고 정신을 차려보니 우리의 사람들은 가고 없을 수 있다.

외로움은 우리 영혼의 틈새에 자리잡은 뿌리 깊은 고립감이다. 외로움은 다음과 같은 처지가 될 때 과연 진정으로 알려지고 보여

지고 받아들여지고 나아가 소중히 여겨지고 있는가에 대해 드는 의문이다.

- 공항 픽업을 부탁하기 위해 도대체 누구에게 전화를 걸어야 할지 모르겠다.
- 축하하거나 슬퍼할 일이 있지만 함께 축하하거나 슬퍼해 줄 사람이 없다.
- 브레인스토밍을 해 보고 싶지만 함께 꿈을 나눌 수 있을 정도로 내게 신경 써 줄 사람이 없다
- 직장에서 어려운 상황을 겪고 있지만 허심탄회하게 이야기해도 될 만큼 안전한 사람이 한 명도 떠오르지 않는다.
- 대부분의 친구들은 결혼을 했거나 아이를 낳았지만, 나는 데이트조차 하지 못하고 있다.
- 아이들은 다 자랐고 나는 배우자 없이 대부분의 시간을 혼자서 보낸다.
- 다음번 식사도 여전히 혼자서 할 것이다.
- 주말을 앞두고 있지만 아무런 약속도 없다. 내가 추진하거나 혼자서 하지 않는 한 아무것도 할 일이 없다.
- 좋은 친구라고 여겼던 누군가와 이야기하고 있지만 중요한 사안들에 대해서는 완전히 생각이 다르다는 것을 깨닫는다.
- 나의 가족들은 사이가 좋지 않아서 자주 보지 않지만, 다른 사람

들은 크리스마스에 (정상적이고 행복하고 화목한) 가족을 보러 집에 갈 일에 들떠 있는 것처럼 보인다.

- 하고 싶은 얘기가 있는데 누구에게 전화를 해야 할지 모르겠다.
- 너무 오랫동안 진심으로 내 말을 들어주는 사람이 없었다. 솔직히 마지막으로 마음의 문을 열었던 때가 언제였는지 기억조차 나지 않는다.

이런 상황들은 아픔을 불러일으킨다. 외로움의 고통은 피할 수 없는 인간 조건의 실상이 되었다. 그렇지 않은가? 이는 우리 모두가 맞닥뜨린 현실이 아닌가? 아니면 나만 그런 것인가? 아니면 당신이 이런 외로움을 느끼는 유일한 사람은 아닐까 고민한 적은 없는가? 정말 다행히도, 외톨이라고 느끼는 사람이 당신 혼자만은 아니다.

외로움이 주어진 운명이라는 거짓말에 속지 말라

실제 같은 생생한 악몽에 시달린 뒤 아침에 눈을 뜨자 한 가지 사실이 불을 보듯 분명해졌다. 나는 외로움이 주어진 운명이라는 거짓말을 믿고 있었으며, 그것을 현실로 만들고 있었다. 왜냐하면 사랑하는 이들로부터 물러나서 그들을 판단하고 그들이 마치 내 적이라도 되는 것처럼 나 자신을 방어하고 있었기 때문이다.

그런 생각을 하고 있을 때에 가장 친한 친구에게 전화가 왔다. 착신음이 음성사서함으로 넘어가게 놔 두고 이불을 머리끝까지 끌어당기는 대신 자리에서 일어났다. 이것은 내가 맞서 싸워야 할 기회라고 생각했다.

전화를 받자 린지(Lindsey)는 그저 잘 지내는지 확인차 연락했다고 했다. 나는 용기를 내서 말했다. "지금 내가 겪고 있는 일들을 너희도 알았으면 해."

이제 혼자만의 은신처로 다시 잠적할 일은 없어졌다. 모든 것을 남김없이 털어놓을 때까지 나를 홀로 내버려 두지 않을 친구들이 있기 때문이다. 그날 밤 우리는 함께 모였다. 친구들에게 몇 주동안 줄곧 쌓여 오던 불안감, 악몽, 사기꾼 신세가 된 것 같은 두려움, 심지어 공황 발작 그리고 가족과 얽힌 어려움에 대해 마음을 쏟아냈다.

친구들은 나를 사랑으로 감싸며 위해서 기도하고 싸워 주었다. 나중에 나를 차에서 내려 줄 때 린지는 미소를 지으며 말했다. "제니, 오늘만큼 널 가깝게 느꼈던 적은 없어."

그 후 여동생에게 전화를 해서 만나자고 했다. 식사 중에 눈을 맞추며 내가 받은 상처를 허심탄회하게 털어놓았다. 여동생도 자신이 받은 상처를 털어놓았다. 둘 다 얼마나 심란하고 갈팡질팡했는지 돌이켜 보며 소리 내 웃었다. 결국 우리는 근황을 속속들이 나누며 훈훈하게 하루를 함께 보낼 수 있었다.

한 사람씩 내 주변의 사람들에게 다가가서 그동안 두려워했던 바로 그 일을 했다. 나에게 그들이 필요하다는 것을 공개적으로 인정했다.

나를 무너뜨리겠다고 위협해 온 그 거짓말에 맞서 싸웠다.

"난 혼자가 아니야."

"사기꾼이 아니야."

"내 사람들이 있어."

당신은 혼자라는 거짓말을 지금 믿고 있을지도 모르겠다. 하지만 만약 우리가 필요로 하는 사람들이 바로 옆에 있다면 어떤가?

주위의 소리에 귀 기울여 보라. 희망의 말을 들려주고 싶다. 잠깐의 연결됨만 경험하는 '외롭고 고립된 삶'에서 오직 잠깐의 외로움만 경험하는 '친밀하게 연결된 삶'으로 갈아타기 바란다.

내 말이 터무니없는 소리처럼 들리는가? 그렇지 않음을 증명하려고 나는 이 자리에 있다. 외톨이라는 거짓말이 다시금 슬금슬금 내 마음에 파고들 때 잠깐 좌절할 수도 있겠지만, 나는 거기에 머물지 않는 법을 배웠다. 또 이따금 외로움을 깨닫고 경험한 뒤 솔직하게 공유함으로서 사람들을 불러 모을 수 있다는 사실도 알게 되었다. 왜냐하면 이제 외로울 때도 그런 사람은 나 혼자만이 아님을 알기 때문이다!

우리 둘 다 그 연결됨을 경험하기를 간절히 바란다. 나는 직접 그 가능성을 확인해 왔다. 일단 보고 나자 안 볼래야 안 볼 수가 없게 되었다. 이 삶을 위해 싸우지 않을 수 없었다. 마찬가지로 당신도 그것을 위해 싸우게 될 것이다. 장담한다. 당신은 보게 될 것이고 안 볼래야 안 볼 수 없을 것이다. 함께 거짓말에 맞서 싸우자. 우리의 사람들을 찾아 나서자.

Part 1

좋은 관계,
인생의 축복이자
선물

Find Your People

1

인간관계 속에서

표류 중이라면

당신은 참 되고 본질에 충실한 관계를 맺도록 지음 받았다는 사실을 믿는가? 설령 내성적인 사람이라 하더라도 우리는 모두 하나님으로부터 육체적, 정서적 그리고 영적으로 관계를 지향하도록 설계되었다. 태어나는 순간부터 마지막 숨을 내뱉을 때까지 깊고 진정한 연결은 우리의 영혼이 최고로 갈망하는 것이다. 단지 이따금씩 하는 경험으로서가 아니라 매일의 삶 속으로 촘촘히 짜여 들어온 현실로서의 연결이 필요하다.

그러나 이 현실로 들어가려면 변화를 겪어야 한다. 사람들이 삶을 구축하는 방법에는 근본적으로 뭔가 잘못돼 있기 때문이다.

친밀한 삶은 백일몽이 아니다

우리는 저녁 시간과 주말을 몇몇 가족이나 룸메이트와 함께 혹은 혼자서 자그마한 방에서 작은 스크린을 응시하면서 보낸다. 자신만을 위한 저녁식사를 준비하고 어떤 걸로도 이웃들을 귀찮게 하고 싶지 않다. 집이라고 불리는 아주 작은 틈바구니에 필요한 모든 것을 채워 넣고 문을 걸어 잠근 뒤 안전하고 무사하다고 느낀다. 조그마한 자기 방어적 세상 외부에 있는 사람들로부터 자신을 완벽하게 차단해 왔다. 편안하고 안전하고 독립적이며 즐겁다고 느낄 수도 있을 것이다.

하지만 또한 완벽하게 슬프다. 모두가 거의 이런 식으로 살아가지만 이 방법은 누구에게도 도움이 되지 않는다. 이미 말한 대로 연구 결과에 따르면 미국인 다섯 명 중 세 명 이상이 만성적으로 외롭다고 느끼고 그 수치는 증가세에 있다.[1] 이러한 통계들은 심각하고 값비싼 대가를 치를 위기를 예고하는 지표이다. 불안, 우울, 자살 충동이 모두 오름세에 있다. 과학자들은 이제 고독이 비만, 흡연, 의료 서비스 이용 결핍, 운동 부족보다 건강에 더 나쁘다고 경고한다.[2]

그러면 어째서 우리는 고독이 우리 시대를 규정하도록 내버려 두고 있는 것일까? 삶은 이런 것일까? 외로움은 삶에 주어진 운명일까? 아니다. 결코 이렇게 살도록 정해지지 않았다! 당신이 정말로 무엇을 위해 지음 받았는지 알고 있는가? 다음을 천천히 읽어 보라.

- 수년간 알아 왔고 필요하다면 자신들의 신장이라도 떼어 줄 수 있는 사람들과 나누는 깊고 의미 있는 대화들.
- 보고 싶은 이를 만나기 위해 (불쑥 들리는 걸 어려워하지 않아서) 미리 귀띔도 없이 피자와 종이접시를 들고 방문할 이들.
- 가족이 아니더라도 가족처럼 느끼는 이들과 보내는 정기적이지만 계획되지 않은 느긋한 시간들.
- 엄청난 소식을 나눌 때 함께 환호하고 힘겨운 일을 나눌 때 함께 울어 줄 확실한 소수의 사람들.
- 요리를 돕기 위해 일찍 도착하고 마무리 청소를 위해 늦게까지

머물러 주는 이들.

- 서로 상처를 주고받기도 하지만 관계를 끝내지 않고 함께 끝까지 헤쳐 나가기로 하는 사람들.
- 곁에서 도전을 주며 당신을 더 나은 모습으로 변화시키는 사명을 다하는 사람들.
- 자신이 당신의 사람이고 당신이 자신의 사람이라는 것을 아는 사람들(당신들은 서로에게 속해 있다).

이 책은 우리의 사람들 즉 날마다 함께 생활할 사람들, 존재가 속속들이 알려질 위험을 무릅써도 될 사람들, 또 서로가 주는 불편함마저 기꺼이 받아들일 수 있을 만한 사람들, 우리가 사랑하기로 선택할 사람들을 어떻게 찾을 것인가에 대한 이야기이다.

나는 성인으로서 친구를 만들기가 얼마나 복잡하고 심신을 지치게 할 수 있는 일인지 잘 안다. 어째서 어느 누구도 방법을 가르쳐 주지 않았을까? 이 일은 정말 이토록 힘들어야 할까? 우리가 무언가를 놓치고 있지는 않을까?

이 여정을 다음의 두 가지 사실을 알고 있는 당신과 함께 시작하겠다.

1. 인생 '최고의 순간'을 만들어 주는 것은 사람들이다.
2. 인생 '최고의 고통스러운 순간'을 만들어 주는 것도 사람들이다.

추측하기로는 아마 당신은 마음속에 두 가지 사실 중 어느 하나가 더욱 두드러지게 각인된 상태에서 이 책을 집어 들었을 것이다. 희망을 품고 왔거나 두려움을 품고 왔거나, 혹은 둘 다여도 모두 괜찮다. 정말로 내 말을 믿고 진심을 다한다면 당신의 두려움은 얼마간 현실로 나타날 수도 있으리라 짐작한다. 그러나 당신에게 보장된 희망은 두려움을 훨씬 넘어서고도 남는다.

타인들과 연결된, 즉 친밀하게 연결된 삶은 백일몽이 아니다. 그러나 연결에는 많은 사람이 기꺼이 지불하려는 그 이상의 대가가 따른다. 진정한 공동체를 구축하는 이 여정에 나와 동행해 보겠는가? 이 합의에서 얻을 수 있는 이득은 마땅한 그 이상이 될 것이라고 약속한다. 하지만 현재의 삶에 얽힌 거의 모든 것을 재고해 보아야 할 것이다. 특히 다음과 같은 것들을 생각해 봐야 한다.

- 매일, 혹은 매주의 정해진 일상.
- 식료품을 사는 방법.
- 염두에 두고 있는 새로운 동네.
- 가족들 주변에서 살고 있는지의 여부.
- 공동체의 일원이 되려는 교회.
- 이번 주말에 할 일.
- (훨씬 더 묵직한 사안으로서) 힘겨운 결혼생활을 얼마만큼 공개할지에 대한 결정.

- 씨름하고 있는 불안.
- 지나친 과음을 일삼는 배우자나 애인에 관련된 난감한 질문들.
- 당신에게 깊은 상처를 준 사람들에 대한 용서.

우리의 동반 여정에서 내가 요청할 모든 것은 당신의 편안함과 일상을 위태롭게 할 것이다. 그리고 경험하도록 초대하는 그 변화를 위해서는 당신의 삶이 송두리째 통증을 겪을 것이다. 의심할 여지없이 우리는 이 모든 일들을 잘못해 오고 있기 때문이다.

관계에 주린 나, 연결됨을 기다리며

친구가 하나도 없다는 생각이 불현듯 떠올랐던 그날을 아직도 기억한다. 좀 더 정확히 말하자면 많은 친구가 있었지만 우리는 모두 바쁜 일상을 살고 있었고 그것은 우리가 서로 일정치 못하게 그리고 드물게 소통하고 있음을 뜻했다.

당시 나는 강연과 이끄는 사역 단체인 이프 개더링(IF: Gathering) 관련 행사들로 여행이 잦았을 뿐만 아니라 어린 자녀들을 양육하며 힘겨운 시간을 보내고 있었다. 이동 중에는 다른 여성들과 활발하게 소통했지만 집에 돌아오면 자주 마음이 괴로웠다. 내 '친구들' 중 어느 하나라도 내가 가고 없다는 것을 알아챘을까? 내가 돌아갔다는 것을 깨닫고 있었을까?

물론 친구들의 잘못은 아니었다. 각자는 전념해야 할 의무와 책무, 관계, 직업들이 있었다. 사실 친구들도 나를 놓고 똑같은 질문들을 하고 있었을 것이다. "제니는 내 삶에서 무슨 일을 겪고 있는지 알고 있을까? 신경이라도 쓸까?"

뭔가 익숙하게 느껴지지 않는가? 우리는 모두 어떤 연결점이 우리를 찾아 주기를 기대하고 있다. 다른 누군가 먼저 시작해 주기를 기다리고 있다. 다른 누군가 곁에 있어 주기를 원한다. 영혼의 민낯을 드러낼 수 있도록 다른 누군가 계획을 세우거나 완벽하게 짜인 질문들을 건네주기를 바란다.

우리 삶을 들여다보자. 혼잡하고 시끄럽고 스크린의 불빛이 환한 세상에서 혼자 시간을 보낸다. 지인들에게 이따금씩 시간을 투자한 뒤 어떻게든 친한 친구가 바쁜 삶에 등장해 주기를 기대한다. 지인들 무리에서 2-5명의 절친들이 마술처럼(뿅!) 나타날 것이고 그러면 관계상의 필요들이 충족될 것이라고 믿는다.

그러나 공동체는 2-3명의 친구 그 이상이다. 공동체는 우리가 살아가는 방식이 되어야 한다. 역사적으로 그리고 실제적으로 모든 나라와 세대의 사람들은 상호 연결된 사람들로 이루어진 보다 큰 영역인 마을에서 친구를 찾아왔다.

이 부분을 집중적으로 연구해 온 뒤 내가 알게 된 바는 이렇다. 일부 과학적 연구들은 우리가 얼마나 많은 관계를 관리할 수 있는지 그리고 어떻게 사람들과 사회적으로 상호작용하는지를 보여 준다. 기본적으로 우리는 약 150명 정도의 네트워크만 제어할 수 있다. 크리스마스 카드 명단을 생각해 보라. 최소 일 년에 한두 번은 얘기하는 사람들이다. 만약 그 수가 150명을 넘어선다면 난리가 날 것이다.

그 150명 안에는 당신이 한 사람과 얼마나 많은 시간을 보내느냐에 따라 그리고 그 관계의 정도에 따라 깊어지는 우정의 층들이 있다. 연구에 따르면 우리가 지인이라고 부르는 사람들은 보통

50명밖에 되지 않는다. 그 50명 안에는 같은 마을에 사는 15명이 포함된다. 그리고 우리는 마을 안에서 그중 5명을 절친으로 만들 역량이 된다. 그렇다. 딱 5명이다.

외향적인 사람들은 5명을 약간 넘어설 수도 있겠지만 당신은 이 5명의 의미를 충분히 이해할 것이다.

한 사람과 얼굴을 맞대고 보낸 시간에 따라 그들이 당신의 150명 가운데서 차지하는 자리가 결정된다. 그러면 사람들을 친구들의 핵심 그룹 안으로 더 깊이 진입시켜 주는 것은 무엇일까?

바로, 함께 보내는 시간의 양이다.

"시간"

그것은 진정한 공동체를 구축하는 데 있어 최고의 자산이 된다.

그래서 여정을 시작하는 지금 당신이 머릿속에 그려 온 목표인 소수의 친구들, 그 이상의 것에 마음 문을 열기 바란다. 당신을 향한 나의 꿈, 당신을 향한 하나님의 계획은 삶의 모든 부분에서 공동체의 문화를 구축하는 것이다.

신경 관련 전문가인 친구 커트 톰슨은 이렇게 말했다. "모든 갓난아기들은 자신을 찾고 있는 누군가를 찾아서 이 세상으로 온다."[3]

이것은 언제까지나 변함없는 사실이다. 당신과 나, 우리는 모두 조금씩 결핍되어 있다. 사실 하나님께서 우리를 그렇게 지으셨다.

하지만 관계에 주린 것은 힘든 일이다. 아니, 사람을 필요로 하는 삶은 끔찍하다. 왜냐하면 이따금 우리의 필요를 알아챌 때 혼란의 한가운데 빠진 우리의 전화를 받고 싶어 하는 사람은 아무도 없는 것처럼 느껴지기 때문이다. 아니면 적어도 그 순간은 그렇게 믿게 된다.

관계의 마법의 최고봉은 엉망진창에 있다

좀 전에 말했던 내 친구 린지는 문자보다는 전화를 하고 먼저 물어 보지도 않고 예고 없이 집에 들르며 혼자 있고 싶다고 말할 때조차 나타나서 편하게 입었던 옷을 갈아입게 만드는 유형의 친구이다.

울면서 전화를 하기도 하는데, 고통스러운 일이 있거나 감정 수습이 안 되거나 자신이 그토록 슬퍼야 하는 이유가 도저히 납득이 되지 않을 때 주로 그런다. 린지가 나를 그 골치 아픈 순간들에 개입시키는 이유는 홀로 감수할 때 고통은 더욱 악화될 뿐임을 알기 때문이다.

린지와는 반대로 나는 울더라도 모든 것을 스스로 정리한 후 다음 날 친구에게 전화를 한다. 얼굴을 깨끗이 씻어내고 상황을 분석한 뒤 사안에 대해 낙관론을 늘어놓을 만반의 준비가 되었다고 느끼면, 그 위에 어설픈 꽃 리본을 하나 툭 올려 모양새를 갖춘다. 왜냐하면 내가 너무도 절실히 누군가의 도움을 필요로 한다는 사실이 몸

서리칠 정도로 싫기 때문이다. 나의 망가진 모습이 당황스럽고 어쩌면 마음속 깊은 곳에서 누군가 정말로 그 눈물바다의 한가운데서 나와 함께 있어 주기를 원할지 의문스럽기 때문일 것이다.

참 아이러니한 일이다. 왜냐하면 린지가 울면서 전화할 때 그 어떤 것도 내게 그보다 더 의미 있는 일은 없기 때문이다. 그 전화는 내가 필요한 존재라고 느끼게 해 준다. 세상 그 누가 자신이 필요한 존재가 되는 걸 마다하겠는가? 그런데도 왜 나는 계속 나 자신의 필요는 진짜가 아닌 척 가장하는 것일까?

분명히 짚고 넘어가는데 나는 전문가라서 이 책을 쓰고 있는 게 아니다. 진정한 공동체는 삶에 필수적임에도 그것이 보조물 정도로 여겨지는 현실이 안타까워서 글을 쓰고 있을 뿐이다.

우리는 개입적이고 진정한 대화를 잡담으로 대체해 버렸고 영혼을 드러내는 깊고 연결된 삶을 간헐적인 문자나 동반 밤 외출로 대신해 왔다. 왜냐하면 이런 피상적인 것들이 더 다루기 쉽고 덜 위험해 보이기 때문이다. 하지만 현실을 직시하자. 외톨이로 살든 깊이 연결되어 살든 삶은 엉망진창이다. 관계가 만들어 내는 마법의 최고봉은 엉망진창에 있다. 욕실 바닥에 함께 앉아서 껴안고 흐느끼는 난장판에 있다.

하지만 앞서 말했듯 나는 도움을 필요로 하는 일에 서투르다. 도움이 필요하지만 그저 그것을 인정하는 데 서투를 뿐이다. 그리고 이 점이 지속적으로 내 관계들을 손상시켜 왔다. 곤궁함을 숨기려는 경향은 사실 내게 고통스러운 주제다. 항상 그랬다.

나는 사람들에게 상처를 주어 왔다. 그들도 내게 상처를 주어 왔다. 나는 친구들을 실망시켜 왔다. 일부는 나를 용서했고 일부는 떠나갔다. 내가 이 책을 쓰고 있다는 사실을 알면 어떤 이들은 고개를 내젓고 눈을 치켜뜰 것이 분명하다.

"제니? 친밀함과 우정에 관한 책이라고? 오랜 기간에 걸쳐 서로를 위해 곁에 있어 준다고? 글쎄 ……."

눈을 치켜뜬 그 사람들이 옳을 것이다. 예전보다는 더 잘하고 있지만 나는 이 분야에서 완벽함과는 거리가 멀다. 그럼에도 불구하고 계속 노력할 것이다. 궁핍과 외로움이란 문제의 원인을 깊이 들여다보면 볼수록 우리는 근본적으로 충분히 알려지고 충분히 사랑받도록 지음 받았다는 사실을 더욱 확신할 수밖에 없기 때문이다. 우리는 정기적으로 그리고 오랜 시간에 걸쳐 가족, 친한 친구, 멘토, 동료들에 의해 사랑받고 알려지도록 지음 받았다. 하나님은 매일의 일상 가운데서 깊은 유대감이 생활의 일부가 되도록 우리를 지으셨다.

언제나 이랬던 건 아니다

창조 이래로 거의 모든 세대를 통틀어서 사람들은 작은 공동체에서 함께 사냥하고, 함께 요리하고, 함께 아이들을 돌보며 살아왔다. 자물쇠도 없고 문도 없었다. 그들은 야외에서 공동의 불을 피워 함께 사용했고 물을 얻기 위해 먼 길을 함께 걸으며 하루하루 살아남기 위해 최선을 다했다. 사람들은 좀처럼 혼자서 시간을 보내지 않았다. 다양한 세대가 공존하는 공동의 공간에서 생활하며 서로의 재능을 활용하고 서로의 자원을 공유하고 서로가 하는 일을 잘 알고 서로의 가족 구성원을 돌보고 서로 책임을 지고 서로 돕고 지지하며 살았다. 단지 살아남기 위해서가 아니라 함께, 더 충만하게 살기 위해서 그렇게 했다.

혹시 알고 있는가? 세상 많은 곳에서는 여전히 이런 방식으로 살고 있다. 사냥이 공동의 밭이나 동네 술집으로 변모했을지는 모르지만, 지구상에 살았던 대부분의 사람들은 거의 항상 가족이나 다른 사람들을 포함해 수십 명의 작은 무리 속에서 반경이 겨우 5마일(8km)밖에 되지 않는 곳에서 평생을 살았다.

인간이 얼마나 외로운가에 대한 온갖 기록을 우리 한 세대가 모조리 깨트린 데는 근본적인 한 가지 이유가 있다.

탈선과 죄가 모든 역사와 문화에 만연해 왔다는 것을 분명히 말하고 싶다. 하지만 외로움은 그렇지 않았다. 함께하는 이 여정에서 우리의 희망은 낡고 부서진 것을 재현하는 것이 아니라, 훨씬 더 건강한 방식으로 삶의 이 중요한 측면에 다가갔던 사람들로부터 배우는 것이다.

우리는 이 지구상의 관계와 연결됨을 초월하려는 소망이 필요하다. 그것이 복음이 들어오는 통로이다. 지구상에서 매우 개인주의적인 방식으로 살고 있는 최초의 그룹원들인 우리는 고립 대신 연결됨을 선택했던 사람들로부터 많은 것을 배울 수 있다.

이탈리아를 예로 들어보자. 우리는 그곳에 가족들이 있다. 미국 오클라호마 주에도 있지만 이탈리아에도 가족이 있다. 멋진 일이지 않나? 몇 년 전 남편과 나는 숙박 공유 플랫폼을 통해 값싼 집을 빌려서 네 명의 아이들과 산더미 같은 짐을 챙겨 거대한 비행기에 몸을 실었다. 그 대가족을 난생 처음 만나기 위해 이탈리아의 벽촌에 위치한 자그마한 시골 마을에서 한 주간을 보낼 계획이었다.

그곳에서 어느 날 오후 남편과 나는 저녁 식사거리를 사러 식료품점으로 어슬렁어슬렁 걸어 들어갔다. 네 명의 남자가 담배를 피우며 카운터에서 깊은 대화를 나누는 것이 눈에 들어왔다. 날마다 보게 될 듯한 대화 장면이었다. 그중 한 사람이 주인이라는 걸 알게 되었는데 그는 다른 세 사람과 함께 세상의 온갖 문제를 고민하고 해결 방법을 찾고 있는 것만 같았다. 우리가 들어서자 대화는 중단되었고 한 남자가 우리 쪽으로 홱 고개를 돌렸다. 거의 화가 난 듯 보일 정도였다.

"댁들은 누구요?"

남자가 물었다. 나는 싱긋 웃었다. 정확히 말하면 남자는 무례했다기보다는 단지 낯선 사람들이 자신들의 세상 한 귀퉁이에 서 있는 것을 보고 놀랐을 뿐이었다. 곧 나는 시장에 있는 대부분의 사람들이 우리를 쳐다보고 있음을 알아차렸다. 분명히 우리는 보이지 않는 그들만의 세계를 터뜨렸던 것이다. 문제는 이곳이 아주 작은 마을이라는 점이었다. 정확히 몇 명의 주민이 살고 있는지는 모르겠지만 몇 명이든 간에 모두 서로를 알고 있었다. 그래서 그곳의 모든 사람이 낯선 사람들이 나타났음을 알아챘다.

우리는 결국 그날 시장에서 몇몇 사람들과 훌륭한 대화를 나누게 되었고, 나에게 누구냐고 물었던 그 남자는 내 아이들이 좋아할 만한 이탈리아식 쿠키를 알려 주기도 했다.

그날 밤 남편과 함께 저녁을 준비하며 마을에서 알게 된 분위기를 되새겨 보았다.

"여보, 온 마을 사람들이 당신을 알고 당신도 그 사람들을 아는 곳에서 사는 게 상상이 가요? 걸어서 식료품점에 갈 수 있는 동네에 사는 건요? 적어도 이틀에 한 번씩 식료품점에 가야 하는 곳에서 사는 건 어때요? 마을에 시장은 하나뿐인 데다가 대체로 신선한 먹거리를 들여오는 날에 맞춰서 가야 하니까요. 그리고 하루걸러 한 번씩 식료품점에 가려면 그곳에선 두 시간이나 그 이상 걸릴 거예요. 어쩔 수 없이 가는 길에 1-2명 어쩌면 25명의 사람들과 마주칠 거예요. 그들은 낯선 이들이나 심지어 지인들도 아닌 일상적 친구들로서 물을 수 있는 의미 있는 질문들을 할 거예요."

만약 당신이 그 노래를 기억할 만큼 나이를 먹었다면 〈치어스〉(Cheers)의 주제가(1982년 미국에서 시트콤 Cheers의 주제곡으로 출시된 노래로 "모두가 당신의 이름을 알아 모두가 당신이 오는 걸 기뻐해"라는 후렴구가 있음 -역자)를 들을 준비를 하라.

궁금했다. 어딘가에 있을, 모두가 우리 이름을 아는 마을에 사는 건 어떨까? 우리의 방문을 모두가 기뻐해 줄 그런 마을에 사는 건 어떨까? 나는 어디에 살고 어떻게 살고 있는지가 그리고 동네 식료품점이 별로 없다는 단순한 사실이, 내가 사는 대도시 오스틴에서 왜 그렇게 외로웠던가를 설명해 줄지도 모른다는 생각이 들기 시작했다. 당시 우리가 살았던 오스틴은 친한 친구들의 대부분이 차로 45분 거리에 살고 있었다.

이제 우간다를 살펴보자. 몇 년 전 우간다 북부의 농지로 도망친 남수단 난민들의 이야기를 전하기 원했던 한 그룹의 사람들과 함께 여행했다. 이 난민들은 모두 함께 살았을 뿐만 아니라 또한 함께 일했다. 우리는 그들이 함께 교회도 다니며 후원을 받을 경우 많은 아이들이 학교도 함께 다닐 수 있다는 것을 알게 되었다.

우리 소그룹은 이미 교회의 예배가 진행되고 있는 한 오두막으로 걸어 올라갔는데 활기찬 예배가 우리를 자석처럼 끌어당겼다. 사람들은 찬양하며 웃고 있었다. 기쁨을 주체할 수 없는 박장대소였다. 세상을 향한 선포의 웃음이었다. 그들은 어떤 삶이 주어져도 받아들일 수 있고 극복할 것으로 보였다.

신자들은 손을 들고 흔들었다. 발로 리듬을 타면서 쿵쿵 굴러댔다. 아기들은 여자들이나 소녀들의 등에 업혀 덩달아 들썩댔다. 오두막은 마치 방안에 있던 50-60명의 사람들이 하나로 합쳐진 것처럼 역동적인 에너지로 출렁댔다. 나는 그곳의 홍얼거림과 고양된 감정, 하나 됨, 동지애의 끈, 고통을 뒤덮는 환희의 감각 등 그 모든 것을 흡수하며 서 있었다.

고통스러워야 마땅했다. 그렇지 않은가? 물론 그들은 고통 가운데 있었다. 이들 중 대다수가 난민이었고 심지어 가족을 잃었다. 하지만 그들을 바라보면서 고통, 그 이상의 무언가를 볼 수밖에 없었다. 곧 결의 아니면 평화였다.

부러움을 느꼈다. 내가 나고 자란 나라에서는 결코 그럴 수 없었다. 우리는 고통 속에서 함께 모이지 않는다. 오히려 고립된다. 철저히 단절된다. 아픔을 숨긴다. 실컷 다 울고 난 후에 전화한다. 그 결과 완전히 비참해진다.

우리는 울타리로 분리된 집으로 숨어들거나 경보가 주의 깊게 설정된 아파트에 틀어박혀 있다. 다른 사람들은 모두 잘 지내고 있을 것 같아서 자신이 느끼는 고통에 대한 모든 진실을 말하지 않는다. '그들은 아픔이 없어. 정말 행복하고 완벽한 삶을 살고 있어.' 문제는 아마 자신에게 있다고 결론을 내린다. 물리적으로 숨는다. 보이지 않으면 다른 이들에게 알려지지도 않을 것이기 때문이다. 그리고 알려지지 않는다면 거절당할 일이 없고 더욱이 우리의 취약성이 우리를 더욱 상처받도록 만드는 일에 이용되지도 않을 것이기 때문이다. 우리는 경계 속에서 살아간다. 누군가 약점을 이용해서 우리를 공격할까 봐 두렵기 때문이다.

연구를 하던 중 1.5미터 길이의 역사적으로 존재했거나 하고 있는 인류의 유구한 역사를 타임라인으로 그려낸 히스토맵을 보았다. 여러 문화 속에서 각 집단은 누구이며 언제 어디서 살아왔는지를 보여 주고 있었다. 전체적인 구조 속에서 우리가 얼마만큼의 위치를 차지하는지에 대해 감을 잡게 해 주자면, 미국 거주자들을 나타내는 파란색 쐐기는 오직 차트의 맨 아래 10센티미터 지점에서만 볼 수 있다. 그리고 그 작은 부분을 응시하면서 떠올린 생각은, 우리가 다른 모든 사람들이 소중히 여겨온 삶의 접근법을 기꺼이 받아들일 수 있기를 내가 참으로 간절히 바란다는 것이다. 우리가 함께 모이는 법을 배울 수 있기를 바란다. 콧대를 높여 서로 나뉘는 대신, 진짜 모습을 드러내고 거리낌 없이 말하고 서로를 새로운 삶의 방식으로 불러낼 수 있기를 바란다.

우리는 혼자 생활하며 혼자 음식을 먹고 혼자 볼 일을 보러 다니고 혼자 고통을 견딘다. 그리고 나는 그것이 지긋지긋하다. 당신과 나 모두 그것이 지긋지긋하다. 어쨌든 이제 병이 날 지경이다.

내 단짝 친구가 떠나버린 날

집으로 돌아오려고 또 다시 혼자 공항에 앉아 있을 때 이탈리아와 우간다에서 겪었던 이런 경험들과 공동체가 있어야 할 내 삶의 빈자리에 대해 생각했다. 무언가 바꾸고 싶었다. 가족 말고도 내가 자리에 없음을 알아채고, 내가 집에 오는 것을 알고 있으며, 함께 그 모든 일을 처리해 줄 누군가를 원했다. 소수의 사람들과 정기적 모임을 갖는 것이 지속적으로 그 일을 가능하게 해 줄 유일한 방법이라고 결론내렸다. 그래서 아직 특별히 잘 알지 못하는 몇몇 친구들에게 문자를 보내 내가 어떻게 느끼고 무엇이 필요한지를 설명해 주었다. 소수의 인원이 만나기로 뜻을 모았다. 우리는 함께 규칙적으로 그리고 의도적으로 연결되기로 약속했다.

저녁이 되면 나의 집 뒷마당에서 가장 자주 만났다. 그곳에서 서로의 눈을 마주 보며 삶의 진실한 얘기들을 나눴다. 한 사람이 여행을 가거나 아플 때도 다른 사람들은 변함없이 함께 모였다. 함께 모이는 이 시간들을 다른 모든 것보다 우선순위에 두었다. 거의 삼 년 동안 이런 식으로 만났다. 백 번도 넘는 저녁 만남이 무엇을 의미할까? 모일 때마다 두 시간씩 그 진지하고 친밀한 시간을 기록으로 남겼다.

분명히 기억한다. 어딘가에서 강연을 마치고 집으로 돌아오기 위해 어떤 마을의 어떤 공항의 어떤 게이트에서 기다리고 있을 때 다음날 친구들을 만나리라는 생각에 가슴이 뛰곤 했다. 그 만남들은 연결에 갈급한 내 영혼에 산소와도 같았고 갈망하던 신선한 공기를 흠뻑 들이마시게 해 줬다. 우리는 결혼 생활과 아이들, 직업에 대해 또한 하나님에 대해 이야기를 나누었다. 소리 내 웃었고 눈물을 흘렸고 실망과 고통에 한숨을 쉬었다. 그룹 모임들로만 끝나지 않기도 했다. 서로가 겪고 있는 일을 너무 많이 알고 있었기 때문에 새로이 발견한 친밀감은 삶의 다른 부분들에 긍정적인 영향을 미치기 시작했다.

우리는 서로 들러 별일은 없는지 확인했다. 서로에게 음식을 가져다주었다. 함께 쇼핑을 했다. 서로의 삶에서 일어나는 모든 크고 작은 일들을 귀 기울여 들었다. 함께 여행하고 붙어 다녔다. 우리는 아주 긴밀했다. 그일이 있기 전까지는 그랬다.

친구들 중 한 명이 나를 떠났다. 그 친구는 직접 내 눈을 보고 말했다.

"더 이상 친구가 되고 싶지 않아."

절대 잊지 못할 순간이었다. 친구가 왜 우리의 우정에 계속 투자할 수 없는지를 말했을 때 내가 앉아 있던 자리와 온 세상이 사정없이 빙빙 돌아가고 있었다. 그리고 곧 알게 되겠지만 이런 일이 일어난 건 그때가 처음도, 마지막도 아니었다. 자세한 이야기는 하지 않겠지만 전적으로 내 잘못이었다.

요점은 나는 그날 단짝 친구들을 잃었다. 우리의 작은 팀은 끝장이 났다.

내가 사는 텍사스 주의 오스틴에는 아직도 내 친구들이 많이 있었다. 하지만 '오스틴에는'이란 부분이 중요하다. 오스틴은 작은 마을이 아니다. 널리 퍼져 있고 대도시이다. 당신의 아이들이 내 아이들 학교에 다니지 않으면, 당신의 직장이 내 직장에서 한 블록 넘게 떨어져 있다면, 당신의 집이 내 집에서 걸어갈 수 있는 거리에 있지 않다면, 당신이 가장 좋아하는 식당이 내가 가장 좋아하는 식당과 같은 호숫가에 있지 않다면, 그렇다면 우연히 서로의 길을 가로질러 가게 될 횟수는 우리가 다른 행성에서 살 때와 별반 다르지 않을 것이다.

나는 이따금씩 만나는 친구들이나 빠듯한 일정 속에서 미리 계획된 시간에 보는 사람들도 많았다. 그들을 사랑했다. 하지만 진짜 깊숙한 일상을 공유하는 친구들이라면 매주 내가 오가는 것, 내 가족의 우여곡절이나 내게 실제로 일어나고 있는 대부분의 일들을 알고 있던, 몇 안 되는 그 동성 친구들이었다. 그들은 진정한 내 사람들이었다. 그리고 그 한 친구와 한 번의 대화를 나눈 후 나는 다시 외로움을 느꼈다.

관계, 가장 큰 선물이자 가장 힘든 부분

이렇게 온도차가 심한 이야기로 시작하는 이유는 내가 어떻게 여기까지 왔는지 알려 줄 필요가 있기 때문이다. 내 삶에서 겪은 관계상의 좌절이나 환희는 우리 모두에게 적용되는 진실을 보여 줄 것이다. 즉 예수님 이외에 우리가 맺는 관계는 지상에서 얻는 가장 큰 선물임과 동시에 삶의 가장 힘든 부분이라는 진실이다.

관계의 잔이 넘치는 듯 할 때도 있고 과연 누군가 내 존재를 알고나 있을까 의문스러울 때도 있다.

어쩌면 당신은 교인들을 빠짐없이 모두 알지만 자신을 진정으로 알아봐 주는 사람이 있다고 한 번도 느껴 본 적 없는 목회자의 아내일지도 모른다. 혹은 독신이며 직장 때문에 새로운 도시로 막 이사를 와서 홀로 다시 시작해야 할 수도 있다. 혹은 혼자 살면서 어떤 이유로 병원에 가야 한다면 누가 강아지를 돌봐 줄까 걱정하고 있을 수도 있다. 혹은 친구라 여길 만한 사람들은 주변에 많지만 누구와도 깊은 유대감을 느끼지 못할지도 모른다. 혹은 서너 개의 소그룹을 시도해 보았으나 아직도 딱 맞는 그룹을 찾지 못했을 수도 있다. 혹은 가장 친한 친구가 있었지만 어쩌다 보니 서로 멀어졌을 수도 있다. 혹은 자신이 아무것도 아니며 어디서부터 시작해야 할지 모르겠다고 느낄지도 모른다.

어떤 상황이 당신을 동떨어지고 표류하게 만들었든 나는 구명조끼를 던져 주려고 한다.

2

빈말이나 공허한 관계 너머

'친밀한 관계'를 갈망하다

우리는 모두 공동체를 원한다. 이것을 어떻게 알았을까?

스트레스가 가득한 날이면 언제나 마지막에 찾아 보는 TV프로그램이 있다. 무엇일지 맞춰 보라. 드라마 〈프렌즈〉.

사람들은 어째서 이 드라마에 그토록 열광했을까? 제2의 집인 커피숍, 절대 잠기지 않는 문, 공동 생활, 어떤 일에도 서로에게 물러서지 않는 독특한 성격들 같은 게 아닐까? 십 년 동안 그 여섯 명의 친구들은 모든 것을 함께했다. 소리 내어 웃고, 울며, 환호하고, 한숨을 내쉬었다. 팔짱을 낀 채 성숙해 가고 있었다. 그 친구들은 서로에게 변함없는 존재였고 서로의 집이었다. 그들을 보고 있으면 실제 친구처럼 느껴졌고 집도 우리들의 집인 것만 같았다. 여섯 명의 친구들은 생활 속 썩 유쾌하지 못한 많은 일을 헤쳐 나갔다. 신경이 곤두서고, 관심과 애정을 갈구하며, 불쾌감을 주고, 터무니없고, 독선적이고 소유욕이 들끓는 얼간이들이었지만, 분명한 것은 한 번도 혼자였던 적이 없었다.

나는 그 〈프렌즈〉의 마지막 회가 단단히 잘못되었다고 생각한다. 주인공 중 모니카와 챈들러는 쌍둥이 아기들을 입양해서 데려온 뒤 하나의 세상을 밀어내 버린다. 내게는 꼭 그렇게 보였다. 친구들이 가장 필요할 순간에 아이들의 그네 세트와 마당으로 만족해 버린다. 대단히 충격적이었다.

마찬가지로 우리도 비슷한 선택과 타협을 한다. 근사한 도시로 보다 수익이 높은 직장을 얻기 위해 이사한다. 유명 대학을 선택한다. 최고의 설교를 들을 수 있는 교회를 선택한다. '올바른' 동네에서 꿈의 집을 찾아다닌다. 끔찍하게 독립적이고 성공을 좇는 문화가 물려준 일련의 가치들을 바탕으로 자신의 삶을 형성한다. 하지만 과연 행복할까?

어째서 우리는 깊고 친밀한 관계를 갈망할까

몇 년 전 주말에 부모님을 뵈러 친정집에 갔다가 어린 시절의 몇몇 친구들과 만났다. 중고등학교 시절 친했던 친구들의 대부분이 아직도 함께 자랐던 그 지역에 살고 있다. 이 친구들은 성인이 되었으며 대학에 가고 결혼을 해서 부모님이 살고 있는 집에서 얼마 떨어지지 않은 곳에 자신들의 집을 마련했다. 고향에 돌아가면 마치 열일곱 살 시절로 세월을 되감기하는 것만 같다. 똑같은 거리, 좀 더 크기는 하지만 같은 나무들, 똑같은 지형과 주요 건물들, 친구들도 거의 같다.

주말 동안 우리는 서너 시간 동안 식탁에 둘러앉아 먹고 웃고 위로하며 수백 가지 유쾌한 추억들을 소환했다. 그러다가 언젠가 남편들이 떠나고 없을 때 우리가 공유할 해변의 '은퇴 후' 집에 대한 비전을 나누기 시작했다. 농담 같은 대화였지만 공동 생활에 대한 생각은 내 마음속에 노래를 흥얼거리게 했다. 나는 가족을 사랑하는 만큼이나 소중한 친구들이 모여 함께 요리하고 매일의 일상을 나누는 비전을 사랑한다.

내성적인 독자라면 혹시 이 책을 내려놓지는 않을까 염려가 된다. 나는 대부분의 사람들보다 더 관계상의 연결을 지향하도록 타고났음을 인정한다. 하지만 내 말을 끝까지 들어 보기 바란다.

동성의 친구들로 가득찬 집이 당신의 실현된 꿈은 아닐지라도 하나님은 당신이 깊은 관계를 맺도록 창조하셨다.

사실 하나님은 우리 가운데 누구도 이곳에 있기 전부터 먼저 그분 자신과의 관계 속에 존재하셨다. 그것을 삼위일체라고 부른다. 하나님은 한 분이시면서 동시에 세 분이시다. 중요한 점은 이것이다. 영원토록 하나님은 아버지와 성령과 아들(예수님)로서, 관계 속에서 존재해 오셨다.[1]

성경은 아들은 아버지를 영화롭게 하기 위해 존재하고 아버지는 아들을 영화롭게 하기 위해 존재한다고 말한다. 또한 성령은 아버지와 아들을 영화롭게 하기 위해 존재한다고 말한다. 그것이 의미하는 바는 성부와 성자와 성령이 서로 돕고 서로를 높이고 서로를 섬기며 서로 사랑한다는 것이다. 게다가 이러한 교제는 영원히 계속될 것이다.[2]

삼위일체는 하나님이 관계 속에서 영원히 존재하심을 뜻한다. 그것은 하나님이 관계 속에서, 관계를 위해 우리를 창조하셨다는 뜻이다. 피상적이거나 자기중심적인 관계가 아니다. 하나님이 우리를 위해 염두에 두신 관계는 희생적이고 친밀하며 끊임없이 연결되는 관계다.

작가이자 목회자인 팀 켈러(Tim Keller)는 말했다.

> 삼위일체의 삶은 자기중심성이 아닌 상호간에 베푸는 사랑으로 특징지어진다. 다른 누군가를 기쁘게 하고 섬길 때 우리는 그 사람 주변의 역동적인 궤도로 진입해 내가 아닌 그의 관심과 욕구에 주목한다. 그것은 하나의 춤을 만들어 내는 데 특별히 세 위(three persons)가 있다면 각각은 다른 둘 주위를 돌게 된다.[3]

아름답지 않은가. 또한 관계를 잘 보여 주지 않는가. 그것이 우리의 모습이다. 왜냐하면 그것이 하나님의 모습이기 때문이다.

사람은 관계 자체이신 하나님의 형상으로 창조되었다. 이것은 우리가 건강하고 상호 복종적이며 지지적이고 상호 의존적인 관계를 간절히 바람이 단순히 채소나 비타민 같은 몸에 좋은 무언가를 갈망하는 것과 다름을 의미한다. 우리는 창조받은 근본적인 이유를 갈구하고 있다. 우리는 단지 공동체를 위해 창조되지 않았고, 공동체 때문에 창조되었다. 우리 영혼의 씨실과 날실로 짜내는 무늬는 하나님과의 친밀한 관계를 경험하고 가족과 공동체와 교회에서 그 사랑을 표현해 내는 것이다.

하지만 이것이 어긋나기 쉬운 지점이다. 오직 하나님만이 채우도록 돼 있는 것을 사람들이 완성하고 채우기를 기대할 때 문제가 생긴다. 우리가 그토록 불행해진 주된 이유가 여기에 있다. 우리는 불완전한 사람들에게 희망을 걸었다. 그러나 그 희망은 오직 하나님 안에서만 올바르게 충족될 수 있다. 전도서 3장 11절은 하나님께서 사람에게 영원을 사모하는 마음을 주셨다고 말한다. 이는 오직 영원하신 하나님과의 관계만이 우리 마음을 채울 수 있음을 의미한다.

당신의 희망이 어디를 향하고 있는지 생각해 보라. 애정의 중심에는 누가 있는가? 정체성의 중심에는 누가 있는가? 모두는 선택권이 있다. 그 대답 여부에 따라 충만함을 느끼며 살 수도, 실망을 거듭하며 살 수도 있을 것이다.

하나님께서 관계 영역의 중심에 계시면 우리는 충만할 것이고 그 충만함으로 다른 사람들을 축복할 수 있다. 하지만 그 관계 영역의 중심을 사람들이 차지하고 있다면 결국 필요를 충족시키기 위해 다른 사람들을 불러들이게 되고 결코 온전한 충족감을 느낄 수 없을 것이다.

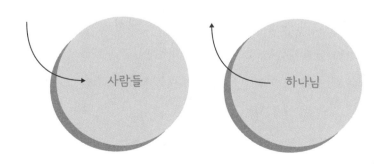

가장 큰 계명을 말해 달라고 하자 예수님은 모든 계명이 이렇게 요약될 수 있다고 하시며 더할 나위 없이 그것을 분명히 말씀하셨다.

"네 마음을 다하고 목숨을 다하고 뜻을 다하여 주 너의 하나님을 사랑하라 하셨으니 이것이 크고 첫째 되는 계명이요 둘째도 그와 같으니 네 이웃을 네 자신같이 사랑하라 하셨으니"(마 22:37-39).

하나님을 올바른 장소, 곧 우리 애정의 중심에 모실 때 사람들과의 관계도 더욱 바람직해질 것이다. 하나님과의 관계가 우선이지만 그 관계는 우리가 다른 사람들을 사랑하는 자리로 나아가게 해 준다.

하나님은 우리를 공동체로 부르셨다

성경에서 우리는 계속해서 공동체를 세우시는 하나님을 본다. 구약성경에서 하나님은 하나의 가족으로 시작하셨다. 그 가족은 한 백성이 된다. 그 백성은 이스라엘이란 국가로 성장한다. 신약성경에서는 지역 교회를 향한 하나님의 마음을 볼 수 있다.

이것이 하나님께서 역사를 통해 움직이시는 방식이다. 가족 공동체, 국가 그리고 세상으로 다가가는 지역 교회를 기억하라. 하나님은 우리가 함께하는 것을 지극히 기뻐하신다. 함께 사명을 다하는 것을 지극히 기뻐하신다. 함께 드리는 예배를 지극히 기뻐하신다. 예수님은 "두세 사람이 내 이름으로 모인 곳에는 나도 그들 중에 있느니라"(마 18:20)라고 말씀하셨다. 우리는 함께함이 하나님께 중요함을 알고 있다.

성경은 매일 서로 연결된 삶을 사는 사람들의 맥락에서 씌어졌다. 이스라엘과 교회에 대한 성경의 가르침은 한 무리에 속하고 그 무리에 의지하는 사람들을 기정사실화하고 있다. 성경 대부분에 걸쳐 '너'라고 말하는 히브리어와 헬라어는 거의 언제나 복수형인 너희들(you all)을 나타낸다.

성경은 개인에게 말하지 않는다. 성경은 함께 신앙을 실천하며 사는 사람들을 위해 기록되었다. 그리고 이 모든 것이 매우 중요한 이유는 다음과 같다.

우리는 서로를 더 향상시킨다.

"철이 철을 날카롭게 하는 것같이 사람이 그의 친구의 얼굴을 빛나게 하느니라"(잠 27:17).

우리는 서로에게 하나님과 우리를 향한 그분의 계획을 일깨워 준다.

"이는 곧 내가 너희 가운데서 너희와 나의 믿음으로 말미암아 피차 안위함을 얻으려 함이라"(롬 1:12).

우리는 죄로 인해 마음이 흐트러지지 않도록 서로를 위해서 싸워 준다.

"오직 오늘이라 일컫는 동안에 매일 피차 권면하여 너희 중에 누구든지 죄의 유혹으로 완고하게 되지 않도록 하라"(히 3:13).

우리는 서로를 완성해 준다.

"이제 지체는 많으나 몸은 하나라"(고전 12:20).

우리는 하나님의 목적을 이루기 위해 서로가 필요하다.

"이와 같이 우리 많은 사람이 그리스도 안에서 한 몸이 되어 서로 지체가 되었느니라 우리에게 주신 은혜대로 받은 은사가 각각 다르니"(롬 12:5-6).

우주의 하나님이 공동체에 계심에도 불구하고 우리의 작고 연약하고 유한한 자아가 하나님 없이도 살아남을 수 있다고 생각하는 것은 얼마나 오만한가? 우리의 영혼을 충만하고 만족스럽게 해 주기 위해 하나님이 세우신 아름다운 계획이 있다.

이 계획이 우리에게 그토록 좋은 것이라면 이 계획을 우선순위로 두고 이 계획을 위해 싸우고 이 계획이 매일의 삶 속에 펼쳐지도록 해 보자.

이제부터 주의해서 살펴야 할 단어가 있다. 바로 '원수'이다.

원수는 분열을 원한다

생각해 보라. 하나님이 관계이시고 관계를 위해 우리를 창조하셨다면 누가 그것을 극도로 싫어할 것인가?

만약 깊고 사랑이 넘치며 친밀한 관계가 하나님의 목표라면 우리가 깊고 사랑이 넘치고 친밀한 연결됨을 누리는 것보다 원수가 더 싫어할 일은 결코 없을 것이다.

그래서 이것은 단순히 친구 사귀는 법을 알려 주면서 흐뭇함을 선사하려는 정도에서 쓴 책은 아니다. 전쟁에 대한 서술이자 뚜렷이 구분되는 양쪽 편에 대한 묘사이며 모든 것이 위태로움을 일깨워 주는 경고등이다. 우리 삶의 모든 측면이 다른 사람들과의 연결됨을 거스르며 쌓여져 가는 것처럼 느껴지는 것은 놀랍지 않다.

원수는 하나님께서 사랑으로 이 땅에 창조하신 것을 파괴하려고 한다. 원수는 분열시키고 싶어 한다. 우리가 서로를 위해 싸우지 않고 서로에게 맞서 싸우는 모습을 보고 싶어 한다. 원수는 하나님을 세상에 보여 주려는 목적을 위해 구별된 신자들의 모임인 이 희망의 횃불을 통해 하나님의 영광이 빛나는 것을 가로막으려 한다.

우리는 같은 사명을 지닌 한 공동체의 백성으로 부름 받아, 하나님을 즐거워하고 구속받은 서로를 즐거워하며 세상을 화해시키고 세상을 불러서 이 가족이 되도록 초대한다. 이것이 공동체의 궁극적인 목적이다.

그렇다. 이 공동체가 당신을 격려할 것이다. 그렇다. 이 공동체가 당신을 위로할 것이다. 그렇다. 이 공동체가 당신을 위해 싸워 줄 것이다.

그러나 궁극적으로 공동체는 이 땅의 모든 사람들에게 문을 활짝 열고, 하나님과 함께 영원히 거하는 가족이 되도록 초대할 사명이 있다. 서로 연결된 삶은 당신의 번영을 위한 것이지만 또한 영원을 위한 것이다.

우리가 치르고 있는 전쟁을 이해해야 한다. 적이 교묘하고 교활하며, 관계를 파탄냄으로써 우리를 파탄내려 한다는 것을 이해해야 한다. 우리가 가진 최고의 방어 무기는 하나님을 사랑하는 신자들과 함께 모여 우리를 위해 싸우고 서로 함께 싸워 주는 것이다.

어쩌면 당신은 하나님이나 예수님을 믿지 않을 수도 있다. 그렇다면 이 사실을 알기를 진심으로 바란다. 당신이 이곳에 있어서 내가 얼마나 기쁘며 우리가 만날 수 있기를 얼마나 간절히 원하는지를 말이다. 그리고 나는 당신이 이 책을 읽으며 하나님을 만나기를 바란다. 하나님은 당신을 지으셨고 당신을 사랑하시며 당신을 위한 계획을 가지셨다. 이는 당신이 기쁨 속에서 살고 그분과 다른 이들과 연결되어 사는 일이다.

우리는 모두 집단에 소속되기를 갈망한다. 왜냐하면 하나님이 사람을 그렇게 지으셨기 때문이다. 그리고 예수님을 사랑하고 따르는 우리에게 마땅히 사실이 되어야 할 것은 우리는 그분 안에서 정체성을 찾았기 때문에 기대도 결핍도 없이 인간관계를 시작한다는 것이다. 그리스도를 따르는 사람들은 다른 사람들을 사랑할 수 있다는 희망과 확신에 가득 차서 인간관계를 한다. 상대방이 대가로 어떤 대접을 해 줄지에 개의치 않는다.

나는 우리가 이런 평판을 쌓아 오지 못했음을 충분히 알고 있다. 그리고 혹시라도 기독교인들이 이런저런 방법으로 당신이나 당신이 사랑하는 사람들에게 해를 끼쳤다면 진심으로 사과한다(기독교인이 된다는 것은 죄가 없음을 의미하지 않는다. 그것이 죄에 대한 욕망이 없음을 의미하기 바라지만, 우리는 여전히 죄를 짓는다).

참으로 그 누구도 내게 예수님보다 우정에 대해 더 많이 가르쳐 주지 않았다. 우리가 이 여정을 함께할 때 예수님이 얼마나 눈부시며 생명을 나눠주는 은혜로 충만하신지 알게 되기 바란다. 예수님은 최고의 친구시다. 그리고 우리도 그분과 같아지도록 도우신다.

하나님의 공동체는 우연이 없다

이미 말했지만 이제껏 살아 온 거의 모든 세대는 마을 공동체의 삶을 누려 왔다. 예수님께서 이 땅에 계시던 시절부터 1,500년 후의 종교개혁기 사이에 전 세계적으로 행해진 관습 중 하나는 일정한 장소에 사는 25명의 젊은이들을 위해 학교를 세웠던 것이다.[4] 예를 들어, 예수님 시대의 유대인들은 학교가 없는 곳에서 사는 것이 불법이었다. 그래서 25명의 소년들마다 교사 한 명을 배정했다.

아이들이 어울려 학교에 가면 가족들은 함께 예배를 드렸다. 처음에는 가정에서 모였고 공동체가 커지면 지정된 건물에서 모였다. 교육 생활과 사회 생활, 종교 생활, 직업 생활과 가정 생활이 모두 한데 섞여 있었다. 당시의 사람들은 서로의 일에 관여하며 살았다.

그러나 이제 모두 근본적으로 바뀌었다. 우선순위는 더 이상 '우리'가 아니라 '나'에 있다. 개인주의는 여러 세기 전으로 거슬러 올라갈 만큼 뿌리가 깊다. 프랑스에서는 개인주의가 프랑스 혁명이라고 불리는 거대한 무정부 상태에서 출현했다.

더 가까운 예로 나의 고국인 미국이 영국과 벌였던 독립전쟁은 자유, 독립, 개인의 권리에 관한 것이었다. 우리가 미국인으로서 했던 최초의 행동 하나는 독립선언서라 불리는 문서의 초안을 작성한 것이다. '독립'은 우리의 슬로건이었다.

미국인에게 독립은 핵심 정체성이 되었다. 물론 나는 미국이 존재한다는 사실에 몹시 감사하고 있다. 단 한순간이라도 지금 누리는 자유를 당연히 여기지 않았다. 그러나 그 독립 정신은 어두운 측면 또한 내포하고 있다. 지난 250년 동안 우리는 스스로 삶을 통제할 수 있다고 더욱 거세게 주장하면서 날로 목청을 높여 독립을 선언해 왔다.

이 거대한 나라에서 정착민들이 퍼져 나가 가족들을 위한 삶의 터전을 건설하던 때부터 1700년대 후반 산업혁명이 작은 마을의 농부와 그 가족들로 하여금 자신들의 재산에 울타리를 치고 대도시의 공장 노동자들이 되도록 몰아갔던 시기까지,[5] 우리는 공동체로부터 하향곡선을 그리며 멀어져 왔다.

외로움은 산업혁명의 부상과 더불어 의미심장한 방법으로 나타나기 시작했다.[6] 공장이 자동화 바람을 몰고 오자 사람들은 더 수월하고 자립적으로 살게 되었다. 하지만 효율성에는 큰 대가가 따랐다. 즉 우리는 항상 서로를 필요로 하지 않아도 되었다.

여기서 전 세계 인구의 80퍼센트가 여전히 작은 지역 사회 기반 집단인 마을과 연관되어 살고 있음을 언급하고 싶다. 내 것이 항상 우리의 것이 되는 곳을 마을이라 부를 수 있을지도 모른다.[7] 하지만 이곳 서구 사회에 사는 우리들의 삶은 그렇지 않다.

20세기 후반 일어나 자조 운동(self-help movement)은 개인주의를 중시하는 계몽주의 정신을 이어받은 것처럼 보이며, 개인의 행복을 최고의 훈장으로 여겼다.[8] 그리고 1997년에는 소셜 미디어 운동이 등장했는데, 이는 지속적으로 개인 브랜드를 구축하거나 신랄한 목소리를 냄으로써 한 발 앞서가려는 콘텐츠에 '좋아요'로 보상해 준다.

독립성은 이 나라에서 주요한 가치였다. 사람들은 '자수성가한 여성(혹은 남성)이 되고', '자신의 길을 개척하고', '개인의 성취'를 위해 분투하는 것이 짧고 아름다운 삶의 목표라고 세뇌당한다. 여러 세대에 걸쳐 우리는 그 미끼를 문 채 고립되고 개인주의적이며 외부 도움 없이 스스로 성공하는 삶이 결국 어떻게든 만족을 준다고 믿고 있다.

그러나 우리를 지으신 하나님과 함께 내 삶의 토대가 되고 있는 성경은 다음의 두 구절로 전체의 대서사를 시작한다.

"우리의 형상을 따라 우리의 모양대로 우리가 사람을 만들고."

"사람이 혼자 사는 것이 좋지 아니하니."

마음속 깊은 곳에서 우리는 이것이 사실임을 알고 있다.

공동체로 충만하고 번성하라

우리는 매 순간 공동체 안에서 살도록 창조되었다. 일주일에 한 번, 한 달에 한 번, 친구들과 밤 외출을 하거나 고립된 칸막이에서 나와 점심만 함께 먹는 것으로는 부족하다. 영원한 삶 가운데서 매일 매 순간이어야 한다.

그렇다면 도대체 우리는 어떻게 외로움과 관련된 무시무시한 통계, 서로 연결되지 못하도록 방해 공작을 펴는 마귀와 그의 계획, 그리고 이 사회가 세워지는 근본적인 방법과 싸우며 하나님이 가장 마음에 두신 공동체를 건설해 갈 수 있을까?

마을(공동체)이 필요할 것이다. "아이 하나를 키우려면 온 마을이

필요하다"는 속담을 알고 있을 것이다. 아이뿐 아니라 어른들에게
도 충만하고 번성하는 삶을 누리기 위해서는 마을이 필요하다.

그러나 마을은 우연히 이루어지지 않는다. 새로운 삶을 구축해
야 한다.

3

우리는 연결됨,
'공동체'가 필요하다

한 장소에서 10년 이상을 살고 난 뒤인 2017년 우리 가족은 텍사스 주 댈러스로 이사를 결정했다.

온라인에 "사랑하는 도시에서 11년을 보낸 후"라는 글을 올렸다. "우리는 텍사스 오스틴에서 댈러스로 이사할 거예요. 지난주에 학습 능력의 차이를 보이는 아이 둘에게 학교 교육의 문이 닫혔어요. 그래서 아이들을 각기 다른 세 곳의 학교에 보내야 해요. 가족이 도시 곳곳으로 뿔뿔이 흩어져야 할 상황에 처하고 말았죠. 그래서 시댁 가족들 근처로 이사를 결정했어요."

게시 내용은 모두 사실이었다. 하지만 충분한 설명은 못 되었다. 학교 문제는 정말 고민이 되었다. 하지만 또한 오스틴의 넓게 퍼져 나간 지형이 우리의 관계에 더 이상 도움이 되지 않는 것만 같았다. 가장 사랑하는 친구들 중 몇몇은 거의 한 번도 보지 못했고 가까운 친척들도 별반 다르지 않았다. 오스틴에는 사랑하는 멋진 사람들이 많았지만 우리는 늘 외로움을 느꼈다.

친척 중 한 사람에게 계획을 말했다. 그는 우리의 결정을 축하해 줌과 동시에 내가 두려워하고 있던 파국적 상황을 예견해 보였다.

"내 생각에 아이들은 괜찮을 거야, 제니. 난 그냥 네가 걱정이야. 그렇게 큰 도시에서 새로 시작하다가 외로워질 수도 있어."

받아들이기 힘든 말에 계획을 다시 한 번 점검했다. 남편의 일과 나의 소속 단체는 옮겨 갈 수 있었다. 설령 그럴 수 없다고 해도 우리는 직업과 집의 평수에 연연하지 않는 새로운 삶의 방식을 갈망하고 있었다. 우리가 사람들 주변에다 삶을 구축할 수 있을지 확인해 볼 필요가 있었다.

자, 이제 당신의 두려움을 진정시켜 주고 싶다. 나의 논의는 당신에게 이사가 불가피하다고 말하려는 게 아니다. 그러니 아직 부동산 시장을 스크롤하러 가지 말라. 하지만 처음부터 다시 시작한 가족 경험을 통해 깨달은 바가 있다. 어디에서든 이러한 뿌리 깊고 견고한 공동체를 세우려면 무엇이 필요한지를 분명히 알게 되었다.

우리 가정은 북쪽으로 320킬로미터를 옮겨 갔다. 그 이사는 십 년 만에 처음 맞는 가족 전체의 대격변을 의미했다. 몇 년 동안 우리의 삶은 순조로웠다. 모두가 익히 알고 사랑하는 어린 자녀들의 나이와 발달단계 그리고 그에 맞는 온갖 일상사들을 거쳐 왔다. 우리는 교회, 학교, 스포츠 활동 그리고 가정 및 가족 유지 관리의 모든 일반적인 측면들에 대한 리듬을 확립해 왔다. 쇼핑을 하고 사람들과 어울릴 장소가 있었다. 약간의 고립도 있었지만 예측 가능한 삶이었다. 하지만 이제 이사를 했다.

남편 재크(Zac)의 가족과 대도시 전역에 퍼져 있는 몇몇 친구들을 제외하면 우리 여섯 식구는 처음부터 다시 시작해야 했다. 불안해 하는 아이들과 여러 가족들의 암울한 예측에 내가 늘 지녔던 낙관론은 무너지고 위험 부담은 터무니없이 높아 보였다.

이사 당일 의도치 않게 이삿짐꾼들을 네 시간이나 앞지른 남편은 우리의 새집 앞 진입로에 차를 세우고 숨을 크게 내쉬었다. 남편이 느낀 것은 안도감이었을까 좌절감이었을까? 나는 내 안에 서서히 올라오고 있는 공황이 더 걱정되었다.

보금자리가 될 곳의 현관문으로 걸어 들어갔다. 방들은 휑했고 도시는 더욱 그랬다. 이곳에서 길을 잃은 것만 같았다.

어디서 식료품을 사야 할지 어디서 머리를 해야 할지 알 수 없었을 뿐만 아니라 내가 챙겨야 하는 네 명의 아이들도 각기 친구들, 의사들, 가정 교사들, 멘토들 그리고 자기 사람이라고 부를 이들이 필요했다. 도움을 청하려면 어디로 가야 할지 알 수 없었다. 모든 것이 필요하지만 아는 사람이 거의 없음을 실감하는 고통이 더욱 심해졌다. 분명히 며칠 안에 집을 정돈할 수는 있을 것이다. 하지만 우리의 영혼은 다시 정착할 수 있을까?

"아이참, 러그 패드(미끄럼방지 양탄자)를 가져오는 걸 깜빡했어요!"

남편에게 짜증스럽게 내뱉었다.

"뭐라고요?"

남편은 차에서 가져 와야 할 짐에 정신이 팔려 대꾸했다.

"러그 패드!"

왈칵 눈물이 쏟아질 것 같았다. 그쪽 이삿짐 운반자들이 예전 집에 곧 도착할 것이고 우리 물건은 얼마든지 내다 버리고도 남을 것이다. 그 빌어먹을 러그 패드를 우선 내려놓을 수만 있다면 여기서 제대로 생활을 꾸리기 시작할 텐데. 그런데 내가 그걸 잊어버리고 말았다. 그것은 아무것도 아니었지만 또한 전부이기도 했다. 현기

중이 일었다. 남편은 내 눈에 공포가 서리는 것을 보고 곁을 슬쩍 지나가면서 속삭였다.

"내가 러그 패드를 좀 찾아볼게요."

이사를 앞둔 며칠 전 나는 우리가 곧 합류할 교회의 대학 목사님에게 전화를 걸 만큼 침착하고 기민했다. 목사님이 우리 집의 보모로 일할 친절하고 책임감 있는 젊은 자매를 알고 있을지 궁금했다. 막내 쿠퍼(Cooper)는 당시 아홉 살이었다. 아홉 살짜리 아이들은 대부분 계속 지켜볼 필요가 거의 없는 반면 쿠퍼의 불안지수는 항상 높았다. 이사를 하고 이프 개더링을 새로운 지역으로 이전하고 여섯 식구가 살 새 보금자리를 꾸리느라 내가 얼마나 분주해질지는 이미 불 보듯 뻔했다. 게다가 나 자신의 감정적 악화 상태를 감안한다면, 확실하고 안정적으로 옆에 머물 보모가 막내 아이와 내게 선물이 될 것이라고 생각했다.

고속도로를 탄 지 두 시간 만에 우리는 차에서 짐을 내렸고, 나는 텅 빈 새집의 부엌 바닥에 앉아 젊고 사랑스러운 보모인 캐롤라인(Caroline) 앞에서 민망하게도 온갖 불쌍한 척을 다하며 눈물을 흘리고 있었다. 그 젊은 아가씨는 도대체 자신이 무슨 상황에 휘말린 건지 의아했을 것이다.

"도움이 필요해요."

조금은 분명치 않은 듯 인정했다. 캐롤라인은 무덤덤한 모습으로 그곳에 앉아 아무것도 비난하지 않고 조용히 있어 주었다. 그녀는 말했다.

"전 스트레스를 잘 안 받아요."

나는 우리가 별 탈없이 잘 지낼 것 같다고 말했다.

절망의 한가운데 있을 때 하나님은 내 인생 속으로 아이들을 사랑하고 나를 대신해 많은 분량의 빨래를 정리하고 이프 개더링에서 일하고 우리 가족의 일원이 되며 오늘날까지 이 도시에서 나의 가장 안전한 동료이자 친구 중 한 명이 될 대학생 육아 돌보미를 보내 주셨다.

그녀는 즉시 나에게 두 가지 가르침을 주었다. 이곳에 세워질 나의 이 작은 마을은 첫째, 나의 궁핍과 절박함에도 불구하고가 아니라 바로 그것 때문에 탄생할 것이며 둘째, 예기치 못한 방법으로 그리고 예기치 못한 사람들과 함께 세워질 것이다.

몇몇의 좋은 친구 이상으로

내가 온라인에서 가장 많이 받는 질문은 "어떻게 하면 친구를 사귈 수 있나요?"이다. 우리가 한 사회의 일원으로서 직면하고 있는 모든 문제 때문에 내가 과장한다고 생각할지도 모르겠다. 하지만 내 사역팀에게 물어 보라. 그것이 사실이라고 확인해 줄 것이다.

초등학교 1학년 아이들이 물어볼 것 같은 질문이다. 동의하는

가? 그 나이였을 때 내 아이들은 학교에 가서 새로운 친구들을 사귀어야 했다. 분명히 그때까지는 아이들이 갖고 있지 못했던 재주였다. 하지만 아니다. 이것은 예순 살 된 사람들이 하는 질문이며 스물다섯 살의 청년들과 젊은 엄마들이 하는 질문이다. 이해가 간다. 왜냐하면 친구를 사귀고 유지하는 기술에 대해 우리는 제대로 배워 보지 못했기 때문이다.

행성의 이름을 읽고 쓰고 짓는 법을 배웠고 옷을 입고 직업을 얻고 심지어 섹스를 하는 법도 배웠다. 하지만 아무도 진지하게 친구를 사귀는 방법이나 친구가 되는 방법을 가르쳐 주지 않았다.

우리가 잘못된 질문을 하고 있는 것일까? 새 친구를 만드는 일은 친구를 유지하는 것만큼이나 많은 걱정거리를 안겨 준다. 하지만 만약 우리가 갈망하는 그 친밀한 관계가 그동안 잃어버렸던 마을이라는 보다 넓은 네트워크에서 실제로 발견된다면 어떻게 할까?

우리는 완벽한 몇 명의 친구들이 생기고 그들이 우리 삶에서 대단히 많은 역할을 해 주기를 학수고대한다. 그들이 우리에게 모든 것이 되어 주기를 바란다. 만약 소규모 그룹 친구들이 지닌 힘은 그 각각이 당신의 삶에 서로 다른 것들을 가져다주는 데 있다면 어떠할까?

내게는 재미있는 친구들이 있는데 자주 약속을 잡고 웃음을 선사한다. 현명한 친구들도 있는데 조언을 아끼지 않고 잘못된 점을 지적해 준다. 용기를 솟구치게 하는 친구들은 나를 응원해 주고 무엇을 잘하고 있는지 알려 준다. 도전을 주는 친구들은 내 생각을 중단시키고 아무 의심 없이 받아들인 가정들을 반박하고 더 큰 위험을 감수하도록 분발시킨다.

만약 한두 명이 모든 역할을 해 주리라 기대한다면 어느 누구도 결코 내 필요를 채워 주지 못할 것이다. 친구들이 내 인생에서 맡은 고유한 역할을 인정하지 않는다면 나는 '도전적인' 친구가 더 격려해 주지 않아서, '현명한' 친구가 날마다 즐겁게 해 주지 않아 화가 날지도 모른다.

하나님이 내 인생에 다양한 사람들을 두시고 다양한 방법으로 축복해 주심을 알기 시작하면 그들을 포용하고 내가 관계에 기여한 것으로 만족할 수 있다. 사랑하는 친구를 잃은 뒤 썼던 C. S. 루이스 (C. S. Lewis)의 이 구절들은 그가 J. R. R. 톨킨(John Ronald Reuel Tolkien)과 함께 나누었던 내용이기도 한데, 나로 하여금 다양한 친구들과 그들의 고유한 가치가 삶에서 얼마나 대체 불가능한 것인지를 인식하게 해 주었다.

내 각각의 친구들에겐 오직 어떤 특정한 친구만이 충분히 끌어내 줄 수 있는 무엇인가가 있다. 나는 혼자만의 힘으로 친구들의 전인(全人)이 다 활발히 발휘되도록 이끌어 줄만큼 대단한 사람이 못 된다. 내가 갖지 못한 다양한 불빛들이 친구들의 온갖 측면을 다 비춰서 보여주기를 바란다. 이제 찰스가 세상을 떠나고 없으니 나는 로널드가 [찰식 특유의 농담에 보였던 반응들을 다시는 보지 못할 것이다. 찰스가 없는 지금 로널드를 '혼자서' 독차지하기는커녕 오히려 로널드를 덜 갖게 되었다.[1]

아마도 "어떻게 하면 친구를 사귈 수 있을까?"란 질문의 배후에서 우리가 정말로 품고 있는 의문은 이것일 것이다.

"어떻게 하면 친밀한 사람들의 공동체에 속할 수 있을까?"

서로를 필요로 하는 것은 약점이 아닌 강점

댈러스에 있는 새집 부엌 바닥에 앉아 처음 본 육아 도우미 앞에서 외롭고 두려운 마음으로 울고 있었을 때 한 가지 분명한 기억이 떠올랐다.

남편과 나는 입양할 아들 쿠퍼를 만나기 위해 르완다에 가 있었다. 2011년 늦은 봄이었고 나는 금방이라도 부서질 듯한 작은 자동차의 조수석에 앉아 있었다. 운전자가 바퀴 자국이 깊이 파인 도로를 덜컹대며 느릿느릿 나아갈 때 창밖을 내다보았다. 몇 걸음 간격으로 서로 다른 여성들의 무리가 보였다. 다양한 연령대가 뒤섞여 물동이를 요령 있게 머리에 이고 함께 걸어서 집으로 돌아가고 있었다. 여성들이 하는 말을 알아들을 수는 없었지만 그들의 표정은 언어를 초월해 있었다. 여인들은 얘기를 나누고 있었다. 웃고 있었다. 서로의 공백을 채워 주고 있었다. 서로를 사랑하고 있었다. 모두가 긴밀했다. 그저 한 무리의 패거리들이 아니었다. 공동체였다. 마을 이었다. 마을 전체가 모든 사람에 대한 모든 것을 알고 있었고 의심할 여지없이 이로 인해 마을은 삶이 더 나아지고 있었다.

"당신은 아들에게 참으로 더 나은 삶을 선물해 주고 있어요"라고 이 나라 사람들은 내가 쿠퍼의 손을 잡고 고국으로 돌아온 뒤에 말할 것이다. 하지만 나는 진실을 알고 있었다. 그래, 내 아들은 가족이 생기고 여러 필요가 충족될 것이다. 하지만 우리는 또한 이 아이를 극도로 개인주의화된 미국으로 데려오기 위해 활기차고 상호의존적인 문화를 박탈해 버렸다. 쿠퍼를 외로움이 고착된 나라에 데려오면서 르완다에서 보낸 4년의 시간 덕에 아이가 관계적으로 더건강한 아프리카의 생활방식과 계속 연결될 수 있기를 기도했다. 형편이 닿는 한 자주 아이를 그곳에 데려가기로 다짐했다.

"미국 사람들은 모든 것을 혼자서 해요."

르완다에 있는 우리의 좋은 친구 찰스 무기샤(Charles Mugisha) 목사가 했던 말이 늘 떠오른다.

"우리는 (르완다인들) 모든 것을 함께합니다."

좋든 나쁘든 전통적인 마을 구조에서는 사람들이 모두 당신의 이름을 알고 있다. 더욱 정신이 번쩍 들게 표현하면 모두가 당신의 고통을 알고 있다. 하지만 마을 사람들은 끊임없이 그리고 거저 당신이 살아남을 수 있도록 삶을 극복할 수 있도록 돕는다.

사냥과 채집과 공동 요리에서 식료품을 현관이나 자동차 트렁크로 배달시키는 삶으로 전환하는 과정에서 우리는 서로를 필요로 하기를 멈췄다. 생존하는 데 더 이상 서로가 필요하지 않게 되었다. 이제는 계란 한 알 빌릴 필요조차 없어졌다. 아니면 아직도 그럴 필요가 있는 것일까?

교수이자 작가인 브레네 브라운(Brené Brown)은 아프리카 오지에 사는 한 무리의 여성들에 대한 이야기를 들려 주었다. 그 여성들은 강가에서 가족들의 옷을 손빨래하면서 늦은 오후를 보낸다.[2] 햇살 속에서 이야기를 주고받는다. 이것저것 물어볼 것이다. 서로에게 별 일은 없는지 확인할 것이다. 거의 언제나 너무 많이 웃어대서 눈물이 찔끔거릴 것이다.

여성들은 극심한 빈곤의 고통에 갇혀 있다. 하지만 너덜너덜한 옷차림과 더러운 강에서 빨래를 할 수밖에 없다는 명백한 세부 사항을 제외한다면 당신은 그 사실을 눈치채지 못할 것이다.

이후에 마을 전체는 주민들이 농작물을 심고 수확하는 법을 배운 후 자신들이 가진 자원에 엄청난 변화를 경험했다. 주민들은 근처의 더 큰 마을에 과일과 채소를 팔 수 있었다. 새로운 수입으로 교복을 사고 아이들을 학교에 보낼 수 있었다. 수수한 오두막집을 크고 단단하고 영구적인 건물로 개량할 수 있었다. 생활에 전기를 이용할 수 있었다. 우물을 파서 마침내 깨끗한 물을 마실 수 있었다.

더욱이 휴대폰, 오븐 토스터, 세탁기 같은 몇 가지 문명의 이기들을 구입할 수도 있었다.

흥미롭게도 일단 마을의 거의 모든 집에 세탁기가 생기자 그 지역의 엄마들 사이에서 우울증이 급속도로 퍼져나갔다. 도대체 어떻게 된 일일까? 마을은 번창하고 있었다. 그렇지 않은가? 사람들이 소유한 모든 것들을 보라!

이러한 설명이 우리에게 확연히 와닿지 않을 수도 있다. 하지만 1994년 르완다 종족 집단 대학살 이후 난민 가정에서 자란 무기샤 목사님 같은 사람들에게는 너무나 명백했다. 목사님은 난생 처음으로 미국에 온 후 자신이 관찰한 바를 내게 들려주었다.

"사람은 더 많은 자원이 생길수록 더 많은 벽을 쌓게 돼요. 그리고 더 많이 외로워져요."

천국, 완벽한 공동체

좀 더 넓게 바라보기 위해 잠시 한 걸음 물러서 보자. 나는 마지막을 염두에 두고 무언가 시작하기를 좋아한다. 목표를 안다면 그것에 도달하는 효과적인 전략을 세울 수 있다.

그러니 바로 그 마지막인 천국까지 온 힘을 다해 나아가자. 그곳에서 우리는 하나님을 사랑하는 사람들, 온갖 나라와 지파에서 온 사람들에게 둘러싸여 있을 것이다.[3] 더 이상 사망, 분열, 비교, 싸움이 없이 그리고 죄도 없이 영원히 함께할 것이다. 천국의 합창단에서 노래할 뿐만 아니라 우리가 알아보고 우리를 알아보는 다양한 집단의 사람들과 함께 생활하고 일하고 관계 맺고 먹고 사랑하고 예배하고 하나님을 즐거워할 것이다. 영원히. 그것이 우리가 향하는 미래이다.

이제 인간이 지금의 자리에 어떻게 이르게 되었는지를 살펴보기 위해 출발점을 되짚어 보자. 우리는 창세기 1장 1절의 "태초에 하나님이", 그 이전으로는 거슬러 올라갈 수 없다.

앞서 말한 대로 하나님은 공동체로 존재하셨고 사랑으로 우리를 창조하셨다. 창세기 2장 18절은 하나님께서 이 땅에 한 사람 아담을 창조하신 후 "사람이 혼자 사는 것이 좋지 아니하니"라고 말씀하셨다고 전한다.

그래서 하나님은 하와를 창조하셨고 아담과 하와에게 생육하고 번성하라고 명하시고 이 땅에서 함께 살아가는 데 필요한 모든 것을 주셨다. 최초의 두 인간은 동산에서 하나님과 함께 살았다. 벌거벗었으나 부끄러워하지 않았다. 서로의 앞에서 부끄럽지 않았고 하나님 앞에서도 부끄럽지 않았다. 그저 자유롭고 아름다운 사랑과 진정한 관계가 가져다주는 안전함을 누렸다. 두 사람은 피조물을 돌보는 목표를 공유했다. 그들에겐 단 하나의 경계만 주어졌다. 그리고 그들은 세상에서 하나님과 하나님의 피조물 그리고 서로를 언제나 즐거워했다. 발걸음을 조금 늦추어 그 옛날 에덴동산에서의 삶이 어떠했는지 들여다보면 다섯 가지 사실이 드러난다.

첫째, 근접성이다. 그들은 서로 그리고 하나님과 물리적으로 가까이 있는 즐거움을 누렸다.

둘째, 투명성이다. 벌거벗었으나 부끄럽지 않았고 충분히 알려지고 온전히 사랑받았다.

셋째, 책임감이다. 하나님과 서로에게 복종하며 살았다.

넷째, 공유된 목적이다. 피조물을 돌보라는 명확한 소명을 받았다.

다섯째, 지속성이다. 서로를 떠날 수 없었다. 서로를 필요로 했고 모든 것을 공유했다.

이 다섯 가지 '천국 맛보기'는 오늘날 우리들의 삶에 온전한 공동체를 어떻게 구축할 수 있을지에 대한 기본 틀을 제공해 준다. 하나님은 우리가 지금 이곳에서 회복 사역을 펼쳐도 좋을 만큼의 완벽한 공동체를 세우셨다.

독립이 몰고 온 파장

'되찾는 사역'이라고 말하는 이유는 그것이 지금의 현실에서 우리가 품을 수 있는 희망의 전부이기 때문이다. 아담과 하와는 연결보다는 독립을 원했고 하나님의 권위를 거슬렀고 수치심이 그들의 관계로 들어 왔으며 창조주와의 근접성을 상실했고 하나님이 주신 목적을 부패시켰고 종착지인 무덤에 이르기까지 카운트다운이 시작됐다. 죄가 세상에 들어왔다.

태초 이래로 우리는 스스로가 원한다고 믿는 독립을 위해 열심히 싸워 왔다. 단지 아담과 하와 당신과 나 또는 날이면 날마다 외로움을 인정하는 다섯 명 중 세 명꼴의 사람들뿐 아니라[4] 지금껏 지구에 살았던 모든 인간들이 그랬다.

> "의인은 없나니 하나도 없으며 깨닫는 자도 없고 하나님을 찾는 자도 없고 다 치우쳐"(롬 3:10-12).

이것이 인류의 이야기다. 온 세상에서 독립의 파장을 본다. 하지만 인간관계보다 더 명확하게 그것을 보여 주는 곳은 없다.

우리는 모두 다른 사람들에게 상처를 준다. 모두 죄를 짓는다. 모두 사람들을 밀어낸다. 모두가 죄인이다. 내 삶의 관계 속에서 다음과 같은 단순한 진리를 받아들이는 것보다 더 도움이 된 것은 없다.

> "당신은 나를 실망시킬 것이다. 나도 당신을 실망시킬 것이다. 그러나 하나님은 절대 우리를 실망시키지 않을 것이다."

이 사실을 인정하고 나면 사람들로부터 하나님께로 기대를 옮길 수 있다. 그리고 그분은 우리의 기대를 너끈히 감당하실 수 있다.

4

내가 필요한 사람들,

나를 필요로 하는 사람들을

찾아 나서다

남편과 나는 댈러스에 발을 디딘 후 우리 가족이 집이라고 불러도 좋을 만한 교회를 찾는 데 시간을 낭비하지 않았다. 나 자신의 감정적 악화는 말할 것도 없고 아이들이 새로운 출발에 대한 다양한 수준의 불안을 겪고 있었으므로 빨리 행동해야 했다. 교회 쇼핑을 전혀 하지 않았다. 그저 12년 전에 신학교에 다니느라 댈러스에 잠깐 살았을 때 다녔던 교회에 다시 가기로 했다.

다음으로 25년 전 내 캠프 지도를 맡았던 감독관이 뜻밖에도 같은 도시에 살고 같은 교회에 다닌다는 것을 알았다. 근본적으로 친구가 한 명도 없다는 당혹감을 꾹 참고 그 감독관에게 친구가 돼 줄 수 있는지 물었다.

엄밀히 말하면 실제 상황은 조금 달랐지만 내게 느껴진 바는 정확히 그랬다. 미셸(Michelle)은 나보다 서너 살 많았다. 하지만 내 십대 시절에 공유했던 우리의 유대감을 염두에 두고 대화를 시작하는 위험을 감수했다. 미셸이 최소한의 화장에 평범한 티셔츠와 운동용 반바지를 입고 커피숍에 나타났을 때 좋은 친구가 될 수 있다는 확신이 들었다. 이곳은 댈러스였고 식료품을 사러 갈 때 흔히 입는 원피스가 오스틴에서의 내 결혼식 복장과 맞먹을 정도였기 때문이다.

이 하나의 결정이 일의 전반적인 과정에서 얼마나 엄청난 것이었는지는 아무리 과장해도 지나치지 않을 정도다. 믿지 않을지 모르겠지만 별일 아닌 전화 한 통과 간단한 문자 하나가 상황을 완전히 바꾸어 놓을 수 있다. 일련의 연쇄적인 사건들을 촉발시킬 수 있다. 알고 보니 당시 미셸은 지금 우리가 함께 출석하는 교회의 한 소그룹에 합류하던 중이었다. "소그룹에 대해 좀 알아?"라고 물었을 때 그 눈빛은 의심할 여지없이 품고 있던 얼마간의 의혹을 드러냈다.

"소그룹이 어때서요?"

나는 의구심 어린 어조로 물었다.

"한 번 들어가면 평생 소속돼."

미셸이 말했다. 곧 알게 될 참이었지만 우리 교회는 공동체를 매우, 매우 진지하게 받아들인다. 우리 교회에서는 우리가 겪는 어려운 처지를 사실대로 말한다. 우리가 겪는 곤경의 총체적 진실을 곧이곧대로 말한다. 게다가 개인의 재정 상태를 서로에게 세세히 있는 그대로 공개한다. 털끝만큼도 농담이 아니다. 이 공동체에서는 모든 것이 만만한 공개의 대상이다.

어쨌든 우리 교회가 공동체 그룹을 어떤 관점으로 바라보고 있는지에 대한 약간의 사전 지침을 주던 중 미셸은 "너와 너의 남편이 우리 소그룹에 들어오면 좋을 텐데!"라고 불쑥 말했다.

"아니, 고마워요."

그 말은 고마워요! 하지만 아직은 아니에요를 뜻했다.

나는 단지 친구를 원했다. 하지만 과연 올바른 사람들과 한 무리가 될 것인지 확신할 시간이 필요했다. 오스틴에서 겪은 우정의 실패로부터 벗어나고 있던 중이라 '평생의 헌신'을 단지 언급한 것만으로도 나를 반사적으로 물러서게 만들었다. 그 이후 대다수의 소그룹이 애초의 기대처럼 40년 혹은 그 이상 성공적으로 지속되지 않음을 알게 되었다. 하지만 부담감은 여전했다.

나는 남들과 어울리기를 아주 좋아하고 극도로 외향적이며 모든 일에 잘 참여하고 재미를 선사하는 사람이다. 하지만 행동을 취하기 전에 너무 많은 것을 고려하고 정말로 일이 어떻게 돌아가고 있는지를 너무 깊이 파고들며 장벽을 빠르게 쌓아 올리는 경향이 있다. 그런데 이제 완전히 낯선 한 무리의 사람들이 가장 깊은 내 속마음까지 알게 된다고? 내 욕망, 소비 패턴, 시간 사용까지도? 맙소사!

거의 4년 전의 상황인데, 마침내 남편과 나는 위험을 무릅쓰고 그 소그룹에 뛰어들었고 오늘날까지도 여전히 함께하고 있음을 언급해야겠다. 그리고 의도적으로 선택한 사람들이 아니었던 그룹원들은 이제 가장 친한 친구들 중 일부가 되었다.

오해하지 말기 바란다. 그동안 여러 번 고비가 올 때마다 그룹원들과 우리 사이는 말할 수 없을 정도로 힘들었다. 특히 처음에는 어색했다.

내 사람들을 찾고자 그토록 필사적이지 않았다면 아마도 떠나고 말았을 것이다. 감사하게도 난 머물렀다. 감사하게도 솔직하고 진실하며 장기적인 공동체에 참여하라는 초대장이 왔을 때 진심어린 마음으로 "네"라고 혼잣말을 했다. 그 한 번의 예스가 모든 것을 뒤바꿨다.

이것을 원하는가?

이제 내게는 마을 공동체(마을처럼 서로의 삶을 돌아보는 공동체-편집자주)가 있다고 장담할 수 있다. 그 커피 데이트 이후로 몇몇 다른 친구들도 내 삶으로 들어왔다. 앞으로 더 많이 들어올 것이다. 내 네트워크에 있는 사람들은 다양하고 개입적이며 함께 나를 지지해 준다. 나는 그들을 사랑하고 그들은 매일 매 순간 내 삶의 안팎에 있다. 아직 당신이 그렇지 못하다면 이런 삶을 누리기 바란다. 더 중요하게는 하나님이 이것을 원하신다.

추측해 보자면 당신도 이것을 원한다. 그런 이유로 이곳에 있는 것이리라. 고통에 진저리가 나기 때문에 이 자리에 있는 것이라고 추측해 본다. 사람들이 상처를 주고 있으며 당신은 이 문제를 해결할 다른 방법이 있기를 바라고 있다고 헤아려 본다. 더 건강한 관계를 구축하도록 도와줄 비전과 방법들을 찾고 있다고 추측해 본다. 그리고 아마 책의 이 지점에서 조금은 두려워할지도 모르겠다. 이 책이 당신의 가장 깊숙한 갈망과 희망과 꿈에 어떤 안도감도 제공하지 못할까 봐, 어쩌면 알고 있는 모든 체계가 두루 깨트려질까 봐 두려울지도 모르겠다.

그렇다면 내 말을 들어보기를 간곡히 부탁한다. 그것은 오늘날의 세계가 너무나 만연한 독립성 위에 세워져 왔기 때문이다. 하나님께서 우리가 누리도록 염두에 두셨던 관계로 돌아가려면 의도적인 결단이 필요할 것이다.

우리는 분명 돌아갈 수 있다. 이 지점에서 당신은 또한 이런 마음일지도 모른다. "좋아요! 정말로 내 사람들을 찾고 싶어요. 계속 노력했지만 사람들은 대부분 믿을 수 없을 정도로 유해하고 진을 빼놓아요. 정말 이게 옳다고 확신해요?"

그 마음을 안다. 사람들을 선택하는 것은 함께 산책을 하거나 강가에서 같이 빨래할 사람들을 찾는 것처럼 간단한 일이 아니다. 건전한 친구들이 필요하다. 완벽하지는 않더라도 유해하지 않은 이가 필요하다. 이런 친구를 바라는 것은 지나친 욕심일까?

공동체적 삶을 위한 모델

앞에서 예수님은 그 누구보다도 내게 우정에 대한 가르침을 더 많이 주셨다고 말했다. 내가 왜 예수님을 이토록 좋아하는지 들려주고 싶다.

나는 언제나 시편 8장 4절 말씀에 깊은 공감을 느낀다. "사람이 무엇이기에 주께서 그를 생각하시며." 당신의 의문을 충분히 이해한다. 만물을 움직이게 하는 하나님이 계시다면 (그리고 정말로 계시다!) 그리고 영원전부터 존재하셨다면, 이 크고 아름다운 지구를 회전하도록 하셨고 모든 인간을 창조하셨으며 우리 각 사람의 폐에 숨을 불어넣으셨다면, 도대체 어떻게 하나님이 죄짓고 망가진 우리에게 몸소 마음을 쓰실 수 있겠는가? 게다가 죄 많은 사람이 하나님에게 돌이켜 그분을 인정하고 사랑하며 그분께 마음과 몸과 정신을 바치기를 거부한다면, 과연 그 누가 하나님이 그들 모두를 벌하신 것에 대해 비난할 수 있겠는가? 왜 하나님은 아주 거대한 운석을 보내서 지구를 박살내 버리지 않으셨을까?

에베소서 2장은 우리 그러니까 나와 당신 및 지구상에 있었던 모든 사람이 허물과 죄로 죽었으며 진노의 자녀였다고 말한다. 이는 하나님은 그 운석을 우리 앞으로 보내실 자격이 충분함을 의미한다. 그러나 "긍휼이 풍성하신 하나님이 우리를 사랑하신 그 큰 사랑을 인하여 허물로 죽은 우리를 그리스도와 함께 살리셨"다(엡 2:4-5).

> "그러나 하나님이
> 그리스도를 통해
> 그 사랑 때문에
> 우리를 구원하셨고
> 우리를 살리셨다."

이 몇 구절이 어떻게 모든 것을 바꾸는지 말해 주겠다. 죄악에서 구원하시고 탈출구를 주신 예수님은 우리의 영원한 미래를 예수님과 함께하도록 바꾸실 뿐만 아니라 이곳에서 예수님을 닮은 사랑을 할 수 있도록 권능을 주신다.

"모든 것이 하나님께로서 났으며 그가 그리스도로 말미암아 우리를 자기와 화목하게 하시고 또 우리에게 화목하게 하는 직분을 주셨으니"(고후 5:18).

당신과 나는 살고 숨 쉬고 부서지고 갈망하는 사람들에게 그런 화해와 희망을 선사해 주어야 한다. 하나님은 목적을 품고 당신을 시공간 속에 두셨다. 그 목적은 사람들로 하여금 당신의 사랑을 통해서 하나님을 찾아 발견할 수 있도록 하는 것이다.[1] 예수님은 우리가 서로서로 또 아버지 하나님과 함께 충만하고 번성하는 삶을 살 수 있는 방편을 마련해 주실 뿐만 아니라 또한 그것이 어떤 모습이어야 할지 몸소 보여 주셨다! 예수님은 우리의 죄를 위해 죽으실 뿐만 아니라 하나님의 자녀로서 어떻게 살아야 하는지 보여 주시기 위해 이 땅에 오시기로 선택하셨다.

그래서 여기에 하나님께서 이 땅에 오셨을 때에 대해 당신이 알아야 할 몇 가지 사항이 있다.

- 예수님은 엄마, 아빠, 형제자매가 있는 지상의 가정에서 태어나셨다.
- 예수님은 가족, 친구들, 다른 아이들과 함께 한 동네에서 자라셨다.
- 예수님은 아빠에게 목공이라는 일을 배우셨다.
- 예수님은 유혹을 경험했지만 결코 죄를 짓지 않으셨다.

- 예수님은 마을이라는 맥락 속에서 웃고, 배우고, 노래하면서 자라셨다.
- 예수님은 학교나 성전이 아닌 예상치 못한 곳에서 자신의 사람들을 발견하셨다. 매춘부, 무식한 어부들, 미움 받는 세금 징수원들, 아이들, 시어머니들이었다.

누가 보아도 잘못된 민족, 잘못된 성별, 잘못된 나이, 잘못된 지위, 잘못된 성격 유형의 잘못된 사람들이었다.

자발적이었다는 점을 제외한다면 예수님의 사람들은 모두 잘못되어 있었다. 그리고 갈급했다. 그리고 모든 것을 쏟아 부었다.

이런 것들은 예수님께서 자신의 시간을 함께 보내기로 선택했던 소그룹의 사람들을 유일하게 두루 보여 주는 명백한 지표이다. 그들은 자발적이었다. 갈급했다. 모든 것을 쏟아 부었다.

예수님은 무리들을 물러가게 한 뒤에 소수의 사람들과 함께 식사하는 습관이 있으셨음을 기억하라. 예수님은 무리를 물러가게 한 뒤 열두 명을 선택하셨다. 그 열두 명 안에는 또 그분이 가장 많은 시간을 함께 보냈던 세 명이 있었다. 예수님과 가장 절친한 사람들이었다. 예수님이 속마음을 가장 많이 털어놓는 사람들이었다. 자기 사람들의 축약본이라고나 할까? 우리가 앞으로 나아갈 때 선택적이 되어도 괜찮다. 그럴 필요가 있다.

예수님과 그분의 사람들은 수많은 이가 하나님을 '더듬어 찾아가도록' 부단히 도울 것이다. 두터운 유대감으로 뭉친 한 그룹의 사람들이 한 마을에서 시작한 일은 모든 세대로 그리고 지구 끝까지 도달할 것이다. 공동체의 마지막 단계는 우리의 사람들을 찾고 함께 하나님의 사랑을 제공하는 안전하고 아름다운 전초 기지를 세우는 것이다.

마을 규모의 공동체가 효과적인 이유는 감당할 만하기 때문이다. 알다시피 5명에서 최대 50명 정도의 규모이다. 인터넷은 당신의 마을이 아니다. 뉴스로 듣는 모든 문제는 해결해야 할 당신의 문제가 아니다. 우리는 노력하는 일에 지쳤다. 건강한 마을들로 기반 시설을 재구축하고 우리가 건설하는 마을의 건강한 참여자가 되는 일에 헌신할 필요가 있다. 그것이 더 행복하고 더 쉬운 방법처럼 느껴지지 않을 때가 있을 것이다. 그것을 고수하고 외롭지 않게 살기 위해서는 뼛속 깊은 확신이 필요하다.

당신과 나는 모두 깊숙한 연결을 원한다. 누군가 우리의 가장 깊숙하고 어두운 비밀을 알아 주고 그럼에도 우리를 사랑해 주기를 원한다. 하지만 그런 공동체는 절로 오지 않는다. 찾아 나서고 일단 얻게 되면 다음에는 보호하기 위해 싸워야 한다.

공동체는 완벽하지 않을 것이다

우선 간단한 해명을 하고 싶다. 당신과 나는 건강하지 않은 사람들이다. 완전히 아픈 사람들이 되지 않기를 바라지만 확실히 우리는 얼마간 건강이 좋지 않은 사람들이다. 모든 사람은 삶 속에 특정한 죄의 영역이 있으며 당신과 나도 다르지 않다. 당신은 함께 살아갈 완벽한 사람들을 결코 찾지 못할 것이다. 왜냐하면 그런 사람들은 존재하지 않기 때문이다. 우리는 항상 죄인들과 공동체를 함께하게 될 것이다.

그것을 염두에 두고 우리는 이 일에 겸손하게 다가서야 한다. 몹시 겸손해야 한다. 동시에 우리는 성경을 통틀어 함께 살아가는 사람들에 대한 분별력을 발휘하라는 말을 듣는다. 우리는 누구를 찾고 있는가?

남편과 내가 만든 '마을'에는 내가 시간을 함께 보내는 두 범주의 사람들이 있다.

나를 필요로 하는 사람들.
내가 필요로 하는 사람들.

나를 필요로 하는 사람들은 그 대가로 제공해 줄 것이 많지 않을 수도 있지만 가장 중요한 것은 그들이 나에게 줄 수 있는 것이 아니다. 내가 그곳에 있는 이유는 그들을 사랑하고 섬기고 격려하기 위해서다. 그것이 전부다.

1장에서 이야기했던 공동체 문화를 기억하는가? 우리의 삶은 지인들부터 마을 핵심 그룹에 이르기까지 갈수록 의미가 깊어지는 우정의 층들을 중심으로 구축되어야 한다. 이런 식으로 생각해 보자.

당신의 핵심 그룹에는 누가 있는가?
———

이후의 장들에서는 당신의 사람들을 찾고 그 사람들과의 관계를 심화시키는 데 도움이 될 삶의 패턴들을 자세히 살펴볼 것이다. 하지만 이 일에 서둘러 뛰어들기 전에 당신이 무엇을 찾고 있는지에 대해 논의해 보는 것이 중요하다.

첫째, 핵심 그룹은 다섯 명 이상으로 커질 수 없음을 기억하라. 당신의 마을은 동료들, 주일학교 교사들, 아이들 친구들의 부모, 기숙사의 같은 층에 사는 사람 등으로 구성될 수 있다. 우리는 바쁜 삶을 살고 있으며 50명의 인원이 모두 강한 그룹에서는 어떤 의미 있는 방식으로도 '삶을 꾸려갈' 여력이 없다. 당신의 삶에 50명의 사람들이 있다면 그들을 지인이라고 부를 것이다.

핵심 그룹은 날마다 당신을 지켜보며 당신의 마음 상태를 아는 사람들로 이루어진다. 이들은 당신이 남편과의 싸움이나 직장에서의 어려움 또는 싸우고 있는 두려움이나 죄에 대해 털어놓기 위해 전화할 사람들이다.

핵심 그룹은 나를 보고, 나를 알며, 기꺼이 나에게 보이고 알려지기를 원하는 소수의 사람들로 만들어진다. 그들은 불완전하지만 성장하고 그리스도처럼 되기로 결심했으며 그것으로 자격자가 된다. 같은 연령이 아니며 모든 문제에 같은 방식으로 접근하지 않지만, 함께 하나님을 추구한다는 공통점이 있다. 나는 그들 덕택에 하나님을 더 사랑한다. 그리고 그들도 나에 대해 똑같이 말하길 바란다.

혹시라도 이런 생각이 들 것이다. "내 친구들이 모두 서로서로 친구가 되어야 한다는 말이에요?"

아니다. 핵심 그룹은 아마 당신 삶의 다양한 부분에서 나타날 것이다. 서로가 서로를 아는 다섯 사람에 대해 말하는 것이 아니다. 내가 당신의 다섯 명 중 한 명이 될 수도 있으나 당신의 다른 네 명이 내 다섯 명 중에 속하지 않을 수도 있다. 당신의 사람들은 각기 다양한 그룹에 속해 있을 수도 있다.

그래서 무엇을 찾아야 할까?

- **접근성**. 집이 지저분하거나 막 샤워를 하려던 참일 때조차 당신의 방문에 "좋아!"라고 말하는 사람들, 아이들을 데리고서라도 나타나는 사람들을 찾으라.
- **겸손함**. 기꺼이 조언을 하고 또 그것을 받아들일 수 있는 사람들을 찾으라. 일을 풀어 나가려면 겸손이 필요하다. 자신은 변화할 필요가 없다거나 문제는 다른 누군가에게 있다는 오만한 태도를 버릴 때만 삶에서 성장이 일어난다.
- **투명성**. 이에 대해 나중에 더 이야기하겠지만 지금으로선 숨기려 들지 않는 사람들, 자신의 삶에서 겪고 있는 일들을 기꺼이 말할 사람들을 찾으라. 삼키기 쉬운 정제된 버전보다는 받아들이기 힘들고 지저분한 진실을 제대로 말해 주는 사람들을 찾으라.

분명 건강한 우정은 갈등을 겪을 수밖에 없지만 경험상 이 세 가지의 품성은 죄인들로 하여금 시간이 흘러도 함께 지낼 수 있도록 도와준다.

여기서 사도 바울은 건전하지 않은 사람들과 연대하지 말라고 경고하기를 주저하지 않았다는 점을 언급하고 싶다. 바울은 우리가 "그들의 마침은 멸망이요 그들의 신은 배요 그 영광은 그들의 부끄러움에 있"(빌 3:19)는 듯 사는 사람들을 회피해야 한다고 권면했다. 즉 죄를 지으면서 편안한 사람들, 변화될 필요가 없다고 그릇되게 믿는 사람들은 당신의 핵심 그룹에 들어와서는 안 된다.

만약 이런 사람들과 함께 달려간다면 금방 안주하게 될 것이다. 우리 육체는 자신이 짓는 죄에 대해 신경쓰지 않는 것을 좋아한다. 죄로 인도하고 하나님으로부터 멀어지게 할 유해한 사람들로부터 얼른 도망쳐야 한다. 걷지 말고 뛰어서 도망치라! 대신 당신을 위해 싸워 줄 친구, 당신과 함께 싸워 줄 친구, 그리고 당신만큼이나 어둠과 맞서 싸우는 데 헌신적인 친구를 선택하라. 이를 위해 기도하라. 바로 지금, 이런 사람들을 보내 달라고 하나님께 구하라.

비록 오랫동안 기도하지 않았더라도 지금 당장 눈을 감고 이런 식으로 함께 살아갈 사람들을 찾을 수 있도록 도와 달라고 간청해 보라. 하나님은 예상치 못한 방식으로 이런 사람들을 당신에게 보내실 수 있다. 하나님은 하실 수 있으며 이 힘든 삶을 함께할 사람들을 보내 당신을 축복하고 싶어하신다는 것을 믿으라. 그리고 이렇게 되도록 기도하라. 우리는 기꺼이 되고 싶지 않은 것을 가질 수 없다.

하나님이 염두에 두고 있는 공동체는 피상적이지 않고 목적이 있으며 매일매일 연결을 지향하며 항상 사랑하고 서로 참고 견디며 형제자매보다 더 가까이 붙어 있고 모든 죄를 낱낱이 고하고 경주를 함께하며 오늘이라 일컫는 동안에 서로를 격려한다.[2]

하나님이 마음에 두신 이러한 설계의 진정성은 하나님의 말씀뿐만 아니라 과학적으로 관찰 가능한 사실에서도 분명해진다.

여러 해 동안 석학들은 블루 존(Blue Zone)이라고 불리는 지구상에서 가장 행복한 지역들에 사는 사람들이 훨씬 더 나은 삶의 질, 훨씬 더 긴 수명 그리고 전반적으로 더 나은 건강을 누리는 이유를 연구해 왔다.[3] 그것은 식단 때문일까? 적도를 기준으로 한 상대적인 위치 때문일까? 운동 요법 때문일까? 왜 이 특정한 지역에 사는 사람들 - 일본 오키나와, 이탈리아 사르데냐, 코스타리카 니코야, 그리스 이카리아 그리고 캘리포니아의 로마 린다 - 은 다른 지역에 사는 우리들보다 훨씬 더 잘 살고 있을까? 우리 모두가 해야 할 단 한 가지 일은 무엇일까?

알고 보니 아주 오래전에 세탁기를 들여 놓자 마을 사람들이 우울해졌던 이유와 지구상에서 가장 행복한 지역들에 사는 주민들이 오늘날 그렇게 두드러지게 번성하는 이유는 동일했다. 바로 동지애였다.

우리는 우리의 나날들을 혼자서 헤쳐 나가도록 지음 받지 않았다. 혼자서 배우도록 지음 받지 않았다. 또는 혼자서 일하도록, 또는 혼자서 집안일을 하도록, 또는 혼자서 쉬도록, 또는 혼자서 축하하도록, 또는 혼자서 울도록, 또는 혼자서 결정을 내리도록 지음 받지 않았다.

공동체를 이루기 위한 다섯 가지 실천 방안

나는 이 책을 쓰는 사명에 대해 여러 차례 말했다. 우리가 잠깐의 연결됨만 경험하는 외롭고 고립된 삶에서 벗어나 오직 잠깐의 외로움만 경험하는 친밀하게 연결된 삶으로 나아가도록 하는 것이다.

오랫동안 외로움에 갇혀 지냈거나 관계에 게을렀거나 친구들에게 완고하고 무례했다면 그러한 행동을 고치기는 어려울 수 있다. 이런 달갑지 않은 말을 하기는 싫지만 우리 문제의 대부분은 다른 사람들에게 있지 않다. 우리에게 있다. 우리는 삶에서 자신이 바라는 사람들이 되어야만 한다. 그렇다면 사람들은 어떻게 변할까?

작은 실험을 해 보자. 앞으로 5주 동안 당신이 현재 깊이 연결되어 있지 않은 다섯 명의 사람들과 연결되도록 도우려고 한다.

《당신의 머릿속에서 나오라》에서 말했지만 사람들은 매일 똑같은 부정적이고 유독한 생각을 하는 경향이 있다. 연구자들은 우리 생각의 80퍼센트가 부정적이라고 말한다. 연구 결과는 또한 우리 생각의 95퍼센트가 반복적이라는 것을 보여 준다.[4] 관계와 행동에 대해서도 마찬가지이다. 같은 생각을 하면 같은 행동을 보이고 그러한 행동들은 비슷한 방식으로 관계에 영향을 미친다.

이제 나는 그러한 상호 작용의 중심에 계신 하나님과 하나 되어 더 건강하고 깊은 관계를 구축할 다섯 가지 실천 방안을 제시함으로써 고립된 삶의 패턴들과 맞서 싸울 것이다.

댈러스로 이사하고 모든 것을 처음부터 시작했을 때 나는 세계를 돌아다니며 목격한 것을 어떻게 재현할 수 있을지, 어떻게 내 사람들을 찾고 그들과 함께 더 깊고 정기적이며 활력을 주는 공동체에서 살 수 있을지 고민했다. 나는 마을 안에 있는 일관된 다섯 가지 패턴을 발견했다. 이 패턴들은 교외 지역들로부터 맨해튼에 위치한 아파트, 작은 마을 대학 기숙사에 이르기까지 사는 곳 어디에서나 우리 삶의 일부가 될 수 있다.

당신이 이 여정을 나와 함께한다면 다음의 다섯 가지를 삶에서 구축하게 될 것이다.

- **근접성**: 공동의 불이 마을 생활의 중심에 있어 요리하고 축하하고 어두워진 후에 모여서 서로 연결되도록 이웃들을 함께 불러 모은다. 당신은 누구와 어디서 가장 자주 만남을 갖는가?
- **투명성**: 대부분의 세계에서는 문을 잠그고 울타리를 친 채 살아

본 적이 없다. 그리고 잠긴 문과 울타리가 우리들 가정에서는 필수품일 수도 있겠지만 관계에서는 필수품이 아니다. 당신은 누구와 함께 있을 때 가장 진정한 자기 자신이 될 수 있는가?

- **타인에 대한 책임:** 많은 마을에서 이것은 부족 장로들이 맡는 역할이다. 어처구니없는 일을 저지를 때 당신을 혼낼 수 있는 권리를 부여 받은 사람들! 마을 생활은 서로가 서로를 책임지도록 만든다. 그것은 편안하지 않지만 변화를 불러올 수 있다. 필요할 때면 당신을 깨우쳐 줄 허가를 받은 누군가와 가까이 살고 있는가?

🔥	불	목표: 근접성 장애물: 분주함
🚪	열린 문	목표: 투명성 장애물: 고통/수치심
⚒	모루(철침)	목표: 책임감 장애물: 오만
🥄	삽	목표: 공유된 목적 장애물: 얕은 대화/잡담
🪑	탁자	목표: 지속성 장애물: 갈등

- **공유된 목적:** 함께 살고 함께 일하면 유대감이 생긴다. 이것은 대부분의 사람들이 공동체에서 살아 온 방식이다. 이미 누군가 당신 곁에 있는가? 그리고 누군가 당신 옆에서 일하고 있는가? 어떻게 하면 이미 나누고 있는 우정에 더 많은 목적을 불러 올 수 있을까?

- **지속성:** 우정과 연결됨을 구축하는 데는 시간이 걸린다. 몇 년 이상 함께 시간을 보내야 한다. 예수님께서 사시던 시대에 각 학교는 소년들의 소그룹으로 구성되었다. 우리는 가장 일시적인 세대이다. 설령 사람들이 상처를 준다고 해도 어떻게 남아서 헌신하고 함께 정기적인 시간을 보낼 수 있을까?

앞으로 전개될 장들에서 이 다섯 가지 간단한 실천 방안들이 다른 사람들과의 관계 속에서 살아가는 방식을 어떻게 재정의해 줄 수 있을지 평가할 것이다. 또한 마을 생활 속에서의 이런 간단한 실천들이 소속감을 발전시키며 깊고 헌신적인 평생의 관계를 키워가는데 중요한 역할을 하도록 한 것은 무엇인지 그 역사를 살필 것이다. 무엇이 그들을 하나로 불러 모았을까? 산업혁명이 일어나기 전까지 줄곧 그러한 관계들을 긴밀하게 유지하도록 해 준 것은 무엇이었을까? 그리고 우리의 마을을 존재하도록 하기 위해서 삶에 접목할 수 있는 방안은 무엇일까?

다시 한 번 분명히 말하자면 이러한 실천 자체가 최종 목표는 아니다. 그것들은 우리가 더 깊은 방식으로 연결되도록 돕는 도구일 뿐이다.

나의 큰 꿈은 우리가 채택할 그 실천 방안들이 공동체 문화를 우리의 일상생활 속에 버무려 주고 성경의 도전을 실천으로 옮기게 해 줄 방법이 되는 것이다.

"사랑하는 자들아 우리가 서로 사랑하자 사랑은 하나님께 속한 것이니 사랑하는 자마다 하나님으로부터 나서 하나님을 알고"(요일 4:7).

하나님과 함께라면 그런 삶의 방식은 가능하다. 그것이 어떤 모습으로 나타날지 함께 상상해 보자.

만약 우리가 서로 아주 가까운 곳에서 삶을 살아가기로 선택한다면? 서로를 덜 경계하고 서로에게 더 개방적으로 살아간다면? 삶속에서 함께 있을 때마다 더 향상되도록 도전을 주는 사람들을 선택한다면? 관계 속에서 더 깊은 목적을 공유한다면? 어려운 일이 생길 때 서로를 떠나는 대신 머무른다면 어떻게 될지 상상해 보라.

이런 질문에 대해 모두 이야기할 것이다. 더불어 당신에게 나와 함께 위험을 감수하도록 요청할 것이다. 2부에서는 각 장이 끝날 때마다 과제를 줄 것이다. 그리고 만약 당신이 5주에 걸쳐 다섯 가지 활동에 참여한다면 그 활동이 끝날 때쯤 새로운 친구들을 얻게 될 것이라 믿는다.

인생의 변화를 꿈꾸는가? 외로운 삶을 끝내고 싶은가? 내가 당신의 손을 잡아 줄 것이다. 당신은 모습을 나타내고 여기서 한 발자국 더 앞으로 나아가야 한다. 나와 함께한다면 분명 변화를 보게 될 것이다.

Part 2

홀로 세상에서 건너와 나의 사람들과

'연결'을 위한 다섯 가지 노력들

Find Your People

"

내가 다가가도 사람들은 올 수 없어요.
그들은 너무 바빠요.
마침내 물어보는 걸 포기했어요.

-아만다(Amanda)

관계를 구축하려면
많은 시간과 에너지가 필요해요.
하지만 난 이제 그것들이 바닥났어요.

-젠(Jenn)

더 나은 일자리를 위해
사람들로부터 멀어졌어요.
그들이 너무 그리워요.

-케이트(Cait)

전일 근무를 하는 데다
새로운 도시로 이사했고
대형 교회에 다니기 때문에
돈독한 우정을 쌓기가 힘들어요.

　-에이미(Amy)

친구들과 연락을 유지하려고 노력해요.
하지만 솔직히 그들은 자기 삶에 매여 있어요.
내게 많은 관심을 줄 형편이 아니죠.

　-브리(Bri)

40시간 이상의 근무, 집 관리, 출퇴근에
가족과 남편에게 마음을 쏟다 보면
남은 시간이 얼마 되지 않아요.
친구를 위해 어렵사리 낸 그 짧은 시간 동안
우정이 피상적인 대화를 넘어서
깊은 대화로 이어지게 하긴 정말 힘들군요.

　-사라 R.(Sara R.)

불
목표: 근접성
장애물: 분주함

5

근접성

관계를 구축하려면
나의 시간과 에너지가 필요하다

저녁 7시 30분에 초인종이 울렸다. 이미 저녁식사를 마치고 편안한 가운으로 갈아입은 뒤, 스트레스 많았던 하루의 긴장을 막 풀기 시작하던 참이었다. 과연 누가 지금 우리 집 초인종을 울릴 수 있을까?

현관문을 열자 린지와 린지 남편이 세 아이를 데리고 서 있었다. 모두 잡지 속에서 막 튀어나온 것처럼 근사해 보였다. 완벽한 옷차림에 흐트러짐 없이 가지런한 머리카락, 햇빛처럼 환한 미소를 짓고 있었다.

"방금 가족사진을 찍었어."

린지가 설명했다.

"먼저 문자를 보냈어야 했어. 하지만 차로 이곳을 지나고 있었고 남편에게 너희 집의 야외 의자 세트를 꼭 보여 주고 싶었어. 우리도 비슷한 걸 사고 싶거든. 음, 살짝 좀 봐도 될까? 금방 보고 하려던 일 하게 해 줄게."

'하려던 일'은 분명히 없었다. 당시 린지 부부는 새롭게 사귄 친구들이어서 나는 가운을 입고 있다는 사실을 굉장히 의식했다. 옷차림을 내려다보며 겸연쩍게 웃었다. 하지만 나는 어느덧 말하고 있었다. "들어와!"

일행은 모두 어수선한 부엌과 거실을 휩쓸고 지나 정원으로 나갔다. 남편과 나는 앉아서 좀 더 있다 가라고 그들을 붙들었다. 그들은 귀찮게 하고 싶지 않으며 정말 가야 한다고 고집했다.

남편이 화덕에 불을 피웠다. 우리는 모두 함께 앉았고 그들은 결국 머물렀다. 린지네 가족은 우리의 밤을 방해했고, 그 집 아이들은 어른들이 이야기하는 동안 사방을 기어 다녔으며, 나는 결코 옷을 갈아입지 않았다. 여전히 댈러스가 생경하기만 했던 나는 내 심장이 담아내기 벅찬 행복을 만끽했다.

화롯가에서 두 시간쯤 대화를 나누다 보니 간식이 필요했다. 린지와 나는 음식을 좀 내오려고 부엌으로 갔다가 곧 다시 가족들의 대화 속으로 돌아왔다. 그날 밤을 되돌아보면 계획되지 않았던 그 모든 일들이 관계를 더 깊고 새로운 차원으로 끌어올렸음을 깨닫는다. 아직 서로를 잘 모르지만 나는 누군가의 인생에서 그런 유의 친구가 될 것이다. 예고 없이 들르는 친구, 아이들을 제지하지 않고 사방을 기어 다니게 해 주는 친구, 편안한 목욕 가운과 너저분한 집을 대수롭지 않게 보아 넘기는 친구가 될 것이다.

불의 마법

석기 시대부터 인간은 불을 피워 왔다. 여기에는 많은 실용적인 이유가 있다. 우선, 조리된 음식을 원했고 금속을 연마해야 했고 혹독하게 추운 겨울을 버티기를 바랐을 것이다. 하지만 불이 지닌 주요 이점 중 하나는 그것이 제공하는 순전한 분위기다. 활활 타오르는 화덕의 불길에 매료되며 넋을 잃고 불이 주는 황홀경 속으로 빠져들 수 있다.

우리는 하루의 대부분을 전략을 짜고 계획을 세우며 일을 추진하고 완수하는 데 보내기 때문에 앉아서 긴장을 풀고 마음을 진정시키며 이야기를 나누는 일에 자연스럽게 끌릴 수밖에 없다. 불은 이 모든 일을 할 수 있게 해 준다.

앨라배마대학교의 인류학 부교수인 크리스토퍼 린(Christopher Lynn)은 "저녁 불가에 모임으로써 …… 차분한 정보 교환을 할 수 있는 중요한 기회를 얻는다"라고 했다.

> 낮 동안 상승된 코르티솔과 다른 스트레스 호르몬들에 의해 생성된 생물학적 리듬 덕분에 인간은 깨어 있고 동기를 부여받아 일을 끝내는 데 필요한 활력을 얻는다. …… 하지만 저녁에는 코르티솔 수치가 떨어지기 때문에 앉아서 휴식을 취할 수 있다. 이야기를 주고받고 싶어진다.[1]

아프리카의 보츠와나와 나미비아 원주민과 거의 200일 동안을 함께 보낸 인류학자에 관한 글을 읽었던 기억이 난다. 그녀는 그 부족의 낮 시간 대화의 약 4분의 3은 일 관련 얘기에 집중되어 있지만, 밤 시간 대화의 4분의 3 이상은 항상 불 주위에서 이루어지며 연구자가 "매혹적인 이야기"라고 부르는 영성에 초점이 모아진다는 점을 발견했다. 부족 사람들은 자신들이 겪었던 모험에 대해 이야기했다. 마주쳤던 코끼리와 정치와 종교 그리고 삶에 품은 꿈에 대해 얘기를 나누었다.[2]

역사를 통틀어 마을에서는 아이들이 잠자리에 든 후 요리하고 계획하고 춤추고 노래하고 함께 있기 위해 불 주위로 모였다. 그렇다. 불은 태초부터 공동의 장소였다. 국립과학아카데미회보에 발표된 연구에 따르면 사람들은 "모닥불가에서 하루를 마무리한다. 그곳에서는 노래와 이야기와 관계를 꽃 피우고, 궁극적으로는 문화를 형성하며, 아마도 서로를 이해하고 협력하고 문화를 내면화하는 능력을 계발하는 데조차 도움을 받는다."[3]

불은 모이게 한다. 그리고 얼굴과 얼굴을 맞대고 핸드폰을 내려놓고 함께하게 만든다.

5마일 안에 5명의 친구들

이곳으로 이사와서 살았던 첫 몇 달 동안은 어디에도 초대받지 못했다. 한동안 같은 곳에 살면서 세계적인 유행병이 없다고 가정해 보라. 그러면 무엇을 '예'라고 하고 무엇을 '아니요'라고 해야 할지 결정하기 위해 엄청난 고민을 해야 한다. 삶이 너무 분주하기에 때로는 아이들이 참석할 모임이 하나 더 있다면, 당신의 온 세계는 중

심축으로부터 바로 벗어나 버릴지도 모른다는 위기감이 들 것이다.

그렇게 정신없이 바쁜 삶을 상상한 뒤 그것을 180도 뒤집어 보라. 그러면 이사 온 첫 해에 댈러스가 우리 가족에게 어떤 곳이었는지 충분히 짐작이 갈 것이다. 남편과 나는 거의 아무것도 하지 못했다. 우리 아이들 또한 정말 아무것도 하지 않았다. 신날 만한 일이라고는 집에서 함께 영화를 보는 정도였다.

어느 날 오후 식료품을 사서 집으로 가고 있었다. 마트에서 아는 사람을 한 명도 만나지 못했을 뿐더러 전혀 대화를 나누지 못했다. 집에서 1킬로미터쯤 떨어진 양로원을 차로 지나고 있었는데 미처 억누르기도 전에 눈물이 왈칵 솟구쳤다.

"난 언젠가 저기서 함께 살 수 있는 친구가 한 명도 없을 거야. 친구
가 하나도 없으니까."

지나치게 감상적인가? 인정한다. 인구 밀도가 높은 이 지역에서 현대판 은둔자가 되어 가고 있다는 생각을 0.5초 정도 해 보았다. 그런데 언제 친구를 필요로 했던가? 생각해 보니 친구가 없다면 삶이 더 깔끔해지고 만사가 훨씬 더 수월해질 것이다. 실망도 없고 관계가 불러일으키는 고통도 없기 때문이다.

진작 그렇게 살았더라면 좋았을 것이다. 솔직히 말한다면 ……
아마도 …… 떨쳐버릴 수 없는 한 가지 깊숙한 사실만 제외한다면

문제가 없다. 우리는 혼자 살도록 창조되지 않았다는 점 말이다.

동지애로 똘똘 뭉친 마을에서 평생 동안 수십 가지 관계를 누리는 르완다 여성들을 떠올려 보았다. 방문했을 때 낡은 자동차 좌석에 앉아 그런 연결됨을 단 일부만이라도 누릴 수 있다면 행복하리라 생각하지 않았던가. 5마일 안에 5명의 친구면 충분하다. 그걸로 더할 나위 없이 만족할 것이다.

5마일 안에 5명의 친구. 이것은 나의 댈러스 우정 계획이 되었다. 걸어서 갈 수 있는 거리에 사는 친구들을 찾기 시작했다. 이곳에서 관계상의 많은 승리를 이루지 못할 수도 있겠지만 틀림없이 근처에 사는 5명의 친구는 찾을 수 있을 것이다. 이 일을 해 낼 수 있을 것이다.

5마일 안에 5명의 친구. 준비, 시작!

생각보다 가까이 있을 당신의 사람들

이제 마당에 집을 팔려고 표지판을 내놓기 전에 바로 코밑에 있을지도 모르는 친구들을 찾아보자.

왜 친구가 없는지에 대해 사람들로부터 듣는 가장 일반적인 설명은 너무 바쁘다는 것이다. 하지만 간혹 점심 데이트를 계획하거나 새로운 동아리를 시작하는 대신 이미 하고 있는 활동들과 이미 함께 있는 사람들을 둘러본다면 어떨까?

시누이 애슐리는 최근 4일간의 침묵 수련회를 다녀왔다. 외향적인 시누이가 그런 경험을 과연 좋아할지 몹시 의심스러웠지만, 자제력을 발휘해서 그녀가 돌아올 때까지 입을 꾹 다물고 있었다.

"그래서 어땠어?"

우리가 뒷문 현관에 자리를 잡고 앉을 때 나는 수련회의 모든 것을 분석해 보자고 제안했다.

"정말, 조용하더라."

시누이가 말했다. "진짜 고문이 따로 없었어."

"그럴 줄 알았다니까!"

난 활짝 웃었다. 우리는 둘 다 외향적인 사람이다. 나는 글을 쓰거나 기도하기 위해 혼자서 조용한 은거를 많이 해 왔지만, 진짜 살아 있는 사람들을 옆에 두고 침묵하려 발버둥치는 것은 기껏해야 고통스러울 따름이다. 나는 '혼자 있기'를 할 수 있다. 문제없다. 단지 주변에 완벽하게 사랑스러운 사람들이 있는데도 혼자 있는 것처럼 행동해야 한다면 마음이 편치 않을 뿐이다.

우리는 자신이 관여하지 않는 사람들에게 둘러싸여 있을 때 회로를 차단하도록 돼 있다. 그리고 완벽하게 좋은 사람들 즉 함께 어울리고 사랑할 수 있는 사람들 속에서 혼자인 것처럼 행동할 때는 내적으로 고문받는 것처럼 느끼도록 되어 있다. 서로 다가갈 수 있도록 돕는 대신에 고의적으로 다른 사람들과 거리를 두게 만드는 어떤 경험도 절대적으로 혐오하고 물리쳐야 한다. 하지만 너무나 많은 사람이 이것을 생활 방식으로 채택해 버렸다. 우리는 하나님께서 우리 인생길에 놓아 두신 사람들을 거의 알아채지 못하고 살아간다. 그러면서 완전히 혼자이고 아무도 신경 써 주지 않지만 그냥 혼자서 잘하고 있다고 주장한다. 진실은 이렇다. 우리는 물리적으로 가까이 있는 사람들과 감정적으로 가까워지도록 되어 있다.

가까이 있는 사람들과 가까워지라. 이것을 우리의 목표로 삼자. 확실히 도전적인 목표이다. 대부분 예전 거주지의 원래 알던 친구들을 고수하려 하고 바로 우리 앞에 있는 그 어느 누구도 미치지 못할 것이라 생각한다. 그러니 굳이 번거롭게 새로운 친구를 사귈 이유가 무엇인가?

혹은 너무 바빠서 새로운 관계를 구축할 수 없다고 말한다. 사실 삶 가운데로 초대만 한다면 지인 이상이 될 수 있는 사람들이 주변에 있는데도 말이다.

혹은 매일 매순간을 핵가족 구성원에게만 집중해 자상하고 친밀한 친구를 갖는 꿈은 결코 꾸지 못한다.

혹은 누군가와 친한 친구가 될 수 있다고 고려조차 하기 전에 서로가 완전히 모든 면에서 공통점을 지니고 동일한 삶의 단계에 있어야 한다고 믿는다.

혹은 끊임없이 옮겨 다니고 결코 정착하지 않으며 항상 다음 모험, 다음 룸메이트, 다음 교회, 다음 직업을 찾고 있다. 한 장소에 있는 소수의 사람들에게 진정으로 헌신하지 않는다. 우정을 당신의 바쁜 일정의 부록쯤으로 만들려 한다면 결코 성공할 수 없을 것이다.

살아가면서 관계를 맺어야 한다. 일상적인 장소에서 일상적인 활동 중에 만들어 가야 한다.

근접성은 친밀감을 위한 출발점이다. 나는 전국에 깊은 우정을 나누는 좋은 친구들이 있지만 그런 관계들에는 항상 더 많은 노력을 기울여야 할 것이다. 그들 중 한 명에게 세상이 무너져 내릴 때 "직접 요리를 해서 가져다주기"는 어렵다. 내 장거리 친구들 가운데는 평생 친구들도 많으며 내가 살아 있는 한 절대 놓치지 않을 몇몇 친구들도 있다. 하지만 우리는 일상생활을 공유하는 단골 친구들의 네트워크가 필요하다.

히브리서는 지속적으로 함께 시간을 보내라고 명한다.

"서로 돌아보아 사랑과 선행을 격려하며 모이기를 폐하는 어떤 사람들의 습관과 같이 하지 말고 오직 권하여 그날이 가까움을 볼수록 더욱 그리하자"(히 10:24-25).

성경 저자는 여기서 교회에 대해 말하고 있다. 나중에 더 자세히 살펴보겠지만 이 권고가 쓰였을 당시 '교회'는 일주일에 한 번 모임을 갖는 건물이 아닌, 사람들의 무리로 정의되었다. 교회는 하나님과 서로를 사랑하는 상호 의존적인 사람들의 지역 집단이었다. 그들은 모든 것을 함께했다. 함께 음식을 먹고 함께 기도하고 서로를 격려하며 서로 가진 것을 팔아 다른 사람들을 돌보았다.[4]

이처럼 지속적으로 서로를 위해 존재하는 생활 방식을 구축하려면 세 가지 단계의 중요한 일을 해야 한다.

1단계:
누가 바로 앞에 있는지 주목하라

학교나 교회, 직장, 이웃, 자녀들의 스포츠 팀이나 독서 동아리에서 정기적으로 만나는 사람들을 고려하라. 그곳에 친밀한 우정이 싹틀 가능성이 있는가?

바로 지금 빈 종이를 가져다가 주어진 한 주 동안 하게 될 각 활동과 자주 방문하는 장소에 해당하는 원들을 여기저기 그려 보라. 특정 장소나 활동에 해당하는 각각의 원에는 항목 표시를 하라. 각 원의 옆에는 각 장소에서 상호 작용하는 사람들의 이름을 쓰라. 이제 잠재적인 우정의 관점에서 그 사람들에 대해 생각해 보라.

당신은 누구와 함께 있는 것을 즐기는가?
누구와 공통점들을 나눠 갖고 있는가?
누가 당신에게 진정어린 관심이 있는 듯 보이는가?

지인 목록을 다시 검토하고 더 깊은 수준으로 자신을 투자하고 있음을 알 수 있는 열 명의 이름을 강조 표시하라. 그 열 개의 강조

된 이름들을 놓고 기도하고, 깊은 관계로 발전시켜 나갈 만한 서너 명을 결정할 수 있도록 하나님께 도움을 요청하라. 그 사람들이 누구인가? 각 이름을 펜으로 동그라미 치라.

당신의 얼개도는 아래의 예시처럼 보일 수 있을 것이다.

〈표1〉

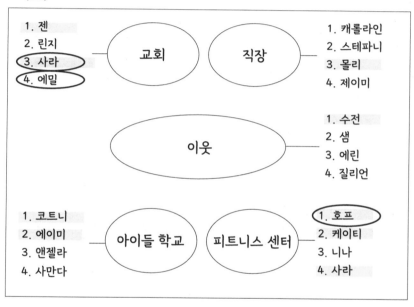

댈러스로 이사했을 때 감사하게도 나는 몇몇 친구들을 이미 알고 있었다. 그 친구들은 모두 댈러스에 살았다. 하지만 문제는 우리의 새 집에서 차로 30분 이내에 사는 사람은 거의 없었다는 점이다. 오스틴과 마찬가지로 댈러스는 수많은 교외 지역과 행정 구역, 동네

및 타운들로 구성된 대도시였다.

또 그 각각은 서로 뒤얽힌 스파게티 덩어리 같은 고속도로로 인근 지역들과 연결되어 있다. 도시의 한쪽에서 다른 쪽으로 운전하는 데는 계획과 전략과 시간이 필요했다. 오스틴에 사는 이미 알고 있는 사람들과 단순히 다시 연결되는 것에 만족했다면, 나는 그 끔찍한 현실을 다시 맞이하고 말았을 것이다. 즉 그 사람들로부터 너무 멀리 떨어져 살아서 그들이 결코 내 사람들처럼 느껴지지 않았을 테다. 만약 내가 화요일 밤에 정신적 도움이 필요하다해도 그들은 재빨리 나에게 올 수 없기 때문이다.

새 동네와 아이들의 학교, 교회, 아이들의 미식축구 경기에서 만나는 모든 사람을 이름 없는 낯선 이로 보아서는 안 됨을 깨달았다. 그들을 친구가 되고 있는 중인 사람들로 보기 시작해야 했다.

이것이 바로 1단계이다. 적어도 우리 앞에 있는 사람들을 친구 또는 적어도 잠재적 친구로 보기 시작하라. 다음 부분은 상황이 조금 어색해지는 대목이다.

2단계:
당당하게 자신을 드러내라

누군가 우정을 주도하는 경우는 드물기 때문에 그런 일이 일어나기를 기다리지 말라. 모두가 바쁘고 깊은 연결됨을 최우선하는 사람은 거의 없다. 즉 먼저 다가갈 계획을 세워라.

연결되려면 먼저 발을 내딛고 의도적이 되어야 한다. 만약 오랫동안 그렇게 해 왔지만 아무도 호응을 안 해 준다고 생각한다면, 따스하게 격려해 주고 싶다. 딱 일 분만 슬퍼한 뒤 그것을 극복하고 자신이 할 역할을 상기하라. 일관된 자세로 시작할 마음이 없다면 절대 친구가 생기지 않을 것이다. 먼저 다가가는 사람이 되어라. 시작하고 또 시작하라. 이 일을 잘해 내지 못하면 친구가 생기리라고 기대할 수 없다. 비록 결과가 실망스럽더라도 과정이 어색하더라도 그렇게 하라. 그 일은 거의 언제나 어색할 것이다.

25년 만에 그 캠프 감독관에게 먼저 연락했을 때 어색했다. 더욱이 십대 시절 긍정적인 영향을 준 데 감사하기 위해서가 아니라 친구가 돼 달라고 부탁하기 위해서였다. 미셸은 커피숍에서 내 앞에 앉아 이런 생각을 할 것 같았다. 얼마나 절박했으면 이 불쌍한 여자는 친구를 찾겠다고 십대 시절 관계까지 파헤치고 있을까? 신경 쓰지 않았다. 나는 그만큼 절박했다.

치료사가 아닌 육아 돌보미 자리를 위해 우리 집에 면접을 보러 왔다고 생각했을 대학생에게 궁금함을 쏟아 놓고 있을 때도 어색했다. 새로운 소그룹에 나가서 완전히 낯선 사람들과 삶의 민낯을 공유했을 때 역시 어색했다.

하지만 지난 삼 년 동안 "잘 지내요 고마워요"라는 겉치레를 버리고 내가 정말로 어떻게 지내고 있는지 상대방이 진정으로 필요로 하는 것은 무엇인지에 대해 대화를 시작할 때마다 하나님은 가장 활력 넘치는 대화를 주고받을 수 있게 해 주셨다. 그렇게 대화의 문을 열고 커피 데이트에 초대하고 기꺼이 속마음을 터놓고 어려운 질문들을 던지자 진정한 우정이 쌓이기 시작했다.

먼저, 그리고 계속 시작하기

복음서에 나타난 예수님의 삶을 살펴보면 놀라울 만큼 솔선수범하셨음을 알 수 있다. 예수님은 사람들을 주목하셨다. 대화를 위해 하던 일을 멈추셨다. 심지어 자신을 삭개오의 저녁 식사에 스스로 초대하기도 하셨다.

나는 이스라엘에서 얼마간 사역할 수 있는 축복을 누렸는데 가장 놀라웠던 한 가지는 예수님의 사역 대부분이 이루어진 좁은 반경이다. 이스라엘은 뉴저지 크기의 작은 나라이다. 베들레헴은 예루살렘에서 불과 5마일 떨어져 있다. 지역 공동체들은 사람들이 성전으로 쉽게 되돌아갈 수 있도록 의도적으로 배치되어 있었다. 우리는 갈릴리 호수에서 배에 앉아 예수님이 삶의 대부분을 보내신 여러 장소들을 바라볼 수 있었다. 대부분의 제자들은 서로 몇 마일 이내에 살았고 이동할 때는 보통 당일치기로 걸어 다녔다.

예수님은 주변의 사람들과 함께 작고 소박하게 사셨고 그 소수의 사람들의 삶은 온 세상에 영향을 미쳤다. 예수님은 가까이 있음,

가족, 친밀한 식사 그리고 모닥불가의 담소를 중요하게 여기셨다. 그것은 성경 시대에는 혁명적이라고 할 것도 없었다. 당시 사람들은 그렇게 살았다.

그리고 그것은 중요했다. 작은 마을에서 함께 사는 사람들은 교회가 성장하고 퍼져 나가는 데 필수적이었다. 전체 교회는 몇 명의 교육받지 못한 어부와 그들의 친구들로부터 탄생했고 지구 끝까지 뻗어 나갔다. 그리고 맞다. 누군가 복음을 세상으로 가져가야 했다. 바울과 사도들은 여행하면서 좋은 소식을 퍼뜨렸지만 줄곧 지역 사회의 맥락에서 정착했고 가족과 함께 머물며 지역 교회에 투자하고 또한 지원을 받았다.

공동체는 가장 진실한 형태로 하나님은 누구시며 그 사랑은 어떠한지에 대해 다양한 측면을 보여 주어야 한다. 그래서 이런 질문이 제기된다. 아직 진정으로 연결됨을 경험하지 못하고 있는 바로 지금 이곳의 삶에 누가 하나님을 들어오도록 해 주었는가?

기억하라. 원수는 당신이 스스로를 차단시키고 시작하기를 두려워하고 바로 앞에 있는 사람들을 중요시하지 못하게 만든다. 원수는 우리가 사람들에게 둘러싸여 살면서도 그들과 결코 깊이 연결되지 않기를 바란다. 그래서 변화하고 성장하지 못할 뿐 아니라, 심지어는 온전히 살지 못하기를 바란다. 그리고 우리 앞에 있는 수십 명의 사람들은 적어도 손을 내밀어 줄 누군가를 환영할 것이 분명함에도, 원수는 우리가 대체로 친구 하나 없는 현실을 놓고 자기 연민에 빠져 허우적거리기를 바란다.

삶 가운데 있는 사람들을 잠재적 친구로 바라보는 데 도움이 필요한가? 다음의 목록이 유용할 것이다. 인정하지만 완전한 목록은 아니다. 하지만 소속된 팀 속에서 필요한 것을 발견하고, 이미 핵심 역할을 맡고 있을지도 모를 사람들을 알아차리는 데 도움이 되기를 바란다. 이들은 다양한 연령대일 것이며 다양한 방식으로 당신의 삶을 지나가고 있을 수 있다. 당신과 비슷한 두세 명의 사람을 찾아 모든 관계상의 필요를 채우려 하지 말고 삶에서 다양한 역할을 해 줄, 특정 자질들을 가진 사람들을 찾아야 한다.

각양각색의 필요를 충족시키고 다양한 방식으로 당신을 사랑하는 사람들이 있는 마을에서는 더 완전하고 풍성한 삶을 살 수 있다. 이 사람들은 이미 주변 어딘가에 존재할 것이다. 가족이나 이웃 또는 교회나 직장에 있는 사람들일 수도 있다. 단지 그들이 여러분의 삶에 어떤 선물을 가져다주는지 발견하고 또한 당신이 다른 사람들을 위해 할 역할을 하기만 하면 된다. 당신은 우정에 어떤 기여를 하고 있는가?

여기 삶 가운데서 찾아야 할 몇 가지 유형의 사람들이 있다.

현자

듣고 기도하고 조언하는 친구이다. 당신이 자신들에게 문젯거리를 가져오는 것을 좋아한다. 공부나 삶의 경험을 통해 얻은 경건한 지혜를 지니고 있다. 안전하고 신뢰할 만하다. 사도 바울은 디모데의 현자 친구였다.

격려자

응원 단장이자 믿어 주는 친구이다. 장점을 보고 그것을 외쳐 준다. 낙담할 때 희망을 들려주는 것은 그들에게 식은 죽 먹기와도 같다. 삶 속에서 그리고 사람들에게서 가장 좋은 점을 본다. 믿음과 지지가 넘쳐흐르는 친구이다.

참호 친구

딱 좋은 동지이다. 이 친구는 함께 손에 흙을 묻힌다. 만약 당신에게 무슨 아이디어가 있다면 그들은 모든 것을 건다! 당신을 위해 싸우고 당신과 함께 싸울 것이다. 내게는 젠(Jenn)이라는 친구가 있는데 자신을 '꿈의 수호자'라고 부르며 내가 꾸는 거의 모든 꿈을 지지하며 돕고 있다. 참된 친구는 당신이 자신에게 얼마나 소중한지 말로 표현하지 않을 수도 있지만, 당신의 옆에 머물며 당신이 겪는 모든 문제를 나누어 가질 것이다.

도전자

진실을 말하는 것을 두려워하지 않는 친구이다. 안주하지 못하게 할 것이고 궤도에서 벗어나면 정신이 번쩍 들게 일러줄 것이다.

가장 편한 친구가 아닐 수도 있고 이런저런 갈등을 겪어야 할 수도 있겠지만 매번 당신을 더 향상되게 해 준다.

재밌는 친구

파티를 여는 친구이다. 신학적 문제를 놓고 함께 두 시간 동안 토론하지는 않겠지만 확실히 자주 웃겨 줄 것이다. 즉흥적이고 사람들을 결속시키며 어떤 나쁜 기분에 휩싸여 있더라도 그것을 흐트러뜨려 줄 엉뚱하고 기발한 말을 한다.

기획자

체계적이고 사려 깊은 친구로서 함께 모이도록 꼭 챙기고 밤 외출을 할 때는 계산서 비용이 정확히 분담되도록 한다. 음식을 대접하고 이메일을 시작하고 당신의 생일을 기억한다.

우리 엄마는 환상적인 기획자형 친구이다. 베이비 샤워나 브라이덜 샤워를 주최하고 사람들이 아플 때 식사를 준비해서 들른다. 지난 달 한 친구와 친정집 뒷베란다에서 밀린 얘기를 나누고 있었다. 두 시간 동안 엄마는 마실 것을 가져다주고 다음에는 브런치를 차려 왔고 쌀쌀해지자 또 담요를 챙겨 주었다. 어렸을 때는 너무 세심한 성격을 가진 엄마의 관심이 내 삶으로 향하자 도청을 당하는 기분이었다! 하지만 이제는 곁에 있으면 고급스러운 호텔을 방문한 것처럼 느껴진다. 친구와 나 둘 다는 엄마의 사랑을 느꼈고 그것이

참 좋았다!

엄마는 가끔 내가 얼마나 자랑스러운지를 마구 늘어놓기도 하지만 사실은 친구들과 나를 친정집으로 초대함으로써 주로 사랑을 표현한다.

서둘러서 이 특정 역할들을 해 줄 지인들을 찾기 위해 면접을 시작하라고 제안하는 것이 절대 아니다. 아직 친구라고 생각하지 않더라도 당신의 영향권 안에 있는 누군가 이미 이러한 역할들 중 하나 이상을 하고 있을 가능성이 높음을 말하려는 것이다. 누구도 당신의 전부가 될 수 없지만 모든 사람은 해 줄 말이 있고 가르쳐 줄 것이 있고 당신의 삶에 가져다줄 것이 있다. 그것을 찾으라.

삶 가운데서 습관처럼 늘 격려해 주는 사람이 있는가? 그에게 감사하라. 놀라우리만큼 현명한 사람은 어떤가? 더 많은 조언을 구하라. 믿을 수 없을 정도로 치열하고 삶을 두려워하지 않는 듯한 사람을 알고 있는가? 함께 목적이 있는 프로젝트에 뛰어들 방법을 찾아보라. 중요한 일을 하면서 추억을 만들라. 의미 있고 유쾌한 모임을 시작해 준 기획자 친구에게 감사하라. 항상 당신의 전화를 받는 친구를 축복하라. 아직도 우편으로 생일카드를 보내 주는 이들에게 감사를 표현하라. 도전을 주는 친구에게 다른 관점을 들려주어서 감사하다고 말하라.

비록 현재 맺고 있는 일상적 관계의 편안한 리듬을 흐트러뜨리는 걸 뜻한다 해도, 솔선해서 삶 가운데 이미 존재하는 이 사람들과 더 깊은 관계로 들어가기 시작하라. 어색함에 익숙해지는 편이 좋을 것이다. 우리는 한 걸음 더 나아가려고 하기 때문이다.

3단계:

훌륭한 대화를 시작하라

얕은 대화를 넘어서는 방법을 잘 모르겠다면 당신만 그런 것은 아님을 기억하기를 바란다.

가끔 친구들과 즐거운 시간을 보냈다고 생각하며 밤 외출을 마칠 것이다. 하지만 집에 도착하면 마음의 불편함을 느낄 수 있다. 종종 이런 기분은 우리의 대화가 무엇에 관한 것이었는가에서 비롯된다.

그런 대화들은 자주 너무나 얕다. 일이나 아이들에 대해 이야기하는 것은 괜찮지만, 그것으로 진정으로 친밀함을 느끼지는 못할 것이다. 더 깊은 대화를 하기 위해 더 계획적인 질문을 하는 기술을 배워야 한다. 다음 장에서 더 많이 알려 주겠지만 우선 이 두 가지를 시도해 보라.

"당신은 무엇을 갈망하고 있는가?"
"무엇이 당신을 불안하게 만들고 있는가?"

누군가 그들이 갈망하는 것과 그들을 불안하게 만드는 것을 공유할 때 그 감정들을 인정하라. 아무것도 바로잡으려고 시도하지 말라. "안 됐구나." 또는 "내가 어떻게 해 주면 될까?"와 같은 말들을 연습하라.

그런 질문은 당신의 대화에 새로운 깊이를 불러온다. 아이들이나 일 얘기가 아직도 더 나올 수 있겠지만 당신은 상대의 삶에 대한 뉴스 보도보다는 그 사람이 느끼는 감정에 더 다가갈 것이다.

솔직히 대부분의 사람들은 좋은 질문을 하고 진정으로 마음을 나누는 방법을 잘 모른다. 그래서 대화가 종종 불평과 험담으로 흐른다. 모두가 그런 일들이 일어나는 상황을 잘 안다!

내가 댈러스에 도착해서 처음 몇 시간 동안, 텅 빈 새집 바닥에 앉아 공황을 겪었던 일을 기억할 것이다. 사 년 전의 그 장면을 이후 우연찮게 내 삶에 들어 온 몇몇 사람들과 관련된 최근의 또 다른 장면과 대비시켜 보자. 시누이 애슐리는 가장 안전한 친구가 되었는데 두 블록 떨어진 거리에서 산다. 사랑하는 친구 린지는 시누이를 통해 만났는데 초등학교를 다니던 시절 함께 주일학교를 다녔던 사실을 알게 되었다. 캘리(Callie)는 대학에서 제자를 삼은 한 소녀를 통해 알게 되었고 제니 E. (Jennie E.)는 우리 아들의 학교 친구여서 만나게 된 새 친구다.

우리 그룹은 함께 기도에 관한 성경 공부를 하고 있었다. 하루는 시누이가 내 집 뒷마당의 화덕가에 앉아서 실제로 기도를 하면 멋질 것이라고 제안했다. 참신한 아이디어 아닌가?

친구 데이비(Davy)를 모임에 초대했다. 함께 어울려 다닐 정도로 친해지기 전에 데이비의 멋진 음악을 통해 서로를 만났다. 그녀가 미시시피에 있는 교회에서 예배를 인도한다는 것도 노래들 듣고 알았다. 전화로 나의 이프 개더링을 위한 투어에 함께 가겠느냐고 물었다.

"정말 가고 싶어!"

이 짧은 한마디는 우리가 친구를 넘어 친자매처럼 되는 데 필요했던 전부였다. 통화를 끝내기 전에 그녀는 "그때쯤이면 내가 댈러스에 살고 있을지도 몰라"라고 말했다.

"나 댈러스에 살아!"

나는 그 친구가 우리 교회에 사역자로 올지 전혀 알지 못한 채 말했다. 이제 그녀는 이곳에 있었고 친구 공동체의 일원이 되었다. 화롯가 기도 모임에 초대했을 때 제안도 했다.

"오! 키보드를 가져가도 될까?"

그렇게 해서 우리 여섯 명은 불가에 앉아 기도하고 죄를 고백하고 찬송하며 울고 웃었다. 예상치 못하게 풍요로운 관계를 누린 그날 밤, 불 주위에 둘러앉은 친구들의 얼굴을 보자 마음이 스르르 녹아내렸다. 의자에 올라서서 외치고 싶었다.

"이봐, 세상! 난 친구들이 있다구!"

조금 우스꽝스럽게 느껴지지만 아주 솔직한 심정이었다. 탁탁거리며 타오르는 불이 있었고 데이비는 우리의 귓가에서 노래했다.

기도와 희망의 말들이 오고갔으며 하늘을 가득 채운 별들이 빛나고 있을 때 나는 그토록 갈망해 왔던 연결, 이 세상에서 혼자가 아니라는 느낌 속에서 편안하고 아늑한 휴식을 누렸다. 사 년 동안 고립이 아닌 연결됨을 선택하고 구축하며 위해서 투자해 왔는데 이제 내 사람들을 얻었다.

스스로를 돌아보는 시간

모임 장소를 만들라

어떻게 하면 대대손손이 살아왔고 예수님이 살라고 요청하시는 삶의 방식인 진실하고 연결된 공동체로 돌아갈 수 있을까?

연구자들은 한 사람의 지인과 돈독한 관계를 맺어 좋은 친구가 되기까지는 200시간이 걸린다고 말한다.[5] 그래서 의미 있는 공동체를 구축하기 위해 우리가 할 첫 실험 과제는 바로 이것이다.

"훌륭한 대화를 나눌 수 있는 환경을 구축하라."

코로나 격리 기간 동안 남편과 나는 종종 동네를 산책했다. 내가 가장 좋아했던 광경 중 하나는 여섯 개의 옥외용 플라스틱 안락 의자로 채워진 어떤 집 앞마당이었는데, 값싼 청록색 의자들이 모두 원을 이루며 놓여 있었다. 의자 중 하나에는 항상 모기 스프레이 병이 놓여 있었다. 마치 "팬데믹, 격리, 심지어 고약한 모기조차 우리가 함께 모이는 걸 막지 못해!"라고 말하는 것 같았다.

그래서 화로를 장만하는 것으로 시작하기를 바란다. 기본적 사양은 아마도 생각만큼 비싸지 않을 것이다. 사는 곳에서 불을 피우는 게 마땅치 않다면 사람들이 모일 수 있는 만남의 장소를 만들어라. 피크닉 테이블을 가져다 놓거나 서로 마주보는 곳에 편안한 야외 의자 두어 개를 붙여 놓아 보라. 하지만 모임 장소를 만들고 필요한 모든 것을 비축할 때는 집 특성에 가장 적합한 것이 좋다. 우리는 개인적으로 후식거리를 위한 수십 가지 물품들을 항상 준비해 두고 있다.

그리고 나서 먼저 초대하라. 자발적일 뿐만 아니라 의도적으로 그리고 정기적으로 사람들을 당신의 일상으로 초대하기 시작하라. 사람들은 거절할 것이지만 계속 초대해 보라.

그러고 나서 진짜 질문들을 하는 거다. 모두를 불편하게 만들지만 서로를 제대로 알게 해 주는 그런 질문들을 하라. 먼저 솔선하라. 대화가 매끄럽게 흘러가도록 자원해서 당신부터 대답해 보라. 함께 앉아서 웃으며 진정한 친구라 할 만한 우정 관계로 발전하기 위해 필요한 그 200시간 중 일부를 보내는 것이다.

기억하라. 공동체를 갈망하는 사람은 당신 혼자만이 아니다. 모두가 그것을 갈망한다. 그러니 그것을 이루는 사람이 되어라!

'근접 관계'를 구축하기 위한 아이디어

- 화로를 사서 집 근처에 사는 친구들을 초대하라.
- 친구를 초대해서 이런저런 볼일을 함께 보라.
- 직장에 있는 누군가에게 자판기까지 같이 가자고 초대해 보라.
- 개를 산책시킬 때 누구와 마주치는가? 말을 걸고 함께 걸어 보라. 마주친 사람들의 이름(그리고 개의 이름!)을 잊지 않도록 메모해 두라.
- 커피숍에서 낯선 사람들에게 자신을 소개하라.

- 교회에서 혼자 앉아 있는 사람들에게 다가가서 점심을 같이 먹자고 초대하라.
- 만약 어떤 도시가 처음이라면 교회에서 옆자리에 있는 사람에게 "이곳에서 태국 음식을 먹을 만한 가장 좋은 곳은 어디인가요?" 라고 물어보라. 그리고 그곳에서 함께 식사를 하자고 초대하라.
- 사무실의 가장 신입 직원을 식사에 데려가라.
- 아이들의 스포츠 경기 후 다른 가족에게 함께 축하 아이스크림을 먹자고 요청하라.
- 식당에 자주 가서 종업원의 이름을 기억한 뒤 그를 위해서 무엇을 기도해 줄지 물어보라.
- 사람들과 함께할 수 있는 일상적인 일들을 찾으라. 친구에게 도와줘도 되겠냐고 물어보라.
- 만약 젊은 엄마라면 다른 젊은 엄마와 함께 식료품을 사러 가라. 물론 아이들을 모두 데리고 가라.

하지만 이럴 땐 어떻게 ……

장거리 친구들은요? 그들과는 친구가 될 수 없다는 말이에요?

절대 아니다! 나의 가장 친한 친구 중 몇몇은 주변에 살지 않는다. 그럼에도 여전히 나는 어떤 위기나 압박감 속에서 허우적거릴 때 내게 음식을 가져다줄 누군가 필요하고, 내 눈동자를 보며 내가 말하지 않는 것을 말하도록 끄집어내 줄 사람이 필요하다. 우울할 때 자발적으로 집에 불쑥 들러 내게 옷을 입게 만들고 집 밖으로 데리고 나가 재미있는 시간을 보내게 해 줄 누군가 필요하다. 그리고 내 사람들은 나도 똑같이 해 주기를 바란다. 그래서 오랜 장거리 친구들을 절대 잃지 않을 테지만, 가까이 사는 친구들 없이는 내 노릇을 할 수가 없다. 당신도 그렇다.

직장 때문에 이사가 잦은 현실이라면?

삶을 계획하고 이 실천 유형을 익히면 당신이 어디에 있든 잘 살도록 준비될 것이다. 이제 막 새롭게 시작한 사람으로서 이것들의 효과를 톡톡히 보았다. 따라서 만약 당신이 지금 사는 곳에 오래 있지 않을 것이므로 이 계획을 빛의 속도로 실행해야 한다 하더라도, 실행하라. 단 일 년 동안이더라도 외롭게 사는 것은 아무런 도움이 되지 않는다.

더 깊은 대화로 나아가려 하지만 취약성이 호응을 얻지 못한다면? 이해한다. 어떤 사람들은 이 능력이 없다. 그래도 계속 나아가라. 계속 시도하라. 그만두지 말라. 낙담하지 말라. 실제보다 더 호들갑을 떨지 말라. 두려움에 굴복하지 말라. 그냥 다음 사람에게 가라. 그것도 효과가 없다면 또 다음 사람에게 가라.

예상치 못한 곳에서 사람들을 찾아야 함을 잊지 말라. 인생의 단계는 중요하지 않다. 나이도 중요하지 않다. 누구든 예수님을 따르는 사람들을 찾아서 그들과 함께 가라.

신뢰하는 게
힘들어요.
　-패티(Patti)

미안하지만 난 줄 수 있는 것보다
필요한 것이 더 많아요.
　-킴(Kim)

상처를 주는 오랜 우정을
버릴 수 없어요.
　-크리스티(Christy)

너무 많이 거절당해 왔어요.
　-브룩(Brooke)

나는 짐만 되는 것 같아요,
그래서 그냥 깊이 들어가지 않아요.
　-몰리(Molly)

괜찮은 척하지 않으면 비난받을 것 같아요.
　-스테파니(Stefanie)

열린 문

목표: 투명성

장애물: 고통/수치심

6

투명성

마음을 절대로 다치지 않은 채
누구와도 가까워질 수 없다

지금 말하려는 것을 잘하지 못했기 때문에 친구들을 잃었다. 지금 하라고 요청할 일들에 내가 너무도 형편없음을 알기에 눈물콧물을 다 쏟으며 이 장을 쓴다.

우리의 대화가 처음에 어떻게 시작되었으며 어쩌다가 그렇게 깊고 의미 있는 대화를 나누게 되었을까? 최대한 기억을 더듬어 보자. 나는 친구 제시카(Jessica)와 함께 내가 이사한 뒤 서로 얼마나 그리웠는지 이야기하면서 내 팟캐스트 인터뷰를 마무리하고 있었다. 그녀는 장거리를 사이에 둔 우리의 우정을 잃을까 봐 걱정하고 있다는 말을 했던 것 같다.

"절대 널 잃지 않을 거야!"

나는 진심을 담아 말했다. 둘 다 오스틴에 살았을 때 그녀는 내가 가장 사랑하는 친구 중 한 명이었던 데다 고작 세 시간의 운전 거리는 우리를 갈라놓지 못할 것이기에, 우리가 오랫동안 좋은 관계를 지속할 것이라고 생각했다.

"제시카, 어떻게 하면 내가 더 좋은 친구가 될 수 있을지 말해 줄래?" 하고 질문을 던졌을 때 우리는 둘 다 웃고 있었다. 여자들이 중요한 것을 말하고 있지만 울음을 터뜨리고 싶지 않을 때 하는 우회적 방법이었다.

나는 그녀가 "오 나도 잘 몰라, 제니. 우리 매주 전화 통화를 하면 어때?" 아니면 "일정표에다 '여자들끼리의 주말' 약속을 잡아볼까?" 것도 아니면 "조금만 더 자주 문자 보내 줘" 이런 식으로 대답할 거라고 짐작했다. 내가 그 친구를 위해 할 몇 가지 일들을 들려주리라 생각했다. 그러나 예상은 완전히 빗나갔다.

"넌 필요한 게 하나도 없잖아."

그녀가 말했다.

"너한텐 내가 결코 필요 없어. 네가 나를 더 필요로 했으면 좋겠어."

작은 녹음실의 산소가 모조리 빠져나가고 있었다. 두 손이 무릎으로 툭 떨어지면서 눈물이 앞을 가렸다. 입은 마이크 언저리를 맴돌고 있었지만 아무 말도 나오지 않았다. 도대체 무슨 말을 해야 할까? 가장 친한 친구 중 하나가 내게 필요로 하는 것은 더 많은 관심, 더 많은 동료애, 더 많은 지원이 아니었다. 친구는 더 많은 '나'를 필요로 하고 있었다.

한 가지 문제가 있었다. 나는 "그래"라고 말할 수 있을지 확신이 서지 않았다.

대화는 그토록 형편없이 마무리되었지만 최악의 상황은 아직 오지 않았다. 그날 오후 사무실에서 집으로 가던 중 신호등에서 멈춰 섰을 때 떨쳐버릴 수 없는 감정이 엄습했다. 그녀의 대답이 안겨 준 충격과 분노로 토할 것처럼 괴로웠다. 그것은 친구로 지내는 내내 우리 사이에 난 길이 그녀에게는 일방통행로처럼 느껴졌다는 뜻이다. 그러나 이 첫 번째 깨달음보다 더 고통스러운 것은 두 번째 깨달음이었다. 전에도 같은 대화를 나눈 적이 있었다. 그녀가 한 말은 가슴을 후빌 정도로 고통스럽게 귀에 익었다. 같은 이유로 다른 우정들을 잃었던 경험이 있었다.

18개월 전 코트니(Courtney)와의 우정을 날려 버렸다. 코트니도 제시카가 말한 것과 똑같은 이유를 댔다.

"진짜 싫어. 네가 정말로 어떻게 지내는지 알려면 인스타그램을 봐야 한다구. 넌 절대 내가 필요 없어."

코트니는 이어서 나로부터 좀 쉬고 싶다고 말했다. "이 관계를 계속하지 못할 것 같아"라고 선언했다.

"나만 진심이고 나만 항상 널 필요로 하잖아."

혼란스러웠던 기억이 아직도 남아 있다. 내가 정말 그토록 친구 자격이 없는 사람일까? 이게 친구의 문제일까? 나의 문제일까? 둘을 똑같이 탓해야 하는 걸까?

며칠 동안 아니 아마도 일주일 동안 휘청거렸다. 어찌할 바를 몰랐다. 진심으로 코트니를 가장 친한 친구 중 하나로 생각하고 있었기 때문이다. 또 수치스러웠다. 어떻게 아끼는 사람들로부터 그렇게 차단당해 버린 것일까? 나의 투명했던 모습은 어디로 가 버린 것일까? 또 언제 사라져 버린 것일까?

벽을 쌓기가 더 쉽다

나는 겉으로 이런 모습이다. 사람과 쉽게 잘 사귄다, 밖으로 잘 표현한다, 수다스럽다, 포용한다, 활달하다, 시간과 마음을 넉넉히 내어 준다, 사랑하고 돌본다, 연결시켜 주며 파티의 여왕이다, 사람들을 편안하게 여긴다, 맺고 있는 관계에 만족한다.

진짜로는 이렇다. 관계가 깊어지기 전까지는 앞서 말한 모든 것들이 맞다. 하지만 그 다음에는 울타리를 친다. 아니면 주의가 산만해진다. 아니면 떠나 버린다.

오해하지 말기 바란다. 나는 사이가 깊어지기를 바란다. 그저 가장 진실한 모습을 드러내려 하지 않을 뿐이다. 어쨌든 너무 드러내면 탐욕스럽고 궁핍하며 잘못된 것처럼 느껴진다. 다른 사람들의 시간을 허비하는 것 같다. 아니면 너무 혼자서 북 치고 장구 치는 것 같다. 신중하지 못하게 말하는 것 같다. 들어야 할 때 내 말을 하는 것 같다. 어쩌면 이해받지 못하는 것을 극도로 싫어하는지도 모르겠다. '가장 깊숙한 부분을 공유해서 누가 나의 혼란스러운 모습을 본다면 어떡하지? 아니면 더 최악은 누가 나를 바로잡거나 바꾸려고 한다면 어쩌지?'

그래서 탐색 질문을 던지고 관심어린 모습으로 눈을 반짝이며 몸을 기울여 한 마디 한 마디를 모두 경청하고 마음에 새기지만 정작 자신은 쉽게 경계를 풀지 못한다. 그리고 사실은 쉽게 상처받는다.

우리가 어렸을 때 남편은 한 친구로부터 내 얘기를 들었다.

"재크, 넌 그 애가 진짜 마음에 들 거야. 숨기는 게 하나도 없어."

대단한 칭찬이었다. 무언가를 느끼면 나는 그것을 말했다. 그것을 인정했다. 나는 활짝 펼친 책이었다. 재크는 내가 어떻게 지내는지 추측할 필요가 없었을 것이다. 나는 솔직하고 정직했다. 이게 바로 예전의 내 모습이다. 솔직담백하고 무방비적이고 겁내지 않았다. 하지만 그런 삶은 나를 소모시켰다. 젊은 엄마로서 육아와 결혼생활의 고충을 몇몇 친구들에게 솔직하게 털어놓고 나면 돌아오는 것은 이해가 아닌 판단이었다. 목회자의 아내였기 때문에 친구에게 개인적으로 털어놓은 고충은 교회 뒷담화의 빌미가 되었고, 불편하게 공개적인 방식으로 남편과 나에게 불리하게 사용되었다. 한 번은 함께 축하해 주기를 간절히 바라며 친구에게 한 가지 성과에 대해 이야기한 적이 있다. 하지만 곧 내 취지만 의심받고 말았다. 좋은 의도로 했던 말들이 다시 돌아와 나를 괴롭혔던 수십 번의 다른 사건들을 기억한다.

시간이 흐르면서 관계에서 받은 상처가 빼곡히 쌓이고 나자 누군가 정말로 나를 알고 싶어 해도 내 안의 무언가는 망설여졌다. 무심코 나는 내 마음에 한 건의 건축 프로젝트를 시작했다. 별 생각 없이 삶에다 잠긴 문이 달린 높다란 벽을 세웠다. 사람들이 가까이 느낄 만큼은 나 자신을 드러냈지만 어느 누구도 그것을 이용해 공격해 올 수 없을 정도로 벽을 쌓았다. 여기저기 작은 창문들을 냈기에 사람들은 나를 아는 것처럼 느꼈지만 나는 열린 마음을 잃고 자기 방어적인 삶을 살기 시작했다.

고통 때문에 숨는다

삐걱거리는 내 우정에 관한 글을 잇따라 읽으면서도 삶에 무엇인가를 쉽사리 적용하기는 힘들 것이다. 하지만 이 여정을 함께하기로 했으니 더 적극적인 역할을 맡기고 싶다. 그래서 묻겠다. 과거의 관계 속에서 느꼈던 고통은 무엇인가? 어떤 방식으로 상처를 받았는가?

- 친구에게 마음을 열었지만 털어놓은 사실이 화살로 되돌아온 경험이 있는가?
- 어떤 친구 무리와 가까워졌지만 결국은 외부로 밀려나 있는 자신을 발견했던 적이 있는가?
- 유언이든 무언이든 어떤 기준에 부합하지 못해 판단받는다고 느껴 본 적이 있는가?
- 고군분투하는 삶을 털어놓았지만 판단어린 곁눈질을 당하며 오직 혼자만 그런 고군분투를 하는 듯 느껴 본 경험이 있는가?
- 초대하고 삶을 나누고 또 투자했지만 무언가를 필요로 할 때는 정작 아무도 곁에 없었던 경험이 있는가?

내 인스타그램 팔로워 중 한 사람은 말했다. "욕을 듣고 중상모략을 당하고 속거나 그렇지 않으면 배신당하고 난 후 누군가를 신뢰하지만 사람들을 내 벽 안으로 들어오게 하는 데 어려움을 겪고 있어요."

맞다. 나는 벽을 좀 안다. 벽들 뒤로 숨는 것이 더욱 안전하다.

벽은 사치품이자 특권이다. 플로리다의 한 부유한 지역 해안에서 비행기로 두 시간 거리에 위치한 아이티의 난민촌이 내려다보이는 언덕에 서서 이것을 배웠다. 바람에 펄럭이는 파란 방수포가 대지진 몇 년 후에도 여전히 난민 상태인 수천 명의 영혼을 숨겨 주고 있었다. 그 공동체에는 벽이 없다.

수십 개의 오두막을 방문했던 아프리카에서도 비슷한 현실을 알아차렸다. 자물쇠가 있는 문은 고사하고 영구적인 벽이 있는 오두막이 몇 채나 되는지 짐작해 보겠는가? 단 한 채도 본 적이 없다. 물리적인 사생활의 결여를 넘어 취약성과 투명성은 마을 생활의 의도적인 부분이다. 단지 매일의 혹독한 삶에서 살아남으려고 노력하는 사람들은 고통을 담아 두고 다른 사람들을 차단할 여력이 없다. 닫히고 잠긴 문, 높고 두터운 벽, 혼자 있기 같은 사치품이 없다. 그들은 서로를 필요로 하고 그 사실을 알고 있다.

하지만 이것을 말하고 싶다. 전 세계의 험난한 곳에 사는 사람들은 스스로 선택하는 것보다는 더 많이 취약성에 선택을 당하고 있지만, 당신과 내가 취약성에 선택당하고 있는 것 또한 사실이다. 취약성은 우리에게 은신처에서 나와 관계를 맺으라고 요구한다. 쌓아 올린 벽 뒤의 삶을 그만두라고 한다.

나의 있는 그대로의 연약한 모습인 취약성을 보여주기로 선택하면 분명히 고통스럽고 상황에 따라 비수에 꽂히듯 극심한 고통을 느끼기도 한다. 하지만 내가 지금 배우고 있는 교훈은 취약성은 친밀함의 토양이며 친밀감을 키우는 것은 눈물이라는 점이다. 어젯밤 배우자를 떠나고 싶을 만큼 격렬히 싸웠거나 포르노나 성 중독으로 에너지를 소모했는가? 혹은 누구에게도 털어놓지 못했던 낙태 경험이 있는가? 또는 사소한 일들로 울고 싶을 때가 있는가? 대학에 갈 자녀들에 대한 불안감이나 결혼생활에 대한 고통스런 감정을 느끼고 있는가? 진실하고 꾸밈없고 괴로울 정도로 솔직해져 보라.

이런 취약성을 배제한 다른 방식들이 효과가 있다고 말할 수 있다면 좋겠다. 오직 웃음, 재미, 마음 편한 모임, 즐거운 시간들로만 이루어진 우정이 오랜 세월을 견딜 정도로 건재하고 영혼의 필요를 채워 줄 것이라고 말할 수 있다면 좋겠다.

이미 알듯 나는 이런 일들에 재주가 있다. 하지만 영혼의 민낯을 드러낼 만큼의 친밀감에 대해서라면 그리 재주가 없음을 인정한다.

아직도 오해받거나 좌절하거나 환멸을 느끼거나 부당한 대우를 받거나 상처받을 가능성을 차단하기 위해 문을 굳게 걸어 잠그고 벽 뒤로 숨을 때마다, 하나님의 뜻에 따라 갈망해야 할 온갖 좋은 것들 역시 차단해 버린다. 즉 누군가 날 격려하고 책임지며 바라보고 사랑하며 알아줄 행복을 차단해 버린다.

모든 사람은 울고 있는 자신을 불러 줄 그리고 자신이 울면서 부를 수 있는 친구를 갈망한다. 떠나지 않고 판단하지 않을 친구, 이해받고 지켜보고 도전받고 있다고 느끼게 해 줄 친구, 하나님과 희망을 일깨워 줄 친구, 어쩔 수 없이 목욕 가운을 벗게 만들고 우리를 삶과 소망 가운데로 불러낼 친구를 갈망한다. 그리고 이런 갈망 중 어떤 것도 자신의 벽을 무너뜨릴 위험을 감수하지 않는 한 실현되지 않을 것이다.

고통의 위험을 무릅쓰고 삶에서 이런 깊은 연결을 이루어야 한다.

수치심 때문에 숨는다

원수는 우리가 스스로를 방어하는 것을 좋아한다. 때로는 고통을 때로는 수치심을 이용한다. 만약 내 이전 책《당신의 머릿속에서 나오라》를 읽었다면 원수가 오직 어둠 속에서만 우리 자신, 우리의 하나님, 우리의 현실에 대해 온갖 거짓말을 지어낼 수 있다는 사실을 기억할 것이다. 원수는 진짜처럼 들리는 교묘한 말로 우리를 벽 뒤로 유혹하고 그 거짓말이 우리에 대한 믿음이 되도록 생각 속으로 살살 파고든다.

"수치심."

나와 같다면 이 한 단어를 읽을 때 바로 움찔했을 것이다. 당신이 지금 투명성의 위험을 무릅쓰지 않는 이유는 이전에 자신의 고군분투를 공유했지만 '친구들'이 너무 적나라하다는 이유로 단죄했기 때문이다.

원수가 가장 좋아하는 거짓말 중 하나는 수치심을 불러일으키는 거짓말이다. 수치심은 연결을 앗아가기 때문이다. 앞서 말했듯 아담과 하와는 하나님께 필요한 모든 것을 받았다. 하나님의 사랑을 받았고 서로에게 더할 나위 없이 안전했다. 그럼에도 탈선했다. 각자의 길을 선택했고 모든 관계를 끝장냈다.

"사탄, 선택, 선악과, 수치심, 즉각적인 수치심."

아담과 하와는 어떻게 반응했던가? 창세기는 두 사람이 숨었다고 전한다. 두 사람은 자신들의 수치심과 벌거벗은 모습을 나뭇잎으로 가렸다. 하나님이 자신들을 찾기를 바라지 않았다.

물론 하나님은 그들을 찾으셨다. 두 사람이 죄와 숨김과 수치심을 박차고 나와 하나님과의 관계로 다시 돌아오기를 원하셨다. 그러나 하나님은 공정하고 의로우시며 죄의 대가가 치러지지 않는 것을 참지 못하셨다. 죄는 삯을 요구했고 그 값은 죽음이었다. 그날 하나님은 그 모든 것에 대한 대답을 행동으로 보여 주셨다. 아담과 하와의 벌거벗은 몸과 수치심을 동물 가죽으로 만든 옷으로 가려 주셨다. 그것은 하나님이 그리시는 복음의 큰 그림이었고 언젠가 어린양의 피의 희생 제물로 우리의 죄가 영원히 덮일 것이라는 약속이었다.

이로써 사람이 하나님과 올바른 관계 속에 있기를 바라시는 하나님의 소망은 물거품이 되지 않았다. 이것이 하나님의 이야기다.

하나님은 우리를 끔찍이 사랑하셔서 심지어 하나님을 외면할 때조차 우리를 되찾기로 작정하셨다. 그리고 우리로 하여금 관계를 바로잡도록 이끌기 위해 싸우신다. 우리를 매우 소중히 여기시고 각 자리에 세우시며 상상을 뛰어넘는 연결과 목적을 이루도록 창조하셨다. 하나님은 선하셔서 그 모든 일을 하신다. 하나님은 사랑이 넘치시고 권능을 지니시며 자신을 나누어 주기 원하신다. 그러므로 다시는 수치심에 얽매일 필요가 없다. 우리는 아름답고 전적으로 자유롭게 지어졌다.

하지만 이 사실을 잊곤 한다. 수치심을 유발하는 마귀의 거짓된 속삭임에 귀가 솔깃해진다. 그 수치심에 사람들이 가져다주는 고통이 더해지면, 비록 마음속으로 하나님의 진리를 믿는다 해도 벽을 쌓는 편이 더 안전하다고 판단한다.

이것이 친구가 만나서 즐거운 시간을 갖자고 막바지 문자 초대장을 보낼 때 거절하고 침대로 올라가 넷플릭스를 다시 켜는 이유다. 안심할 만한 친구가 안부를 물어도 반사적으로 (그리고 대체로 사실과 다르게) "잘 지내! 넌 어때?" 하고 답하는 이유다. 자신도 모르게 벽을 쌓았고 계속해서 어김없이 친구들 곁에 있어 줬지만 그들이 나를 위해 내 곁에 있도록 두지 않았던 이유다.

우리는 또한 누군가의 수치심 때문에, 조심스레 만든 보호 구조물에서 조심스레 밖을 엿보다가 날아온 화살에 맞은 것처럼 느끼기도 한다. 수치심은 사람을 비열하게 만들 수 있기 때문이다. 어떤 이들은 친절과 환대의 벽 뒤로 숨는 반면, 다른 이들은 다시 상처받지 않기 위해 선제적으로 공격하면서 강퍅함과 무자비함을 통해 보호를 모색한다.

고립을 겪는 근본적인 이유는 만성적 분주함이나 신기술 중독, 망가진 가족 혹은 자신의 교회 때문이라고 생각하기 쉽다. 하지만 문제는 우리 모두의 내부에 있다. 과거에도 그랬고 지금도 그렇고 예수님이 다시 오시는 그날까지 앞으로도 그럴 것이다.

결혼 생활이 힘든가? 포르노에 빠졌거나 외모에 집착하는가? 누군가를 향한 증오심과 용서하지 못하는 마음을 부여잡고 있는가? 아무도 알지 못하는 빚더미에 눌려 있는가? 아이들에게 만성적으로 화를 쏟아내는가? 성장기에 품었던 믿음에 의심이 오는가?

원수의 전략은 우리를 수치심과 죄악 속으로 깊숙이 밀어 넣는 것이다. 그래서 우리가 자신의 고군분투를 결코 소리 내어 인정하지 못할 만큼 고립감과 죄책감을 느끼도록 만드는 것이다. 연구 결과에 따르면 인간은 15개월에서 18개월 사이에 수치심을 느끼기 시작한다.[1] 말로 표현할 수 있기도 전에 수치심을 경험한다는 뜻이다. 이런 경향 때문에 시간이 지남에 따라 하나님을 향한 우리의 신뢰는 약화되고 사람들과의 관계에는 균열이 일어난다.

마귀는 제 할 일을 잘한다. 수치심을 이용해 우리의 연결과 공동체를 파탄낼 뿐만 아니라 속삭임으로 생각을 침범하고 고통을 증폭시킨다.

'네가 혼자인 건 네 잘못이야.'

혼자라고 느끼는 데서 끝나지 않는다. 그것이 내 잘못이라는 죄책감에 시달린다! 고통과 수치심 때문에 우리는 자기 방어의 벽 뒤에 숨지 않을 수 없도록 내몰린다. 결국 그 벽들 뒤에서 더욱 외로워지고 그래서 위험을 무릅쓰면서 감히 나와 본다.

하지만 다른 상처투성이의 죄인들도 나와서 헤매고 있고, 우리는 또다시 다친다. 다시 은신처로 돌아가고 이 악순환은 되풀이된다. 어떻게 하면 탈출할 수 있을까?

완전히 알려져야 완전히 사랑받는다

경계를 풀고 자신을 알릴 때에만 자신을 극복하고 애정 어린 사람들과 잘 지낼 수 있다. 사랑은 우리를 변화시키고 다른 사람들을 변화시킨다. 사랑은 낯선 사람들과 가족을 이루게 한다. 사랑은 채워지리라 꿈도 꾸지 못했던 우리 안의 상처와 빈 공간을 치유한다. 하나님은 사랑이시다. 하나님과 협력해야만 그분의 사랑을 간절히 바라는 사람들에게 전달할 수 있다.

하지만 모든 것은 알려지는 것에서 시작한다. 길거리의 낯선 사람에게 사랑한다고 말할 수는 있으나 눈곱만큼의 의미도 없을 것이다. 어째서 그런가? 그 사람을 모르기 때문이다. 그래서 공허하고 진부한 말이 되고 만다. 하지만 방금 자신의 잘못을 고백한 아들에게 "사랑해!"라고 말한다면 그것은 온 세상과도 맞먹는 울림을 준다. 빈말이나 진부한 말은 쓸모없다. 우리가 갈망하는 것은 "너를 알아. 그리고 사랑해"이다.

그래서 복음을 사랑하지 않을 수 없다. 복음은 하나님이 우리를 은신처에서 구출하시는 이야기이다. 하나님은 우리를 회복시키시며 "그러므로 이제 그리스도 예수 안에 있는 자에게는 결코 정죄함이 없"다(롬 8:1). 우리는 회복되었고 용서하시는 하나님에게 온전히 다가갈 권한을 얻었으므로 도피의 악순환을 벗어날 수 있는 방도를 가진 셈이다.

예수님은 한 여인을 일러 용서를 많이 받은 덕에 많이 사랑한다고 하셨다(눅 7:47). 마찬가지로 우리를 숨도록 만든 것들은 또한 하나님이 우리를 숨은 곳에서 끌어내 구원해 주시는 바로 그 구원의 도구가 된다. 그래서 우리도 사랑으로 가서 다른 이들을 숨은 곳으로부터 끌어낼 수 있다.

상처 받은 사람들은 다른 사람들에게 상처를 준다. 하지만 용서받은 사람들을 진정으로 용서할 수 있다. 이것은 완전히 새로운 삶의 방식이다.

서로를 숨은 곳으로부터 불러내는 친구가 되어야 한다.

"그가 빛 가운데 계신 것같이 우리도 빛 가운데 행하면 우리가 서로 사귐이 있고 그 아들 예수의 피가 우리를 모든 죄에서 깨끗하게 하실 것이요"(요일 1:7).

우리는 이 빛을 향해 나온다. 투명성을 무릅쓴다. 그리고 다른 사람들도 똑같이 할 수 있도록 안전한 공간을 만들어 준다.

어떻게 투명성을 생활 방식이 되게 할까

오랫동안 어둠 속에 있었다면 빛 속으로 발을 들여놓을 때 눈이 부셔서 어쩔 줄 모르며 혼란스러워질 수 있다. 아마 당신이 다음과 같은 질문을 하리라 짐작해 본다.

"정말 모든 걸 공유해야 하나요?"

그렇다. 제대로 된 금고가 있고 뒷조사를 해대는 사람이 거의 없다면 정말 모든 것을 공유하라. 하지만 모든 사람과는 아니다. 4장에서 말했던 당신의 사람들과 관련된 원을 되새겨 보고 우리는 모든 것을 아는 2-5명으로 된 핵심 그룹을 만들기 위해 애쓰고 있다는 사실을 기억하라. 마을 전체가 모든 것을 알 필요는 없다. 당신의 일상생활과 가장 깊숙한 분투 과정을 함께 헤쳐나가 줄 헌신된 사람들만이 여기서 자격을 얻는다.

"만약 다른 사람이 솔직함으로 화답하지 않으면 어쩌죠?"

어째서 그 친구가 투명해지는 것에 불안해하는지 알아내려고 애써 보라. 안전한 사람 중 한 명이라면 좋은 질문을 하고 계속 노력해 보라. 많은 사람은 이것을 잘하지 못한다. 정말로 연습이 필요한 대목이다. 포기하지 말라.

"사람들이 내게도 이렇게 하도록 해야 할까요?"

그렇다! "네가 내 사람들 중 한 명이 되었으면 좋겠어!"라는 식의 어색한 대화를 해야 한다.

"어떻게 해야 얕은 대화를 모두 넘어설 수 있을까요?"

지난 장에서 훌륭한 대화에 대해 조금 다루었지만 약간의 기본 대화 훈련을 통해 훨씬 더 구체적으로 살펴보자.

솔직히 말한다면 이 일은 어색할 것이라고 예상해야 한다. 우리 문화가 얼마나 피상적으로 변했는지를 감안할 때 약간의 서투른 주고받기 없이는 우정을 돈독히 할 방법이 없다. 두려워하거나 부인하거나 설명해서 그것을 해소하려 들지 말고 그냥 받아들이는 것은 어떨까? 만약 어떤 사람이 안심할 만하다고 느껴지면 깊은 대화를 위한 이 여섯 가지 단계를 시도해 보라. 그리고 명심하라. 너무 심각한 사람이 되지 말라!

첫째, 방해받지 않고 산만하지 않을 만한 시간에 모임을 갖도록 계획하라.

둘째, 두 사람이 평소 즐기는 것보다 의도적으로 더 깊은 대화를 나누고 싶은 친구를 찾으라. "지금 내가 겪고 있는 일들을 정말로 공유하고 싶어"라고 말해 보라. 또는 만약 그것이 어떤 소그룹 내 사람들이라면 "얘들아, 우리 오늘 밤 삶에서 우리가 정말로 겪고 있는 일들을 솔직히 얘기해 볼까?"라고 물어보라.

셋째, 대화를 이끌라. 왜 더 깊이 들어가고 싶은지 표현하라. 숨을 턱턱 막는 삶의 어려움을 함께 나누라. 할 수 있는 한 취약해지라. 오직 당신이 하는 만큼만 다른 사람들도 깊숙이 들어오고 취약해질 것이기 때문이다. 먼저 정직하게 나누면 종종 당신의 사람들도 보답으로 정직해지고 싶은 욕망이 일어날 것이다. 먼저 시작한 뒤 다른 사람들에게 바로 지금 삶 가운데서 버거운 일이 무엇인지 물어보라.

넷째, 해결해 주려는 유혹을 뿌리치라. 대화할 때 친구가 하는 말을 잘 듣고 있다고 되풀이해서 말해 주라. 하지만 친구의 말을 끊지는 말라. 말을 멈춘 게 확실할 때까지 잠깐 기다렸다가 들은 것을 되묻거나 당신의 관점을 제시하거나 다른 질문을 하라. 깊은 우정을 쌓기 위해서는 의도적이고 적극적인 경청이 많이 필요할 것이다. 다른 관점을 말해 주고 싶다면 그것을 나누어도 될지 허락을 구하라.

다섯째, 친구가 대화를 잘 따라오는지 확인하고 그 주고받음이 당신에게 얼마나 큰 의미가 있었는지 표현하라.

여섯째, 후속 모임을 계획하라. 투명성을 실천하기 위한 또 다른 조언은 그들에게서 무엇을 필요로 하는지 정확히 말하라는 것이다. 대부분의 사람들은 이러한 대화에 익숙하지 않다. 하지만 첫 반응을 보고 물러서지 말아야 한다. 경청해 주기를 원하면 경청해 달라고 부탁하라. 만약 문제를 해결하는 데 도움을 받고 싶다면 문제 해결을 도와달라고 요청하라. 당신을 위해 그들이 어떻게 모습을 드러내 주면 좋을지 말하라. 그리고 당신이 그들을 위해 어떻게 모습을 드러내 주면 좋을지 말해 달라고 부탁하라.

문을 활짝 열기

팟캐스트 인터뷰에서 더 좋은 친구가 되려면 내가 자신을 더 필요로 해야 한다고 말했던 친구 제시카와 대화한 후 나는 이제 지긋지긋해졌다. 조심하는 것에 진저리가 났다. 자기검열을 하고 안전을 구하는 것이 진저리가 났다. 변하고 싶었다. 나는 이 영역에서 성장하고 성숙하기를 원하는 관계상에서 걸음마를 떼는 어린아이였다. 문제는 '어떻게'였다.

걸음마를 배우는 아이처럼 나도 배워야 했다. 비틀거리고 넘어지고 비틀거리고 넘어지고 그리고 다시 일어났다. 댈러스에서 첫 해를 이렇게 보냈다. 그리고 내가 가장 많은 시간을 함께 보낸 두 사람은 시누이 애슐리와 울면서 전화하고 문자보다는 들르는 걸 좋아하는 친구 린지였다. 두 사람은 자신도 모르게 나의 관계 트레이너가 되었다. 그 두 명이 물어보는 질문들의 유형, 묻지 않고 알아서하는 일들, 겪고 있는 모든 것을 털어놓을 때 그다지 눈조차 껌뻑이지 않고 자연스럽게 해내는 방식을 자세히 살폈다.

모든 일들이 얼마나 어색하게 들리는지 안다. 어쩌면 이 책의 제목을 "어색해짐으로써 친구를 얻는 법"이라고 정했어야 했다. 하지만 당신이 나의 내면의 엉망인 상태를 들여다보도록 할 것이다. 왜냐하면 자신이 관계에서 어느 정도 발육불량을 겪고 있음을 알아챈사람은 나 혼자만이 아니리라 생각하기 때문이다. 물론 당신과 내가 성장이 저해된 방법은 다를 수 있다. 아마도 당신의 문제는 너무 궁핍하고 지쳐 떨어질 정도로 그렇고 주는 법을 모르는 것일지도 모른다. 아니면 다른 사람의 이야기에 너무 소홀하거나 다른 누군가의 고군분투를 이용해 자신이 더 나아보이도록 하려고 애쓰는 것일수도 있다. 아니면 당신을 필요로 하는 사람들이 있다는 압박감에 대처하고 싶지 않아서 차단벽을 쌓는 것일 수도 있다.

아니라면 투명성을 위한 안전한 장소가 되어 왔던 당신의 친구 그룹이 건강한 목표나 목적 없이 그저 투덜거리고 불평하는 곳이 되었는지도 모른다. 다음 장에서는 이 부분에 대해 좀 더 깊이 있게 다루겠지만 지금은 생각 없는 투명성은 목표가 아니라고 말하고 싶다. 힘겨운 씨름 가운데서 우상을 만들거나 죄를 짓지 않기 위해서다. 절대 아니다. 우리는 자신을 알리며 살아감으로써 함께 변화하고 성장할 수 있다. 이 솔직함에는 목적이 있고 그 목적은 우리의 유익을 위한 것이다. 그렇다면 정말로 올바르게 공유하는 법은 무엇일까?

몇몇 새 친구들과의 점심식사를 앞두고 자리에 앉았다. 지난주의 책무와 활동 그리고 사건들을 검토했다. 그리고 공개하면 취약해질 수도 있는 몇 가지 사항을 포스트잇에 끄적거려 두었다. (안다. 난 정말 바보다. 하지만 노력하고 있었다!) 나눌 준비가 된 사적이고 솔직한 내용들이었다.

식당에 도착해서 주문을 마치자 15분 동안의 소강상태가 왔다. 이때 무난하고 관계를 잘 이끄는 사람들은 삶에 일어나는 일들 그러니까 인스타그램 생활이 아니라 그들의 실제 삶에 대해 솔직하게 말한다. 보통 이럴 때 나는 반짝이는 눈으로 몸을 기울이고 그들을 주목하며 질문을 이어가기 마련이었지만 오늘은 다른 방식으로 참여하기로 마음먹었다.

일상의 대화가 아니라 공유하려고 준비했던 것 즉 그 주에 잘 풀리지 않았던 몇 가지 일들을 털어놓으면서 나는 믿을 수 없을 정도로 친구들의 시선을 의식했다. 너무 뻔한 일들을 공유하고 있는 것인지, 대화를 독차지하고 있지는 않은지, 나 자신이 너무나 바보스러운 것은 아닌지 의구심을 가지면서 대화를 시작했다. 그러나 이런 의구심에도 굴하지 않고 계속 나아갔다. 앞으로 발걸음을 떼지 않으면 있던 바로 그 자리에 머물고 말 것임을 되새겼다. 내가 있던 자리는 머물고 싶은 곳이 아니었다.

오직 취약해지는 만큼만 누군가와 가까워질 것이다. 그리고 주로 취약한 사람들이 상처를 입는다. 이렇게 생각할지도 모르겠다. '내 갈 길을 가고 내 할 일을 하는 게 더 나아. 적어도 마음은 다치지 않을 거야.' 아니면, '예의를 지킬 거야. 무려 다정해지기도 하겠어. 하지만 진정한 연결됨은 없겠지? 그래. 다 겪어 봤고 다 알아. 그건 내 길이 아니야.'

이런 우리에게 용기를 주는 이가 있다. C. S. 루이스는 "조금이라도 사랑하는 일은 취약해지는 것이다"라는 유명한 글귀를 남겼다.

무엇이라도 사랑해 보라. 마음은 찢어지고 부서질 것이다. 만약 마음을 절대로 다치지 않은 채 고스란히 유지하고 싶다면 그것을 누구에게도, 심지어 동물에게도 주어서는 안 된다. 취미와 작은 사치품들로 조심스럽게 감싸라. 얽히고설킨 관계들은 죄다 피하라. 마음을 이기심의 상자나 관에 넣고 안전하게 잠가 두라. 하지만 안전하고 어둡고 움직임이 없고 공기도 없는 그 관 속에서 마음은 변해 갈 것이다. 마음은 부서지지 않을 것이다. 부서뜨릴 수 없는 것이 될 것이다. 뚫을 수 없는 것이 될 것이다. 구원받을 수 없는 것이 될 것이다 ······ 사랑하면 ······ 취약해진다.[2]

루이스의 지적에 따르면 우리는 고통을 잘 감싸서 소중한 것이라도 되는 냥 꽉 붙들고 절대 내려놓으려 들지 않는다. 그것은 우리가 직면했고 살아남은 광기에 대한 추모이고 다시는 그것의 놀림감이 되지 않으려는 기억 유지 장치이다. 하지만 그러한 자기 방어는 고립되고 슬픈 삶을 지속해야 하는 비용을 치르고서라도 얻어내야 할 만큼 가치가 있을까? 그 대답은 단호하다.

"아니오!"

최근 나를 떠난 친구 코트니에게 연락을 취했다. 꽤 오랫동안 이야기를 나눠 보지 못했다. 처음에는 그녀가 그토록 손쉽게 나를 자신의 삶에서 떼어 내 버린 것에 충격을 받았다. 그녀는 그만큼 상처받았던 것이다. 그런 사실을 고려했을 때 약간의 시간을 갖는 것이 최선이라고 생각했다. 하지만 이제 우리 사이에 회복이 가능할지 알고 싶었다. 사과를 하고 싶었다. 친구에게 말하고 싶었다. 그녀가 아주 오래전에 알았던 것을 이제 나도 알 수 있고 그것을 위해 노력하고 있다는 것을 알려 주고 싶었다. 다시 문자하고 다시 노력하고 서로를 다시 친구라고 부르고 싶었다. 우리는 10년 이상 친구로 지내 왔다. 정말 다시는 말을 섞지 않아도 그럭저럭 만족하고 지낼 수 있을까?

그래서 만날 수 있을지 물었다. 그렇다고 했을 때 너무 긴장된 나머지 가슴이 콩닥거렸다. 마침내 만났을 때 친구의 맞은편에 앉아서 눈물을 쏟았다. 파르르 몸이 떨렸다. 코트니는 내가 어떻게 자신을 다치게 했는지 왜 자신이 물러났는지를 진실하게 털어놓았다. 얼마나 당연히 상처받을 수밖에 없었을지 이해가 갔다. 그녀는 내가 자신의 집에 들렀던 어느 날의 일을 생생히 기억한다고 말했다. 나는 그녀의 침대에 앉아 울면서 상처를 털어놓았고 친구는 그날 그 어느 때보다도 나를 더 가깝게 느꼈다고 말했다. 하지만 그날을 제외하면 오직 자신만이 필요를 느끼는 우정에 지쳐서 나동그라졌다고 했다. 제시카의 말처럼 좋은 친구가 되려면 나 역시 코트니를 필요로 해야 한다는 말이었다. 이 면에서 더 잘하고 싶었고 지금도 여전히 그렇다. 나는 사과했다. 코트니도 사과했다.

코트니는 나를 용서했고 또 자신도 용서를 구했다. 그러고 나서 우리는 그동안 못한 이야기들을 빠짐없이 나누었다. 내가 용감하게 문을 다시 연 것이 얼마나 기쁜지 모른다. 요즘은 문을 잠그지 않은 채로 두려고 애쓴다. 가끔씩은 산들바람에 가볍게 흔들리며 삐그덕 열리기도 한다. 점점 더 많은 사람이 그 문을 통해 들어온다. 불쑥 들어와 내게 모든 힘든 것들을 말하게 하고 그것들과 직면하고 씨름하게 만들 때 나는 아직도 조금 움츠러든다. 하지만 가끔은 가져 오는 피자나 초밥에 마음이 좀 편해진다.

설령 작은 뇌물이 없다 해도 마음을 여는 편이 더 나음을 알고 있다. 어색한 모습으로 배우고 있는 중이다. 이것이 최선의 방법이다.

투명한 대화 연습하기

2-5명의 절친이나 친한 친구가 될 가능성이 있는 지인이라고 판단되는 소수의 사람들을 붙들라. 이번 주 저녁 식사에 초대하고 취약한 대화를 나누는 6단계를 연습해 보라.

당신이 나와 같다면 자신의 내면에서 도대체 무슨 일을 정확히 겪고 있는지 인식하는 데 어려움을 겪을 수도 있다.

일부 사람들이 깊은 대화로부터도 도망치는 이유는 그런 대화를 하고 싶지 않거나 하는 방법을 모르기 때문일 것이다. 사람들이 편하고 자유롭게 말하도록 만드는 데 능숙해져야 한다. 여기 자신의 감정으로부터 도망치는 친구를 뒤쫓아가서 (사랑스럽게) 문제를 해결해 주는 데 도움이 될 만한 목록이 있다(자신의 힘든 감정으로부터 도망치는 데 선수인 사람인 내가 쓴 것이다).

부담감을 덜기 위해 이것을 미리 작성해서 함께 시간을 보내는 동안 각자의 답을 번갈아가며 큰 소리로 읽어도 될 것이다.

- 이번 주 직장 (또는 집)에서 나는 _____로 바빴고 _____하게 느꼈다.
- 그렇게 느꼈던 이유는 _____때문이라고 생각한다.
- 나는 _____이 일어나기를 바란다.
- 극소수의 사람들만 내 _____에서 _____이 일어나고 있는 것을 안다.

- 나는 _____이 필요하지만 그것을 요구하기가 두렵다.
- 내가 마음을 열기 망설이는 이유는 _____때문이다.
- 지금 당신이 내게 사랑을 표현할 수 있는 가장 좋은 방법은 _____이다.

'투명한 관계'를 구축하기 위한 아이디어

- 아마존에서 무언가를 주문하는 대신 이웃에게 빌려 보라.

- 화롯불이나 피크닉 테이블을 앞마당으로 옮기라. 지나가는 사람들에게 말을 걸어 함께 하도록 초대해 보라!

- 이웃들에게 당신의 앞마당에 설치한 프로젝터로 영화를 보자고 초대하라.

- 안심할 만한 사람들에게 만나서 커피를 마시자고 청한 뒤 더 깊은 대화를 해 보고 싶다고 말하면서 마음의 준비를 하도록 유도하라.

- 다음에 누군가 "잘 지내?"라고 물으면 솔직하게 대답하라.

- 친구에게 문자 대신 전화를 해 보라. 심각한 통화가 아니더라도 조금 더 얘기를 하게 될 것이다.

- 친구들에게 한 주의 최고와 최악의 순간들에 대해 물어보라.
- 누군가에게 좋아한다고 말하라. 말 그대로 "너와 함께 시간을 보내는 게 좋아"라고 말하라.
- 헤드폰을 끼지 말고 일하라. 접근 가능한 사람이 되도록 하라.
- 친구를 만날 때 휴대폰을 차에 두고 가라.
- 비록 대수롭지 않다 해도 어려움을 겪고 있는 일에 대해 누군가에게 조언을 구하라.

하지만 이럴 땐 어떻게 ……

너무 많은 것을 털어놓은 것은 아닌지 걱정된다면?

이렇게 대화를 시작해 보라.

"좀 어색할 수도 있겠지만 이 정도로 정직하고 취약해져 보기는 처음이야. 내가 너무 성급하게 모든 걸 공유한다 싶으면 솔직하게 말해 줄래? 네 정직함이 내가 대화 중에 어떻게 공유하고 성장해 가야 할지 아는 데 도움이 될 거야."

이 일을 정말 제대로 한다면 가끔은 너무 많은 걸 털어놓게 될 것이고 때로는 사람들의 반응에 상처를 입을지도 모른다. 괜찮다. 종종 사람들은 어려운 문제를 어떻게 다루어야 할지 모른다. 너그러움을 베풀고 털어놓는 수위를 조금 누그러뜨릴 수도 있을 것이다.

사람들을 난처하게 만들었다고 섣불리 가정하지 말라. 어쩌면 그들은 어떻게 대답해야 할지 확신이 서지는 않았지만, 그토록 깊숙이 속을 드러내 준 데 대해 상상 이상으로 감사하고 있을지도 모른다. 이것은 위험을 감수하는 일이며 마음을 편치 않게 할 위험이 도사리고 있는 일이라고 말하지 않았던가. 불편을 불러일으키는 것이 잘못하고 있다는 뜻은 아니다. 사실은 아마도 일을 제대로 하고 있다는 의미일지도 모른다.

만약 그들이 내 취약성에 반복적으로 잘 호응하지 못한다면?

물론 이런 일이 일어날 것이다. 이미 경고했으니까 놀라지 말라. 이것은 적합한 사람을 찾는 과정의 일부이다. 누군가와 무엇을 아주 조금 공유하는 위험을 무릅쓴 다음에, 조금 더 공유하는 게 안전할지 아닐지 결정하라. 상대가 당신을 위해 어떻게 모습을 드러내 줄 필요가 있는지에 대해 분명히 말해야 함을 기억하라. 반드시 역할을 바꾸어서 상대 또한 터놓도록 만들어라.

안전하지 않은 사람들도 있음은 불 보듯 뻔한 사실이다. 하지만 안전한 사람들을 찾는 데는 위험이 따르며 안전하지 않은 사람들로부터 마음을 다칠 수도 있다.

불평과 취약해짐 사이의 경계선은?

좋은 질문이다. 성경은 "모든 일을 원망과 시비가 없이 하라 이는 너희가 흠이 없고 순전하여 어그러지고 거스르는 세대 가운데서 하나님의 흠 없는 자녀로 세상에서 그들 가운데 빛들로 나타내며"라고 말한다(빌 2:14-15).

이 말씀을 쓴 사도 바울은 불평이 단기적으로는 기분을 풀어주겠지만 불평하는 그 문제를 좀처럼 해결해 주지 못함을 알고 있었음에 틀림없다.

불평은 보통 상황 속에서 자신의 역할을 인정하기보다는 다른 사람들에게 초점을 맞춘다. 그에 비해 취약성에는 겸손 그리고 성장에 대한 열망이 동반된다. 진정으로 (그리고 적절하게) 취약해지는 것은 변화를 원하는 마음 즉 부정적인 사고 패턴의 속박을 깨고 대신 진리 안에 살고 싶은 마음에서 시작된다.

불평은 위로를 구한다. 취약성은 변화와 연결됨을 추구한다.

"

사람들이 날 필요로 하는 건 좋지만
내가 사람들을 필요로 해야 하는 건 싫어요.
　　　-메이 엘리자베스(Mae Elizabeth)

사람들은 날 이해하지 못해요.
　-케이티(Katy)

난 그냥 사람들과
생각이 같지 않은 것 같아요.
　　-모건(Morgan)

취약해지면 거절당할지도 몰라요.
　-수(Sue)

친구에게 난 너무 과분해요.
　-다나(Dana)

벽을 허물 때
사람들이 날 판단하는 게 싫어요.
-메건(Megan)

"

모루

목표: 책임감
장애물: 오만

7

책임감

**골치 아프더라도
함께여야 한다**

몇 주 전 린지, 애슐리, 켈리 그리고 점차 친해지고 있는 새 친구 제니 E.가 집에 놀러 왔다. 잠시 수다를 떨던 중 대화가 이상한 방향으로 흘러갔다. 정확히 기억나지 않는 나의 어떤 언급에 애슐리가 "제니, 너 지금 좀 매몰차 보여"라고 말했다.

애슐리는 깊숙한 질문을 던지고 진정성 있게 격려하며 편하게 기도하는 편인 나에 비해 더 크고 대담하게 기도하는 내 시누이다. 그녀는 있는 그대로 말하기를 두려워하지 않는다. 우리는 모두 삶에 이런 친구가 한 명은 필요하다.

그녀는 다소 민감한 부분인 내가 어떤 관계에서 겪고 있던 갈등에 대해 좀 더 자세히 말해 달라고 요청했던 참인데 내 대답이 좀 문제가 있다고 말했다. 나는 망연자실한 채 앉아서 대꾸했다.

"정말? 그렇게 느껴졌어?"

린지가 끼어들었다.

"이런 말 하긴 싫지만 제니, 나도 그렇게 느꼈어."

나는 분명히 놀라서 눈을 치켜떴을 테고 머릿속으론 다음과 같은 생각들이 빗발쳤을 것이다.

'난 문제가 없어.'

'지금 날 귀찮게 하지 마.'

'피곤해.'

'그냥 좀 재밌게 보내면 안 될까?'

'날 좀 내버려 둬.'

'별 일 아니잖아.'

'이 상황에서 잘못한 건 내가 아니야. 난 그렇게 잘못한 거 없어.'

'혹시 아주 조금 잘못했을 순 있지만 지금 그런 걸 따질 기분이 아니야.'

그 사이 친구들은 자신들이 감지하고 있는 것을 계속 말했다. "왠지 네가 모든 일에서 네 역할은 빼 버린 느낌이 들어"라고 한 친구가 말했다.

점점 더 열이 올랐다. 대화가 흘러가는 방향이 내게는 그리 달갑지 않았지만 상황은 정확히 그렇게 전개되고 있었다.

"아마 너희들이 맞을 거야."

내가 말했다.

"너희들이 말하는 걸 새겨듣고 있어. 정말로! 아마도 내가 나 자신을 차단시켰기 때문에 이 지경에 이른 것 같아."

친구들은 잠시 침묵하며 나를 바라보았다.

"이게 …… 네가 되고 싶은 모습이야?"

이 책을 쓰고 있던 것을 아는 친구 하나가 마침내 슬며시 웃으며 물었다.

이어진 대화 속에서 나는 눈물을 쏟았고 벽으로 차단되고 굳어진 마음은 부드러워져 갔다. 함께 즐거운 저녁 시간을 보내면서 친구들은 나와 내가 처한 상황을 위해 기도해 주었다. 나중에 각기 차를 몰고 떠날 때 나는 평평 울었던 흔적이 역력한 눈으로 빙그레 웃었다. 그날 밤은 지난 며칠간보다 더 깊이 잤다. 기도도 더욱 잘되었다. 더 자유롭고 더 충만하고 더 평화로운 마음으로 보냈다.

매몰차지는 것은 내 전문이다. 고통을 느끼는 것이 싫어서 나는 나 자신을 차단시킨다. 이 친구들은 나를 알고 더욱이 나를 사랑한다. 또한 친구들은 나를 너무 사랑해서 혼자 있도록 내버려 두지 않는다. 나를 올가미 밧줄로 묶어 자신들뿐만 아니라 예수님께로도 끌어당긴다. 정말 싫다. 하지만 지나고 나면 말할 수 없이 좋아진다.

책망받음의 힘들고 아름다운 점

책임의 어떤 점이 우리로 하여금 빠져 나가려고 몸부림치게 만들까?

은혜와 진리를 함께 경험한 사람은 본질적으로 책임감을 통해 되어야 마땅한 사람들이 되어 간다. 하지만 우리 세대의 개인화는 책임감을 밀어내 버렸다. 누군가 우리의 행동에 이의를 제기하면 우리는 분개한다. 바로 그 놓쳐 버린 요소 때문에 관계가 깊어지지 않는 것이라면 어떻게 해야 할까?

서로가 함께 아는 지인을 통해 제이(Jey)를 처음 만났다. 젊고 똑똑하고 유쾌한 이 친구가 나를 위해 자신의 양육 환경에 대한 질문지 빈칸을 채우기 시작했을 때 이런 생각을 했던 기억이 난다. '이 친구와 이 친구의 성장사는 하늘과 땅 차이로 어울리지 않구나.'

케냐 나이로비의 빈민가에서 보낸 제이의 어린 시절은 고단했다. 즉 힘겹고 험난했다. 대물림되는 가난 속에서 태어나 여덟 살이 되었을때 가족의 생계유지를 위해 불법주(酒)를 팔도록 내몰렸다. 그의 삶은 고되었다. 매일 어디서 다음 식사거리를 구할지, 심지어 그날 한 끼라도 먹을 수 있을지 전혀 모른 채 잠에서 깼다. 아홉 살 때 홀어머니와 형제들의 생존에 절실히 필요했던 음식을 훔쳤다는 이유로 감옥에 갇히기도 했다.

"감옥에 있을 때" 그는 말했다. "두 가지를 위해 하나님께 기도했어요. 이전에는 기도해 본 적이 없지만 그때는 확실히 하나님께 말을 하고 있었어요. 우선 감옥에서 나가고 다음으로는 가난에서 벗어나게 해 달라고 간청했어요. 가난은 바로 또 다른 형태의 감옥이었던 것 같아요."

그는 재미있는 구석이 있다. 어린 시절 이야기를 시키면 웃기부터 한다. 아주 많이 웃는다. 그는 케냐의 '서로 돕고 이끌어 주는' 규범에 대한 이야기를 들려주었다.

"코딱지만 한 우리 오두막집에는 문이나 자물쇠가 없었기 때문에 마을 아이들이 제 집처럼 들락거리곤 했죠."

그가 말했다.

"우리 할머니는 걔네들이 언제 마지막으로 음식을 먹었는지 전혀 몰랐을 거예요."

기억하겠지만 손주인 우리들조차 간신히 목숨을 부지하고 있는 상황이었는데도, 할머니는 아이들을 안으로 들이고 상에 앉혀 마치 자신의 아이들인 것처럼 먹였다고 했다. 그는 이웃들이 어떻게 삶을 공유했는지 말했다.

"'내 것'이나 사생활, 소유권에 대한 개념이 없었어요. 동네에 있는 온갖 것은 다 '우리의 것'이었죠."

나이로비는 수백만 명이 사는 도시지만, 그 동네에서는 그의 할머니 같은 사람들이 그곳을 마을 공동체로 만드는 역할을 했다. 그는 말했다.

"빈민가의 반대쪽에서 친구들과 빈둥거리면서 놀곤 했는데 내 이름이 불리는 건 예사였어요. '어르신들'은 어디에나 있기 때문이죠! 그 어르신들은 바로 그때 그곳에서 내 멱살을 잡고 벌을 주기도 했어요. 물론 그러면 할머니는 그 소식을 모두 들었죠."

그의 삶이 급격히 달라진 것은 미국의 한 가족이 컴패션을 통해 자신을 후원하려 한다는 말을 감옥에서 전해 들었을 때다. 그 말은 그가 감옥에서 풀려날 뿐만 아니라 그의 형제자매와 엄마는 매달 음식과 깨끗한 물, 의료적 보살핌 그리고 영적인 지도를 받게 될 것을 의미했다. 이제 더 이상 도둑질할 필요가 없었다. 그 후 십 년 동안 그는 학교에서 열심히 공부했고 마침내 자신을 미국으로 데려다 준 직장을 구했다. 현재 애틀랜타에 살고 있다.

애틀랜타에서 사람들은 나이로비에서만큼 궁핍하지 않았고 제이는 그 풍요로움 덕택에 사람들이 복음에 훨씬 더 개방적일 것이라 확신했다. "먹을 것에 대한 걱정이 사라지면 더 높은 목표를 생각할 수 있으리라"고 어림짐작했다.

그가 미처 생각지 못했던 것은 그 모든 세월 동안 케냐에서의 삶은 힘겨웠지만 그것이 사라져버릴 때까지는 인식하지 못했던 한 가지 형태의 번영을 누리기도 했다는 점이다.

"공동체가 그리워요. 제니"

그가 말했다.

"내 고향 사람들은 가난했어요. 하지만 우리는 함께 가난했어요."

그와는 반대로 미국에서는 "모든 사람들이 매우, 매우 독립적"이라고 그는 말했다.

"자기만의 집, 자기만의 차, 자기만의 삶이 있어요."

그는 나이로비와 빈민가에 대해 그리운 것들을 말하면서 이렇게 털어놓았다.

"우리의 삶을 드나들었던 모든 사람들이 그리워요. 여기서도 그렇게 살면 좋겠어요. 너무 달라요. 지금 가진 모든 것에 감사하지만 내 아이들이 부족 어르신들의 좋은 말씀을 듣고 자란다면 좋겠어요. 우리가 이곳 마을의 일부가 될 수 있으면 좋겠어요."

삶 가운데 서로 연결되고 한결같은 팀원들로 이루어진 마을이 없을 때 우리는 보이지 않는 존재처럼 느끼고, 홀로 남겨지고 방해받지 않을 때 자신들의 최악의 버전이 된다. 이웃이든 멘토든 조부모든 우리의 가장 가까운 친구들이든 우리를 바라봐 줄 사람들이 필요하다. 전화를 해서 밖으로 불러내 줄 사람들이 필요하다. 하지만 우리는 다음과 같은 말들을 극도로 싫어한다.

"복종, 책임, 바로잡음."

우리는 다른 사람들에게 대답하는 것이 너무 불편해서 그것으로부터 도망치고 싶어 한다. 만약 자신들이 가장 붙잡힐 필요가 있는 것으로부터 도망치고 있다면 어떻게 해야 할까? 이름이 불리고 눈에 보이며 주목받고 바로잡히는 것은 우리 문화의 대세가 아니지만, 성경은 이에 대해 많이 이야기한다.

- "형제들아 사람이 만일 무슨 범죄한 일이 드러나거든 신령한 너희는 온유한 심령으로 그러한 자를 바로잡고"(갈 6:1).
- "너희를 인도하는 자들에게 순종하고 복종하라 그들은 너희 영혼을 위하여 경성하기를 자신들이 청산할 자인 것 같이 하느니라"(히 13:17).
- "그런즉 거짓을 버리고 각각 그 이웃과 더불어 참된 것을 말하라 이는 우리가 서로 지체가 됨이라"(엡 4:25).
- "네 형제가 죄를 범하거든 가서 너와 그 사람과만 상대하여 권고하라 만일 들으면 네가 네 형제를 얻은 것이요"(마 18:15).

- "의논이 없으면 경영이 무너지고 지략이 많으면 경영이 성립하느
  니라"(잠 15:22).
- "그리스도를 경외함으로 피차 복종하라"(엡 5:21).

이것들은 복종과 책임 그리고 사랑으로 서로를 바로잡는 것이
얼마나 중요한지 말해 주는 헤아릴 수 없이 많은 성경 구절들 중 몇
몇에 불과하다.

책임감 있는 삶의 이점

댈러스로 이사한 뒤 우리 집은 친척들로부터 가까운 곳에 위치
했고 아이들은 사촌들과 함께 학교에 다니기 시작했다. 아이들은
등교 첫날 교문 앞에서 할아버지의 환영을 받았다. 할아버지는 그
학교에서 일하시는데, 우연히도 텍사스에서 가장 유명하며 두 번째
로 우승 실적이 높은 미식축구 팀의 감독이다. 그래서 이곳에서는
유명 인사와 같은 존재이다. 캠퍼스를 걷는 순간 앨런(Allen) 감독의
손주들로 알려진 것은 새로운 출발에 엄청난 이점이 되었다. 모두가
아이들에게 친절했고 선생님들은 아이들이 누구인지 알고 있었으며
우리 아이들은 그러한 관계에 따라오는 호의를 마음껏 누렸다.

하루는 케이트(Kate)가 잠을 자다가 그만 중요한 크로스컨트리

경기에 빠지고 말았는데, 그것은 팀 정책에 따르면 다음 시합에 참가할 수 없음을 의미했다. 아이는 공포로 얼굴이 하얗게 질린 채 집에 돌아와 그 일을 말했다. 창피함의 나락에서 고개를 들며 아이가 말했다.

"이제 감독님께 말해야겠어요."

'감독님'은 이 손주 무리들이 자신들의 할아버지를 부르는 호칭이다. 아이는 울었지만 나는 빙그레 미소를 지었다. 내 미소가 잔인한 것일까? 나는 단지 책임감 있게 사는 것의 이점을 알고 있을 뿐이다. 아이들은 이제 자신들의 삶에 새로운 한 겹의 책임감을 더 갖게 되었다. 엄마와 아빠의 기대에 부응할 뿐만 아니라 학교 맞은편에 살고 있는 할아버지와 할머니 그리고 고모와 삼촌을 마주하고 또 신경 써야 했다.

책임감은 효율성을 더한다

"철이 철을 날카롭게 하는 것 같이." 잠언서는 말한다. "사람이 그의 친구의 얼굴을 빛나게 하느니라"(잠 27:17).

철 위의 철. 이 상징은 오늘날에도 내 부엌에서 여전히 지켜지고 있는 아주 오래된 절차로부터 비롯된 것이다. 칼이 무뎌질 때마다 그것을 또 다른 날카로운 금속 표면에 마주대고 문지른다. 그러면 곧 두 개의 쓸모없는 무딘 금속 조각이 날카롭게 해 주는 유용한 도구가 되어, 서로의 유익을 위해 각자를 다듬어 준다.

몇 년 동안 칼갈이를 잃어버렸다가 최근에 하나를 구입했다. 내 칼들이 얼마만큼 둔하고 비효율적인 상태였는지 전혀 몰랐다. 칼날을 그 금속 막대 홈에다 넣고 힘차게 당긴 다음 토마토를 얇게 썰어 보기 전까지는 알 수 없었다.

한 번만 갖다 대도 칼은 토마토 속을 획획 날아다녔다. 입이 다 물어지지 않았다. 칼은 신이 났다! 마침내 다시 제 목적을 다하고 있었다! 왜 그렇게 오랫동안 무딘 채로 내버려 두었을까? 칼은 날카로워야 했다.

앞서 다루었던 필수 요소인 근접성과 투명성에 책임감을 더할 때 우리는 삶에서 새로운 차원의 잠재력을 발휘하게 된다. 더 날카로워지고 더 효율적이 된다. 변화된다. 다음 장에서 얘기하겠지만 건강한 관계는 공유된 사명과 목적으로 연결될 때 더 융성해진다. 그러나 이러한 책임감을 실천하지 못하면 핵심을 놓치게 된다. 그 목적을 위해 더 효과적이고 날카로워지는 것을 놓치고 만다. 해결 방법은 무엇일까?

당신을 더 향상시켜 줄 잠재력을 지닌 친구를 선택하라. 그리고 나서 그들이 바로 그 일을 하도록 도우라.

책임감은 더 나은 삶을 살게 한다

전 세계와 대대손손 내려오는 모든 세대에서 책임감 있는 삶을 사는 것은 예외가 아니라 규칙으로 여겨진다. 이것은 지금껏 말해 온 내용 중 가장 급진적인 것일지도 모르겠다. 제이가 케냐에서의 삶에 대해 그리워했던 부분 즉, 자신과 딸들을 붙잡아 주고 그 아이들이 온전히 성장하도록 돕고 사랑해 줄 누군가와도 관련된다.

그리스도의 추종자가 되면 우리의 새로운 자아는 붙잡히기를 갈망한다. 우리는 죄가 편치 않다. 우리는 '새로운 피조물'이다. 기억하는가?

"그런즉 누구든지 그리스도 안에 있으면 새로운 피조물이라 이전 것은 지나갔으니 보라 새 것이 되었도다"(고후 5:17).

옛 자아가 사라지면 다시는 죄를 짓는 것이 편안하지 않다. 우리는 빛 속에서 살고 알려지고 보이며 더 나은 삶을 살기 위해 도전받도록 지음 받았다.

최근 르완다로 아들 쿠퍼를 데려가 일주일 이상 머물렀을 때의 일이다. 쿠퍼의 이모, 고모들과 대부, 대모, 부족 어르신들은 몸소 쿠퍼의 양육자 역할을 맡아 주었다. 앨리스(Alice) 아주머니와 프레드(Fred) 목사님은 항상 우리와 함께 머물며 아이를 바로잡고 가르치며 최선을 다하라고 권면해 주셨다.

쿠퍼가 자신에게 깊은 인상을 받았음이 분명해 보이는 길거리의 많은 아이들에게 으스대고 있을 때, 프레드 목사님은 쿠퍼를 옆으로 끌어당겨 그 앞에 무릎을 꿇고 아이의 어깨에 손을 얹었다. 목사님은 부드럽게 타일렀다.

"쿠퍼, 넌 이 소년들의 삶에 대해서도 물어볼 좋은 기회를 놓치고 있구나. 특별한 아이처럼 대접받는 게 기분 좋겠지만 이 아이들도 역시 특별하단다. 예수님이 그러셨듯이 넌 이 아이들을 바라보고 관심을 가져야 할 책임이 있어. 그래야 네가 어떻게 걔네들과 어울리고 귀 기울이고 보살펴 줄지 안다는 걸 보여 줄 수 있어."

놀란 입이 다물어지지 않았다. 나는 프레드 목사님에게 한 주 동안 나와 함께 공동 부모 노릇을 해 달라고 부탁하지 않았다. 목사님은 그저 자신의 문화 속에 있는 모든 사람이 하는 대로 했을 뿐이다. 르완다의 신자들은 서로 그리고 자신들이 사랑하는 그 누구에게라도 예수님의 규범을 따르도록 붙들어 주고 부족한 점이 있으면 알려 주면서 협력한다. 혈연에 의해서든 지연에 의해서든 아주머니와 삼촌들이 지닌 책임감은 마을 생활을 집약해 주는 말이다.

책임감은 더 높은 곳으로 이끈다

책임감이란 그저 죄를 피하거나 죄를 덜 짓는 것만이 아니다. 서로에게 도전을 주고 영감을 주는 일이다. 친구에게 스스로의 능력을 과소평가하지 말라고 말해 주거나 하나님을 위해 큰 꿈을 꾸는 대신 망설이는 것을 보면 위험을 감수하라고 채찍질해 주는 것이다.

오늘 아침 글을 쓰다가 옆 테이블에서 브런치를 함께 먹고 있던 두 어린 소녀와 대화를 나누게 되었다. 그들은 새해의 꿈을 나누기 위해 만났다고 했다. 소녀들의 눈동자에 서린 빛과 대화 중에 하는 메모가 낯설지 않았다. 달걀과 두툼한 베이컨 조각을 놓고 흘리는 행복한 눈물을 알고 있었다. 소녀들이 무엇을 하고 있는지 알아챘다. 함께 나아지기를 선택하고 있었다.

베이컨, 커피, 꿈. 서로를 더 나아지게 만들기 위해 믿기 힘든 것을 믿기로 선택하라. 서로에게 예수님과 은혜와 천국을 상기시키기로 선택하라.

바로 이것이 변함없이 지속될 우정을 지켜 주는 좋은 재료들이다.

날카로워지는 과정

종종 우정을 잘 굴러가게 만드는 것이 무엇인지, 진정한 공동체가 무엇인지에 대한 내 생각을 묻는 질문들을 받는다. 몇 가지 측면에서 바라볼 수 있겠지만 목록의 맨 위쪽에는 하기 힘든 말을 하는 연습과 그 하기 힘든 말을 경청하고 받아들이는 연습이 있을 것이다.

"철이 철을 날카롭게 하는 것같이 사람이 그 친구의 얼굴을 빛나게 하느니라."

기억하는가? 관계를 오직 모루의 관점에서만 본다면 우리는 매일 날카로워질 기회가 있다. 하지만 제정신이라면 누가 다시금 형태가 잡히고 있는 금속 조각이 되겠다고 나서겠는가? 고문과도 같은 불꽃, 완강한 표면을 연신 두들겨대는 굉음, 구부러지고 쑤셔지는 고통 등 아무도 그런 경험을 원하지 않을 것이다. 하지만 우리는 원한다. 사실 그것을 갈망한다. 단지 어떻게 그 기회를 얻을 수 있는지 알지 못할 뿐이다. 이것부터 대답해 보라. 삶 가운데서 누가 당신의 삶에 대해 얘기할 만한 지혜를 갖추고 있는가?

또래이거나 연장자일 수도 있을 것이다. 마을공동체 생활에는 삶 속의 지혜를 일러 줄만한 친구, 멘토 그리고 더 넓은 관계망 속의 사람들이 포함됨을 기억하라. 단지 누가 봐도 틀림없이 가장 절친한 두세 명의 사람들만이 아니다.

일단 현명하고 신뢰할 만한 친구나 친구들이 누군지 알아냈다면 이제 의도적으로 책임감을 추구하는 방법을 알려 주겠다.

첫째, 이 사람 또는 사람들이 당신에게 진실을 말할 수 있도록 권한을 부여하라.

둘째, 그들에게 정기적으로 다음의 내용들을 질문하라.

1. 내 삶에서 성장해야 할 영역은 어떤 것들이 있나요?
2. 내가 성장하고 성숙하기 위해서 받아들여야 할 실천들은 무엇인가요?
3. 이 변화에 대한 책임을 나에게 물어 줄래요?

셋째, 후속 모임을 계획하라. 이 대화를 다시 할 수 있는 시간을 잡으라.

넷째, 친구나 친구들에게 어떤 것에 대한 책임을 좀 지워도 되겠냐고 물어보라.

좋은 걸로 만족하지 말라

주목해 보라. 이것은 중요하다. 그저 아무에게서나 비판을 받지 말라. 경청하고 싶은 목소리를 선택하라. 오직 특정한 사람들에게 만 당신의 삶에 대한 진실을 말하도록 허락하라. 만사를 추락의 구 렁텅이로 몰아갈 사람들이 아니라 상승의 바람에 당신을 올려 태워 줄 사람들을 찾으라.

어떤 대가를 무릅쓰고서라도 수용과 관용을 우선해야 한다고 넌 지시 권하는 추세를 알고 있다. 사람들이 내리는 결정, 드러내 보이 는 행동, 매달리는 신념 또는 그들을 해악으로 이끌지도 모를 수천 가지 일들에도 아랑곳없이 말이다. 만약 사회가 말해 주는 것에 귀 기울일 작정이라면 우리는 좋은 친구가 되기 위한 요구 사항의 맨 꼭대기에 관용을 두어야 할 것이다.

각자 자기 식으로,

목소리를 높이고,

살고 싶은 대로 살아라!

다 터무니없는 말이다. 왜일까? 당신과 나는 어리석음에 동의하 는 것 말고는 아무것도 하지 않는 친구들을 원하지 않는다. 내가 벼

랑가로 위태로이 달려가 떨어질 참인데 친구가 멀찌감치 서서 응원한다면 어떨까? 바보처럼 굴고 있을 때는 누군가의 수용이 필요하지 않다. 수용이 아닌 도움이 필요하다.

자신만의 우물 속에서 나오라

어리석음을 책망해 줄 사람들뿐만 아니라 삶 가운데서 우리의 판박이가 아닌 사람들이 필요하다. 다양한 민족, 배경, 관점을 가진 사람들과 함께 공동체에 속해야 한다.

지난 몇 년간 이토록 분열되는 교회를 지켜보면서 다르게 생각하는 사람들과 보다 깊이 관계를 맺어 왔다. 이를테면 다양한 이념이 내 유색인종 친구들에게 어떤 영향을 미치는지 말해 주는 사람들일 것이다. 증오에 사로잡힌 세상에서 자신의 유색인종 자녀를 어떻게 키워야 할지 눈물 흘리는 친구와 마주 앉는 것은 전혀 다른 경험이다.

우리의 전제에 이의를 제기하고, 우리의 동정심 지수를 높이며, 우리의 인종차별을 고발하고, 우리의 물질주의에 도전하는 사람들이 필요하다. 종종 그런 사람들은 대체로 나와는 아주 다른 삶을 살고 있다. 다 함께 예수님을 사랑하지만 그들은 내게 존경을 불러일으키고 성장을 가져다주는 방식으로 세상을 경험하고 바라본다. 바로 이런 이유로 우리 가족은 여행을 좋아하고 여러 나라에 사는 몇몇 친구들을 소중히 여긴다. 지구라는 행성에서 우리가 차지한 작은 지점, 피부색, 집을 소유하고 안정된 수입이 있는 부모로부터 물려받은 특권, 출석 교회, 교육 수준, 이 모든 것이 우리의 의견과 관점을 형성해 왔음을 깨닫는다.

도대체 어떻게 하면 잘못된 생각이 도전을 받도록 하고 폭 좁은 생각이 확장되도록 할 수 있을까? 그것을 도전하고 확장해 줄 친구들이 없다면 불가능한 일이다.

엄청난 은폐

책임감 있는 삶과 관련해 우리는 불편보다 더 큰 하나의 적과 마주친다. 바로 '자만심'이다.

수치심이 우리를 잠긴 문과 높은 벽 뒤로 숨게 만든다면, 자만심은 깔끔한 도색과 화환 그리고 "여기는 다 좋아! 너무 좋아. 우리는 대단해! 우리의 아름다운 새 관목을 봐"라고 말하는 예쁜 조경이다.

자만심 때문에 우리는 모두 은혜가 필요한 죄인이라는 사실이 크게 은폐된다.

아담과 하와는 선악과를 먹고 하나님으로부터 숨어서 계획을 세웠다. 이 작고 귀여운 잎사귀들을 두르면 아마 하나님이 우리가 벌거벗고 부끄러운 것을 눈치 채지 못할 수도 있지 않을까? 그래서 재봉 도구를 꺼내 서둘러 작은 옷들을 만들고 고개를 치켜든 채 은신처에서 나온다.

"여기는 다 좋아!"라고 그들은 외친다. 하지만 하나님은 더 잘 아신다.

"아담은 하와를 탓한다."
"하와는 뱀을 탓한다."
"자만심은 두 사람 모두를 무너뜨린다."

비난받을 때 스스로를 방어하는 것은 자만심 탓이다. 자만심은 우리의 의견이 성경적 진실이라는 억지 주장과도 같다. 자만심은 자신의 미덕을 전시하기 위해 진열해 놓은 선행들이다. 자신의 선택을 정당화시키기 위해 내놓는 성취물들이다. 자신의 죄 없음을 보여 주기 위해 흔들어 대는 증거이다.

하지만 잘못을 인정할 때 우리는 가장 자유로워질 수 있다.

"붙잡히기"
"죄를 인정하기"
"방어물을 내려놓고 우리 죄를 해결하기 위해 하나님이 준비하신 것 안에서 안식하기"

이런 모습으로 사는 사람들을 나는 가장 좋아한다! 자기를 낮추며 결코 방어하지 않는 사람들이다. 재미있고 정직하며 자유로운 사람들이다.

팀 켈러 목사님의 설교를 너무 자주 들어서 사실상 거의 외워 버렸다. 내가 목사님의 설교에서 가장 좋아하는 요점 중 하나는 다음과 같다.

> "우리의 죄악은 상상할 수 있는 것보다 더 심각하다. 그리고 하나님의 은혜는 상상할 수 있는 것보다 더 크고 선하다."

두 가지 사실을 다 받아들이고 나면 우리는 자유로워진다.

며칠 전 한 친구가 시어머니에 대한 불만을 늘어놓다가 너무 격앙된 나머지 분노의 눈물을 흘렸다. 마음을 진정시키려고 애쓰는 친구의 모습을 보자 마치 거대한 네온사인이 머리 위로 휙 나타나서 공포, 공포, 공포라는 두 글자를 번쩍여대는 것 같았다.

"두려워하고 있는 게 뭐야?"

감정 폭발을 어느 정도 수습한 친구에게 속삭이듯 물어보았다. 불평은 그쳤고 대화는 실제로 무슨 일을 겪고 있는지로 방향을 틀었다. 나는 본 것만을 말했다. 친구가 투덜거리거나 두려워하는 것을 창피하게 느끼도록 만들지 않았다. 단지 친구가 스스로 볼 수 없는 것을 유심히 지켜보고 입 밖에 내어 말했을 뿐이고, 친구는 자신 안에 그리고 자신의 기대 속에 자리한 해결해야 할 진정한 문제를 안전하게 처리할 수 있었다. 나는 친구가 분노와 격분의 소용돌이 속을 헤매도록 두지 않았다. 떠나는 것은 사랑이 아니기 때문에 친구를 그곳에 내버려 두지 않았다.

거짓말은 하지 않겠다. 쌍방의 책임을 실천하는 것은 골치 아프며 때로는 서로를 돕기보다는 부주의해서 다른 사람들을 더 다치게 만든다. 하지만 방어 자세를 풀고 경청하며 배운다면 아마 우리를 기다리고 있는 더 좋은 것을 발견할 것이다. 진정한 책임감은 우리의 사람들을 향한 깊은 사랑과 돌봄에서 나온다. 그 사랑을 우리의 사람들이 안다면 조금씩 말실수가 있어도 서로를 참을 수 있다. 서로를 너무 사랑하기 때문에 떠날 수 없다.

어려움을 만나면 종종 우리는 도망친다. 하지만 달아나지 않고 숨기지도 않는다면 어떻게 될까? 만약 그 힘든 일로 우리가 갈망하는 우정이 더욱 깊어진다면 어떨까?

그렇다. 무화과 잎사귀들은 벗어서 치워 두고 진실을 말할 때 또는 무엇이 진실인지 듣고 경청할 때, 우리는 상처받을 수 있는 더 큰 위험을 무릅쓰는 것이다. 알고 있다. 가장 가까운 사람들보다 더 상처를 주는 사람은 없다. 그리고 때로 완벽하지 못한 내 사람들은 바로잡기보다는 상처 주는 말을 한다. 때로는 이해하지도 공감하지도 못한다. 때로는 내 죄를 내게 불리하게 이용한다. 가끔 내가 공유한 것을 험담거리로 삼는다. 나를 판단받게 내버려 둔다. 정직하다는 이유로 나를 거부한다. 어떨 땐 나를 영구히 배재시켜 버린다.

솔직하게 말하자면 이 현실들은 무시무시하다. 하지만 방금 말한 모든 일이 내게 개인적으로 일어났음에도 불구하고 여전히 당신에게 이러한 삶의 방식을 기꺼이 받아들여 달라고 간청한다. 그리고 자신에게도 똑같이 말하고 있다.

들어 보라. 만약 당신이 지금으로부터 10년이 흐른 뒤에는 성숙함과 지혜가 더욱 무르익고 관계에서도 더 건강한 사람이 되어 있기 위해 전념한다면, 앞서 언급했던 그 철모루(iron Anvil)를 처벌이 아니라 발전을 위해 절실히 필요한 수단으로 보기 시작할 것이다. 숨고, 울타리를 치고, 잠긴 문을 화환으로 장식하는 일을 그만둘 것이다. 질문을 받아도 더 이상 움츠러들지 않을 것이다. 모든 것을 가진 척하는 가식을 버릴 것이다. 삶 가운데 약간의 유용한 두들김을 허락할 것이다. 왜 이것들이 필요할까? 성경이 우리에게 이것이 필요하다고 말하고 있기 때문이다.

"오직 오늘이라 일컫는 동안에 매일 피차 권면하여 너희 중에 누구든지 죄의 유혹으로 완고하게 되지 않도록 하라"(히 3:13).

모두 다 털어놓으라

원수와 죄로부터 우리를 보호하시는 하나님의 방법은 무엇일까? 우리의 사람들과 우리가 서로 책임을 공유하는 것 즉, 서로를 위해 싸우는 것이다.

그동안 이런 모습을 자주 보았다. 우리 소그룹은 깊숙이 들어간다. 서로에게 모든 것을 보여 준다. 하지만 이 그룹처럼 서로를 위해 싸워 주는 그룹을 만나본 적이 없다.

이곳에 거주한 초창기부터 남편과 나는 이 소그룹에 속했다. 교회를 통해 만들어진 매주마다 만나는 부부 모임이다. 기억하겠지만 엄청나게 망설였음에도 불구하고 지역에 아는 친구가 없어서 가입 초대를 승낙했다. 몇 달 후 리더가 덤덤하게 말했다.

"다음 주에 우리는 숫자까지 포함해 서로를 위해 재정 상황을 공개하고 어떻게 서로 책임을 나눌 수 있을지 이야기할 것입니다."

그렇다. 그들은 고려 중인 구매, 이미 이루어진 구매, 전반적인 재정 상태에 대한 세부사항을 원했다. 아주 자세히 알고 싶어 했다.

한 부부는 새 집을 사려고 지켜보고 있었다. 그래서 그룹의 관례대로 다른 커플들에게 모든 정보를 가져다주었다. 즉 예상되는 집값, 고려 중인 계약금 액수, 보유한 현금 정도, 새로운 거주상황에서의 연간 세금 및 기타 수수료, 직면하게 될 주요 비용(특히 두 아이가 곧 대학에 입학할 예정이었다) 등이었다. 엄청난 대화가 뒤따랐다.

사람들은 질문했다. 경청했다. 고려해야 할 대안들을 제시했다. 또 미래의 주택 구입자들을 위해 명석함과 지혜를 빌어 주었다. 앉아서 모든 활동을 지켜보고 있는 동안 나는 거의 명백한 무엇인가를 떨쳐버릴 수 있었다. 바로 두려움이다. 내 안의 두려움이 사라졌다. 책임감이 얼마나 아름답고 안정감을 줄 수 있는지 보았기 때문이다. 이후로 지난 사 년 동안 남편과 나는 그룹의 도움을 받아 주요한 모든 재무 결정을 내려 왔다.

"그들에게 모든 것을 말했나요?" 끔찍한 소리로 들릴지도 모르겠다. 하지만 이 길동무들의 지지는 우리 삶에 엄청난 평화의 원천이 되었다. 잠언은 "의논이 없으면 경영이 무너지고 지략이 많으면 경영이 성립하느니라"(잠 15:22)라고 말한다. 언제나 이 격언에 동의하며 고개를 끄덕이곤 했다. 그러나 이제는 이 말씀이 하라는 대로 실천하고 있다.

"하지만 그 정보가 절대로 불리하게 이용되지 않나요?"라는 의구심이 들 수 있다.

언젠가는 그럴 수도 있을 것이다. 그렇지만 지금까지는 이점(利點)이 위험 요소를 능가해 왔다.

책임을 바르게 그리고 올바른 사람들과 함께 실천한다면 예수님을 더욱 사랑하게 될 것이고 우리의 삶은 사랑이 정말 실재함을 보여 주게 될 것이다.

기본 규칙 설정하기

이 모든 일은 그르치기가 너무 쉬움을 언급하지 않을 수 없다.

누군가와 마주앉아 삶의 고군분투를 나누다 보면 자연스럽게 서로를 그리스도에게 향하도록 하기보다는 상대의 문제를 해결해 주려는 경향이 되기 싶다. 서로의 문제들에 반창고를 붙여 줄 수 있을지도 모른다. 하지만 만약 친구들에게 즉효약 대신 최고의 의사를 가리켜 준다면 어떨까? 예수님께 나아가면 초자연적인 삶의 변화를 경험하기 시작할 것이다.

내가 쓴 첫 번째 성경 연구서는 *Stuck: The Places We Get Stuck and the God Who Sets Us Free*(갇힘: 우리가 갇힌 곳과 우리를 자유롭게 해 주시는 하나님)이라는 제목이었다. 우리 개척 교회에서 처음으로 가르쳤는데 나와 친구들에게 필요한 주제라고 생각했기 때문이다. 연령이 다양한 약 150명의 여성들이 우리 개척 교회의 작은 식당에 모였다. 토론을 원활하게 이끌기 위해 대화 카드를 사용했는데, 깊이 있는 질문이 나올 때면 어김없이 서로를 상담해 주고 있었다. 주로 하나님의 말씀이 아닌 자신의 경험에 의지해 상황을 대처했던 방법들을 들려주었던 것이다.

그 후 성경 공부를 하던 방식을 완전히 바꾸었다. 기본 규칙을 정했다. 성경을 중심에 두었다. 각 소그룹 모임을 시작할 때는 설령 이미 네다섯 번 참여했다 하더라도 기본 규칙을 함께 읽어야 했다. 기본 규칙은 이렇다.

인간의 지혜로 서로 상담하지 않는다. 하나님의 말씀을 가리킨다.

한 사람이 고민을 공유하면 다른 사람이 응답한다.

"그래, 그 심정 충분히 알아요. 이제 하나님 말씀을 들어 봐요."

우리는 쏟아 내는 걸로 멈추지 않는다. 세상의 지혜로 만족하지 않는다. 이 모든 것을 하나님과 그분의 말씀 앞으로 가져간다.

당신과 나는 우리를 고치려는 대신 시선을 예수님께 더 굳건히 고정시키도록 도와줄 친구들이 필요하다.

가장 안전한 장소

르완다에서 프레드 목사님은 아들 쿠퍼를 불러 다른 방식으로 마을 소년들과 어울리게 했다. 쿠퍼를 추켜세우지 않는 것은 물론 함께 있는 각각의 소년들을 다 존중하도록 하는 방식이었다. 순간 쿠퍼는 결정을 내려야 했다. 입을 꾹 닫거나 화가 나 씩씩대거나 불만을 내뱉거나 입장을 변호함으로써 조언에 반발할 수도 있었고 피드백을 받고 개선될 수도 있었다.

나는 더 나은 방법을 선택한 아들에게 마땅한 찬사를 보내었다. 아이는 프레드 목사님의 충고를 듣고는 바로 그에 따라 행동했다. 그 자리에서 곧바로 실천했다. 그 순간 진로를 수정했고 결과적으로 아이의 하루 전체가 바뀌었다.

우리 일행은 마을을 떠나 자동차로 한 시간 정도 거리의 다음 일정지로 향했다. 짐을 싣고 작별 인사를 하고 새롭게 사귄 친구들에게 손을 흔들려고 팔을 창밖으로 내밀었다. 마침내 차가 출발하며 일으킨 먼지구름 속에서 마을 사람들이 그저 작은 점들로 변해 갈 때까지의 야단법석 이후, 한동안의 고요가 우리를 감쌌다. 충만했지만 동시에 몹시 지치고 녹초가 되어 있었다.

나는 괜찮은지 확인하고 미소를 보내려고 아들을 살짝 보았다. 그 아이는 자동차의 가장 마지막 줄에 자리 잡고 있었는데 그때 보았던 모습은 결코 잊지 못할 것이다. 아이는 프레드 목사님의 어깨에 머리를 기대고 있었고 목사님의 머리는 아이의 머리 위로 얹혀 있었다. 아들과 프레드 목사님, 둘 다 깊이 잠들어 있었다.

우리는 이런 식의 책임을 원한다. 그 책임 안에서 안식을 얻는다. 사랑이 깃든 진실은 설령 조금 따끔거릴지라도 가장 안전하게 머물 수 있는 곳이다. 철은 철을 날카롭게 한다. 그것은 편안해서는 안 된다. 하지만 우리를 하나님께 더 가까이 가도록 돕고 하나님이 원하시는 우리의 모습에 더 가까이 다가가며, 마침내 집처럼 편안함을 느끼게 된다.

함께 책임을 추구하라

이번 주에 친구들을 만나기 전 다음 질문들을 곰곰이 생각해 보고 답을 메모하는 시간을 가지라.

무슨 일을 겪고 있는가?
왜 걱정하는가?
직면한 문제는 무엇인가?
어디서 불안을 느끼는가?
어떤 죄와 싸우고 있는가?
어떤 교훈을 배우는 중인가?
통제하려고 애쓰는 것은 무엇인가?

그러고 나서 친구들과 모일 때 이 질문들에 대한 서로의 대답을 놓고 토론해 보라. 당면한 문제를 공유하고 그룹원들에게 의견을 부탁하거나 문제 해결에 도움을 달라고 요청하라. 함께 계획을 세우고 각자 나누었던 것에 대해 기도하는 시간을 가지라.

'책임감 있는 관계'를 구축하기 위한 아이디어

- 조언을 구하라. 사람들이 허심탄회하게 말할 수 있는 여지가 생길 것이다.

- 친구가 하는 말을 기억하라. 일정표나 휴대폰에 기도하도록 상기시켜 줄 기도 제목들을 적어 두라.

- 친해지고 있는 친구 다섯 명과 하룻밤 수련회를 해 보라.

- 몇 명의 신뢰할 수 있는 사람들에게 당신을 책망할 수 있는 권한을 주라.

- 연장자들 사이를 돌아다니면서 특정 상황에 어떻게 대처해야 할지 알려 달라고 부탁하라.

- 열다섯 살쯤 많은 사람을 찾아보라. 그리고 "만약 나와 같은 인생의 시기에 있다면 스스로에게 해 주고 싶은 한 가지 조언은 무엇인가요?" 하고 물어 보라.

친구의 삶 가운데 있는 죄를 언급했는데 잘 받아들이지 않는다면?

나는 우정에 있어서 허락을 구해야 한다고 굳게 믿는 편이다.

"넌 성장하고 성숙하는 데 따르는 책임을 서로가 나누어 지기를 원해?
내 삶에 대해 말해 줬으면 좋겠어. 동의한다면 네 삶에 대해서도 얘기
해 줄게"라고 의향을 물어보라.

초대를 거절하는 이들도 있을 테고 그것에 목마른 이들도 있을 것이
다. 초대를 받아들였지만 대화가 너무 불편해서 초대하지 않는 편이
나았겠다고 생각되는 이들도 있을 것이다. 괜찮다. 친구들이 허락한다
면 계속 진행하라.

"범죄한 자들을 모든 사람 앞에서 꾸짖어 나머지 사람들로 두려워하게
하라"(딤전 5:20)라는 구절은 남용하면서 "어찌하여 형제의 눈 속에 있는
티는 보고 네 눈 속에 있는 들보는 깨닫지 못하느냐"(마 7:3)라는 구절은
외면하는 사람들이 많다. 그러니 다른 사람의 죄를 책망하는 데는 굼
뜨고 자신의 죄를 책망하는 데는 재빠르도록 하자.

누가 내 삶에서 신뢰할만한 목소리인지 결정하려면?

우선 건강한 사람을 찾고 건강한 사람이 되라. 상담자 짐 코필드(Jim
Cofield)는 건강한 친구의 기본적인 자질을 내게 알려 주었다.[1] 함께 들
여다 보자.

- 반응적이기보다는 수용적인 사람이다.
- 경직되기보다는 회복 탄력성이 좋다.
- 둔감하거나 감정적으로 서투르지 않고 잘 알아채며 마음을 다한다.
- 자신의 삶에 책임을 진다.
- 남을 탓하거나 피해 의식을 갖지 않는다.
- 공감한다.
- 강하다.
- 안정적이다.
- 현실적이다.
- 이룰 수 없는 기대를 품지 않는다.
- 세상을 아름답게 바라보며 생기를 잃지 않는다.
- 하나님이 내 편이라고 믿는다.
- 감사하고 만족한다.
- 믿고 바라고 겸손해지고 열망하고 사랑할 줄 안다.

얼마나 오랫동안 친구로 지낸 후 내 삶에 관여해 달라고 초대해야 할까?

얼마 동안 알고 지냈든 간에 이 일은 어느 정도 위험하게 느껴질 것이다. 누구도 완벽하게 안전하지는 않다. 취약한 모습을 조금씩 공유해 나가다 보면 신뢰가 구축된다. 하지만 즐겁고, 신뢰해 보고 싶은 사람이라고 생각될 만큼 누군가를 충분히 지켜봤다면 시도해 보라!

엄마, 아내, 직원 노릇에 너무 지쳐서
좋은 친구까지 될 여력이 없어요.

–케네디(Kennedy)

내 사람들을 찾고 유지하는 걸 망설이게 돼요.
우정 때문에 최우선 과제인 가족과 사역으로부터
주의를 빼앗길까 봐 걱정되기 때문이에요.

–스텔라(Stela H.)

막상 필요할 때
손을 내밀어 주는 사람이
아무도 없어요.

–테리(Teri)

서로를 알아가는 잡담성 대화를
어떻게 넘어설지 모르겠어요.

–에밀리(Emily)

솔직히 말하면 혼자 사는 게 더 간편해요.

–애쉴리(Ashley)

사람들은 내게 내어 줄 시간이 없어요.

–조이(Joy)

삽
목표: 공유된 목적
장애물: 얕은 대화 / 잡담

8

공유된 목적

**함께 살고 함께 일하면
유대감이 생긴다**

최근 무슨 일로 분주한가? 오늘 또는 이번 주에 무엇을 했는가? 어떤 활동에 참여하고 있는가? 무슨 일을 할 생각인지 묻는 것이 아니다. 실제로 무슨 일을 하고 있는지 묻고 있다. 인생의 특정한 이 시기에 매주마다 어떤 책임과 역할을 떠맡고 있는가? 시간과 마음을 어디에 투자하고 있는가?

더 중요하게는 주어진 한 주 동안 드나드는 장소를 모두 떠올려 볼 때 누가 옆에 있는가? 5장에서 만들었던 〈표1〉을 다시 살펴보라.

팬데믹 기간 동안 한 친구는 절대 끝나지 않을 듯 이어지는 봉쇄와 제한들로 느끼는 고립감에 대해 한탄했다. 그 좌절감을 충분히 이해한다. 하지만 한정되거나 축소된 규모일지라도 일부의 삶은 여전히 계속되고 있었다.

"여전히 하고 있는 일들은 뭐가 있어?"

친구에게 물었다.

"지난 한 주를 예로 들어보자. 어떤 일들을 할 수 있었어?"

들어보니 초등학생 자녀들은 여전히 학교에 다니고 있었다. 딸아이의 무용 수업은 아직도 열리고 있었다. 친구의 6인 독서클럽은 여전히 밖에서 모였다. 친구는 거의 매일 집 안팎의 일들을 보곤 했다. 재택 근무를 하기 때문에 동료들과 함께 수많은 줌 미팅에 참석했다. 오후에는 자신이 속한 비영리 단체에서 봉사했는데, 추수감사절과 크리스마스를 타운의 남쪽 지역 감옥에서 보낼 남녀 수감자들을 위해 명절용 생필품 꾸러미를 포장했다.

"최근에 하고 싶었던 일을 전부 다하지 못한 건 알지만 너의 한 주간은 꽤 대단하게 들리는 걸!"

내가 말했다.

"넌 많은 사람에게 둘러싸여 있었어. 그들과 우정을 쌓아 보지 그래?"

친구가 팬데믹 시기에 관여한 일 즉 몸소 모습을 드러내서 참여한 활동들은 직장 모임, 아이들 무용 교실, 집 안팎의 볼일, 봉사활동, 독서클럽 등 매우 다양했다. 하지만 의미 있는 일을 완수하고 바쁘게 살림을 꾸려 나가고 좋은 책을 읽는 등 같은 일을 하는 사람들과 만났음에도 고립감과 외로움을 느꼈다. 왜 그럴까? 가장 가까운 친구들이 그녀의 삶에 어떤 방법으로도 관여하지 않았기 때문이다. 마치 친구의 사람들과 친구의 우선순위 사이에는 아무 접점이 없는 것처럼 말이다.

어째서 삶은 부서지고 단절된 듯 느껴질까?

상상하기 어렵겠지만 역사 가운데는 한 사람의 인생사가 고향이라는 공동체의 맥락 안에서만 오롯이 펼쳐지던 때가 있었다. 마침맞게 이름 붙여진 비옥한 초승달 지대는 최초의 농업관행 현장으로 인정받는 곳이다. 오늘날의 시리아, 이라크, 요르단, 이스라엘과 같은 지역을 포함한다. 수렵 채집 사회의 모든 무리는 수천 년 전에 유랑을 멈추고 그곳에 정착했다. 그들은 도구를 만드는 법을 배웠다. 식물과 동물을 길들이는 법을 배웠다. 더욱 영구적인 집을 짓는 법을 배웠다. 자신들을 위해 안정적으로 존재해 줄 무언가를 만들어내는 법을 배웠다.[1]

그리고 사람들이 하는 일만큼이나 중요한 것은 누구와 함께 일하는가였는데 바로 그곳에 살던 다른 사람들이었다. 그렇다. 이 지역 공동체들은 함께 일했을 뿐 아니라 함께 식사하고 하루를 마무리할 때 함께 휴식을 취했다. 함께 아이들을 키웠고 함께 문제를 해결했고 함께 있는 다른 사람들이 모든 것을 지켜보는 가운데서 평생을 살았다.

하지만 산업혁명기 동안 사람들은 사랑하는 사람들과 지역 사회보다는 더 나은 직업을 우선으로 선택하기 시작했다. 도시의 공장에서 일하기 시작했다. 이것은 일반적으로 젊은이들이 가족 농장에서 일하려고 터전을 지키는 대신 도시로 이주해 가족이나 친구들과 보내는 시간이 줄어듦을 의미했다. 한때는 태양이 노동생활의 속도를 결정하던 곳에서 이제 사람들은 하루 12시간씩 노동을 이어갔다.

19세기를 거치며 도시가 성장하고 주택을 구하기 어려워지자 많은 사람은 긴 근무 시간 후 기차를 타고 교외의 집으로 가는 데 추가 시간을 보냈다. 그들은 도시에 사는 사람들이 아니라 단지 그곳에서 일하는 사람들이었다. 동시에 집과 동네에서 보내는 시간은 점점 줄어들었다. 어느덧 두 곳 모두 공동체의 연결됨 그리고 피상적인 상호작용을 넘어서는 것은 무엇이든지 결핍하게 되었다. 외로움은 당연한 결과였다.

게다가 교외화(suburbanization)가 파도처럼 서구 사회 전체에 퍼져 나가면서 가족과 타인은 각기 더욱 분리되고 삶과 영혼도 마찬가지였다. 이러한 추세에 더해 최근 소셜 미디어의 등장은 현실에서 일어나는 모든 일에 가상적 연결을 증가시키고 있어 왜 그렇게 많은 사람이 고립되었다고 느끼는지 쉽게 알 수 있다.

직장생활은 가정생활과 거의 별개가 되었다. 가정생활은 사회생활과 거의 별개가 되었다. 사회생활은 영적 생활과 거의 별개가 되었다. 만약 아직도 조금이나마 영적인 생활을 하고 있다면 말이다.

그것은 마치 세 개의 분리된 현실에서 동시에 살아가려는 것과 같다. 당연히 지쳐 나가떨어진다. 우리는 날이면 날마다 열다섯 개의 각기 다른 방향으로 달리면서 수십 명의 사람들과 부딪치고 있고 그 순간조차도 완전히 혼자라고 느낀다. 그리고는 얼마 남지 않은 여유 시간을 스크린 앞에서 보낸다. 모두가 완벽하게 연결돼 있으며 행복해 보이는 인스타그램을 스크롤한다. 아니면 뉴스들을 스크롤하면서 새로운 문젯거리들을 찾아내 염려하고 트위터에 올리며 해결할 방법을 고민하려 든다.

사람들을 사랑하고 연결되기 위해 시간을 내보려 하지만 이미 시달리고 있는 압박감과 분주함만 더해질 뿐이다. 그래서 더욱 고립된다. 이 뒤죽박죽인 상태는 마음이 감당하기에는 너무 벅차다.

삶을 단순화할 수 있도록 내가 도와주면 어떨까? 만약 당신의 꽉 찬 일정 속을 비집고 들어가 당신과 함께 달려 주기 위해 대기하고 있는 팀이 있다면 어떨까? 저녁식사 모임 친구보다 더 심도 있는 역할을 해 줄 준비가 된 사람들, 피와 땀과 눈물을 통해 당신의 팀 동료가 될 수 있을 만한 사람들이 있다면 어떨까?

관계를 위한 더 큰 비전

몇 가지 질문을 하고 싶다. 이미 당신이 완수하고 있는 사명에 합류시킬 만한 사람은 누구인가? 다른 이의 사명에 당신이 합류할 수 있을 만한 사람들은 누구인가? 이미 함께 사명을 이루고 있는 이들 중 더욱 속 깊은 친구로 발전할 만한 사람은 누구인가?

역사를 통틀어 그리고 오늘날에도 전 세계 인구의 3분의 2에 해당하는 사람들은 나라이든 마을이든 민족 그룹이든 부족이든 유대가 긴밀한 공동체의 맥락에서 살아왔다. 그리고 그 그룹들은 역사적으로 공통의 목적을 중심으로 통합되었다. 모든 사람은 역할을 맡는다. 몇몇 역할들은 몸으로 직접 한다. 사냥하는 사람들, 농작물을 돌보는 사람들, 요리하는 사람들, 봉사하는 사람들이다. 어떤 역할들은 리더십에 기반을 둔다. 추장과 노래 선창자, 아동 양육자 그리고 서기관들이다. 어떤 사람들은 다른 사람들보다 문제를 더 잘 인식한다. 어떤 사람들은 다른 사람들보다 문제를 더 잘 해결한다. 마을의 어떤 사람들은 재미있다. 몇몇은 동정심이 많다. 몇몇은 예술적이다. 몇몇은 현명하다. 하지만 어떤 역할도 다른 역할보다 더 중요하지 않다. 일을 이루려면 모두가 필요하다.

이런 형태의 체계는 친숙하게 들릴 것이다. 왜냐하면 인간으로 설계된 당신의 본성에 깊이 새겨져 있기 때문이다. 인류가 비옥한 초승달 지대를 길들이기 훨씬 이전에 하나님은 몸소 공동의 사명을 가진 공동체를 설계하셨다. 기억하겠지만 말이다. 아담과 하와에게 하나님은 말씀하셨다.

"생육하고 번성하여 땅에 충만하라, 땅을 정복하라, 바다의 물고기와 하늘의 새와 땅에 움직이는 모든 생물을 다스리라"(창 1:28).

예수님은 하늘로 가시기 전 제자들에게 말씀하셨다.

"가서 더 많은 제자를 만들어라."

사도 바울은 지역 교회들에게 하나님의 계획을 다시 자세히 설명했다.

"우리가 한 몸에 많은 지체를 가졌으나."

로마서 12장에 기록된 말씀이다.

"모든 지체가 같은 기능을 가진 것이 아니니 이와 같이 우리 많은 사람이 그리스도 안에서 한 몸이 되어 서로 지체가 되었느니라"(롬 12:4-5).

하나님은 따르는 사람들에게 공동의 목적과 그 목적을 이루기 위해 서로 의지해야 할 은사를 주신다. 인간은 공동의 목적 안에서 연결되기를 갈망한다. 공동의 목적을 위해 지음 받았기 때문이다.

우정에 관해 직면하는 가장 큰 문제 중 하나가 무엇인지 궁금한가? 보통 우정이 우리에 관한 것이라는 오해이다.

그러나 가장 만족스럽고 밀착된 관계의 유형은 우정과 공동체가 더 큰 사명에 집중될 때 나타난다. 이 사실을 아는가? 만약 당신이 예수님의 추종자라면 다음과 같을 것이다.

첫째, 당신은 직업, 이웃, 취미, 동아리 또는 학교에 상관없이 내재된 사명을 지니는데 하나님의 사랑을 공유하는 것이다. 둘째, 당신은 함께 그 사명을 좇을 팀인 마을이 있는데 바로 지역 교회이다. 그리스도의 몸의 지체로서 우리는 서로와 하나님을 사랑한다. 그래서 다른 사람들 또한 이 사랑을 원하고 예수님을 따르도록 해야 한다.

누가복음에서 예수님은 제자들을 짝지어 파송하시며 그저 사람들을 사랑하고 함께 먹고 함께 지내라는 사명을 주셨다. 그러면 제자들은 각 마을이 사역하기에 좋은 장소인지 아닌지에 대해 다시 보고해야 했다. 예수님은 결코 사람들을 혼자 보내지 않으셨으며 예수님 또한 언제나 음식을 나누고 집이나 관계 속에서 시간을 보내시며 사역하셨다.

앞서 말한 대로 나는 이프 개더링이라는 비영리 단체를 이끄는 특권을 누리고 있다. 우리는 여성들이 하나님과 연결될 수 있도록 돕는 수단과 경험을 축적한다. 우리 팀은 동료라기보다는 가족 같다. 지금 이 순간도 온라인 상태에서 끝없이 문자를 주고받고 있다. 신생아 사진을 연달아 올리는가 하면 마감 기한을 맞추도록 기도를 요청하고 있다. 우리는 깊숙이 관여하면서 함께 삶을 살아간다. 서로의 죄를 책망한다. 일과 관련 없는 모임에서도 식사를 함께한다. 나의 아이들은 이프 개더링의 내 오랜 동료들 가운데 많은 이를 이모와 친구로 여긴다.

나는 늘상 팀원들에게 하나님을 사랑하고 서로를 사랑하는 일이 사무실에서 가장 중요하다고 말한다. 어떤 면에서 이것은 미국 사회의 일 개념과는 이질적이다. 하지만 우리는 공통의 사명과 소명으로 함께 묶여 있는데 이는 직함이나 급여, 조직도보다 더 깊숙이 관계를 규정해 준다. 함께 하나님을 좇으며 다른 사람들도 똑같이 할 수 있도록 돕는다. 그것은 거룩한 일이며 단순히 사무실을 공유하고 과제를 완수하는 것보다 더 강하게 우리를 결속시켜 주는 사명이다.

클로이 해메이커(Chloe Hamaker)는 초창기 팀원 중 한 사람이다. 함께 일한 지는 칠 년이 넘었다. 내가 대중 사역을 막 시작하던 때부터 함께 일했으며 지금은 실무 이사로서 내 사역의 많은 부분을 떠맡고 있다.

2년 전 여동생 브룩(Brooke)의 생일 파티에 참석했다. 동생은 콜로라도에서 친구의 목장을 운영하며 주변 사람들과 친밀하게 연결된 삶을 산다. 파티에는 다양한 연령대의 훌륭한 여성들이 참석했는데 대부분 농장의 투자자이고 동생은 그들을 소중한 친구로 여긴다. 엄밀히 말하면 그들은 여동생을 위해 일하지만 서로 상호작용하는 것을 보면서 나는 여동생이 일과 삶을 따로 구분하지 않음을 알았다. 이 사람들은 여동생의 친구들이고 날마다 함께 임무를 수행한다.

그날 밤 11시가 넘어서 클로이에게 전화하려고 전화기를 집어 들었다. 전화를 받은 클로이는 그렇게 늦은 시간에 연락한 것에 놀랐다.

"할 말이 있어요."

내가 불쑥 말했다.

"당신은 내 가장 친한 친구 중 한 사람이에요! 칠 년 넘도록 친구였기 때문에 이 말이 정말 어색하게 들리겠죠. 일과 삶의 경계선을 침범하는 건지도 모르겠지만 오래도록 함께 일하면서 이사님은 제 가장 친한 친구 중 한 명이 되었어요."

그녀는 웃으며 말했다.

"음, 나도 알아요."

비록 열 살 이상 연하에다 서로 다른 인생의 시기를 살고 있고 직급 조직상 내게 보고를 하는 입장이지만 그녀는 우리가 가장 애정 깊은 인생 친구라는 생각에 익숙해져 있었다. 우리는 서로의 생일을 축하해 주러 가며 통화를 너무 길게 하는 바람에 아이폰의 시리(Siri)가 클로이를 내 비상 연락처로 만들어 주었을 정도이다. 내 남편 재크도 내게 그런 사람이지만 공통의 사명 아래 삶을 함께하면 두 사람은 정말 절친해지기 마련이다.

가서 무엇인가를 함께하라

C. S. 루이스는 말했다.

> 우정은 도미노나 흰쥐에 대한 열정일지라도 무엇인가에 관한 것이 되어야만 한다. 아무것도 가진 것이 없는 사람은 아무것도 나눌 수 없고 아무 데도 가지 않는 사람은 동료 여행자가 생길 수 없다.[2]

학교에 다니든 집을 돌보든 회사를 관리하든, 일은 성취감을 가져다주고 우리가 알고 사랑하는 사람들을 위한 번영을 도모하기 위한 것이어야 한다. 하지만 우리는 하나님이 주신 일에 대해 불평하고 함께 그 일을 하도록 하나님이 보내 주신 사람들에 대해 험담을 한다. 설상가상으로 일은 인간의 번영을 추구하기보다는 공허한 돈벌이 수단으로 재정의되어 왔다. 참으로 본질을 벗어나 있다.

팀 켈러 목사님은 이렇게 말했다.

> 일은 일반적으로는 세상의, 특정하게는 사람들의 번영과 번창에 도움

이 되도록 하나님이 사용하셨던 창조의 원료들을 재배치하는 것이다.

이러한 패턴은 모든 종류의 일에서 찾아 볼 수 있다. 농업은 토양과 씨앗이라는 물리적 재료를 가져다 식품을 생산한다. 음악은 소리의 물리학을 이용해 그것을 삶에 의미를 부여하는 아름답고 황홀한 무엇인가로 재구성한다.

천을 가져다 옷을 만들 때, 빗자루를 들고 방을 청소할 때, 전기의 힘을 활용하기 위해 기술을 사용할 때, 다 형성되지 않은 순진한 인간의 정신에 어떤 주제를 가르칠 때, 관계에서 생기는 갈등을 해결하는 방법을 가르칠 때, 단순한 재료들을 취해 마음을 울리는 예술 작품으로 변모시킬 때, 우리는 형태를 부여하고 채워 넣고 마음을 진정시키는 하나님의 사역을 계속해 나가는 것이다.

혼돈에서 질서를 끌어낼 때마다, 창조적 잠재력을 이끌어 낼 때마다, 발견했을 당시의 모습 이상으로 창조물을 정교하게 만들고 '펼쳐내 보일' 때마다 하나님의 창조적 문화 발전의 패턴을 따르고 있는 것이다.[3]

그래서 우리는 번영을 가져오는 사명으로 시작해 다음에는 함께 일할 협력자를 찾는다. 이것은 최고의 탐험과 체험의 기쁨을 선사한다!

아마도 당신의 하루는 막 걸음마를 배운 어린 자녀들이나 대학 수업 또는 홈스쿨링의 과제 목록으로 가득 차 있을 것이다. 그 장소들이 선교 현장이 되고 함께 있는 사람들이 팀 동료가 된다면 어떨까? 마음 설레고 의미 있는 일에 합류하고 싶지 않은가? 자기 실현의 환상 속에 살면서 작은 필요들을 충족시키는 데 질리지 않았는가? 매일 하나의 과제와 한 팀의 사람들을 곁에 둔 채 잠에서 깰 수 있다면 어떨까?

할 수 있다. 사실 관점만 바꾸면 될 정도로 간단한 일이다.

친구 피트(Pete)는 장인어른이 아파서 요양원으로 들어가야 했을 때의 얘기를 들려 줬다. 장인어른은 더 이상 자신이 수십 년 동안 해 온 대로 사람들을 섬길 수 없다는 데 좌절감을 느꼈다. 하지만 포기하는 대신 만약 요양원에 누워 아무 데도 갈 수 없다면 그 방은 자신이 일하는 곳이어야 하고 간호 직원들은 팀이 되어야 한다고 생각했다!

"장인어른은 방문에 걸어 둘 표지판을 만들게 했어요"라고 피트가 말했다. 거기에는 이렇게 적혀 있었다.

용서의 집

마빈 W. 번햄(Marvin W. Burnham)

피트의 장인어른이 요양원에 들어온 날부터 세상을 떠날 때까지 사람들은 날마다 그 문을 두드리고 안으로 들어가 어르신의 침대맡

에 끌어다 놓은 손님용 의자에 앉았다. 그리고 삶의 실망스러운 부분들 즉 자신들에게 저질러진 죄와 자신들이 저지른 죄를 털어놓곤 했다. 그러면 장인어른은 그들의 손을 잡고 이해한다는 듯 고개를 끄덕이며 영혼을 치유하는 말을 하곤 했다.

"받아들이겠다면 예수님은 당신을 용서하고 싶어 하십니다."

또 말했다. "당신이 용서받았을 때 가서 다른 사람들도 용서할 수 있습니다."

그분의 장례식은 큰 사랑의 축제였다. 직원들이 그로 하여금 자그마한 활동을 하게 도움으로써 자신들의 삶이 바뀌게 되었던 그 은밀한 방법을 축하하는 행사였다.

어떤 곳이든 사명을 수행하는 장소가 될 수 있고 누구든지 팀 동료가 될 수 있다. 집에서 엉덩이를 깔고 앉아 친구를 사귀려고 하지 말라. 가서 무엇인가를 하라. 주일학교에서 가르치고 자원봉사를 하고 스포츠 팀에 합류하라. 6개월 동안 헌신할 수 있는 일은 무엇인가? 가서 그 일을 하고 함께 일할 사람들을 찾아보라. 아니면 이미 하고 있는 활동 가운데서 우정의 씨앗들을 놓치지 말라.

친구는 하늘에서 갑자기 떨어지지 않는다. 친구는 항상 만들어진다. 우리는 사랑을 나눠 주기 위해 함께 모였다. 다시 한 번 강조하고 싶다. 만약 예수님의 추종자라면, 정말 평범해 보이는 삶의 모든 부분에도 중요한 목적이 있다. 거리에서, 놀이터에서, 가게에서, 아파트 단지에서 만나는 모든 사람이 다 중요하다.

C. S. 루이스는 말했다.

평범한 사람은 없다. 당신은 한 번도 하찮은 사람과 얘기해 본 적이 없다. 국가, 문화, 예술 문명 등 이것들은 반드시 사라질 것들이며 그 명줄은 우리들 수명에 비하면 모기 한 마리의 명줄과도 같다. 그러나 우리가 농담을 하고 함께 일하고 결혼하고 비웃고 착취하는 사람들은 불멸의 존재들이다. 불멸의 공포나 끝없는 영광이 될 것이다.[4]

우리가 하는 모든 상호 작용에는 중대한 목적이 깃들어 있고 인간은 모두 대단히 영광스런 존재이다. 이 발상을 이해할 때 다르게 사랑할 수 있다. 일상 업무와 만남을 새롭게 볼 수 있다.

중동 지역의 지하 교회에서 목회를 하는 친구가 말했다.

"중동에는 함께 여행하고 식사를 해 보기 전에는 사람을 알 수 없다는 말이 있어요. 서양에서는 이런 동지애를 볼 수 없어요. 예를 들면 코로나 바이러스가 중동을 강타했을 때 나와 지도자들은 모두 같은 집에 모여 있었어요. 아이들을 포함해서 20명이 함께요. 그런 일이 생기면 정말 관계가 돈독해지죠."

목사님은 대화를 이어갔다.

"진정한 제자도는 밖에서 생기는 것이 아니라 집 안에서 생겨납니다. 진정한 제자도는 일주일에 한 번 실천으로 끝나지 않아요. 매일 실천해야 합니다. 왜냐하면 그러면서 사람들을 알게 되기 때문이에요. 좋을 때나 나쁠 때나 그들과 함께 있어요. 아플 때나 건강할 때 모두 함께 있어요. 그렇게 해서 진정한 가족이 됩니다. 그리스도의 피는 우리를 가족으로 만들지만 그것을 날마다 함께 경험할 필요가 있어요."

"함께 사명 실천하기. 평범한 일상의 순간에 제자들 만들기."

하나님은 개개인의 성공과는 다른 무엇인가를 갈망하도록 사람을 지으셨다. 우리는 사랑하는 사람들과 함께 영원히 천국에 머물 것이다. 그러므로 연결을 추구하는 것은 개인적인 만족을 위해서가 아니라 예수님이 다시 오시기 전에 구원받은 사람들을 보기 위해서다.

만약 좋은 친구를 원한다면 함께 경주를 하고 함께 집을 짓고 함께 식사를 하고 인간이 품을 가장 위대한 사명을 좇아 함께 일하면서 모든 것을 하라. 이것이 바로 하나님을 드러내 보이는 사명이다.

누구든 혼자 있으면 좋지 않고 남자든 여자든 게으름을 피워도 좋지 않다. 태초에 인간이 타락하기 전에 하나님은 우리에게 서로를 주셨고 그 후 몸을 써서 해야 할 현실적인 실제 일들을 주셨다.

우리는 홀로 빠져나가거나 대처하고 싶지만 공동체에서는 서로 힘든 일을 돕는다. 사도 바울은 말한다.

"우리가 들은즉 너희 가운데 게으르게 행하여 도무지 일하지 아니하고 일을 만들기만 하는 자들이 있다 하니 이런 자들에게 우리가 명하고 주 예수 그리스도 안에서 권하기를 조용히 일하여 자기 양식을 먹으라 하노라"(살후 3:11-12).

곧 부지런히 움직이란 말이다! 앞서 말한 중동 지역의 목사님께 서양 교회는 왜 목사님의 공동체를 특징짓는 동지애와 유대감을 잃어버렸을지 질문해 보았다. 대답은 다음과 같았다.

"서구에서는 개인주의와 편안함이 가장 중요하기 때문이에요. 제자도는 편리하지도 편안하지도 않고 매우 성가십니다."

친구 앤(Ann)은 그것을 이런 식으로 표현했다.

"나는 손톱 밑에 흙을 묻힌 채 사랑하는 사람들 곁에서 일하다가 죽고 싶어."

손톱 밑에 흙을 묻힌 채 영원히 지속될 정원을 가꾸는 것, 나쁘지 않은 삶의 방식이다.

예수님을 따르고 제자를 만드는 간단한 방법을 다시 살펴보자. 복잡할 필요 없다. 그냥 누군가에게 당신이 믿는 하나님에 대해 말하라. 셀프 계산대가 아닌 계산원이 있는 라인을 선택하고 계산원과 눈을 맞추며 대화해 보라. 가족과 사람들을 당신의 일상생활 속에 머물게 하라. 그리고 편리함과 개인적 성취가 행복이라고 생각하도록 세뇌시키는 개인주의 문화에 맞서 함께 싸우라. 왜냐하면 전혀 그렇지 않기 때문이다.

지구상에서 우리의 시간은 짧다. 우리에게 주신 하나님의 사명은 매우 중요하다. 다시 하나님 나라를 건설하는 일로 돌아가야 한다. 성가시게, 손톱 밑에 흙을 묻히고 함께 살아가야 한다.

함께 봉사할 방법 찾기

첫째, 신속 평가서를 만들라.

일주일은 168시간이다. 당신이 어떻게 시간을 보내고 있는지에 대한 일람표를 만들라.

한 주간의 활동   **시간**

- _____   _____시간

- _____   _____시간

- _____   _____시간

- _____   _____시간

- _____   _____시간

- _____ _____시간

- _____ _____시간

- _____ _____시간

타인을 사랑하라는 하나님이 주신 목적을 생각할 때, 위의 목록은 당신이 있어야 할 곳에 대한 어떤 사실을 알려 주는가?

1. 더하라(여백의 양이 너무 많지는 않은가?).
2. 빼라(사람들에게 시간을 내어 주기에 너무 바쁜가?).
3. 초대하고 + 포함시켜라(어떻게 하면 의도적으로 한 주간에 친한 친구들 및 목적에 충실한 상호작용을 포함시킬 수 있을까?

돈독히 지내고 싶은 몇몇 사람들과 서로를 끌어 주고 있는가?

그렇지 못하다면 당신은 아직 많은 가능성을 보지 못할 수도 있다. 그렇다면 새로운 친구를 초대해 특별한 활동을 함께해 보기를 권한다. 어떤 방법이든 몇 명의 사람들에게 먼저 적극적으로 다가가고 그 과정을 신뢰하라.

'깊숙한 관계'를 구축하기 위한 아이디어

- 동아리에 가입하라. 정원 가꾸기, 테니스, 카드 게임, 달리기 자전거 타기, 봉사활동 등이 있다.
- 가서 배드민턴, 탁구, 테니스, 스파이크볼을 해 보라. 코트에 있는 사람들을 게임에 참여하도록 초대하라
- 냉동 음식 만들기 날을 주최해 보라. 함께 재료를 썰어 음식을 준비한 뒤 각자 몇 끼 식사를 집으로 가져가라!
- 어린이집에서 일하고 수업을 하고 십대들을 지도하는 어린이 사역 직무를 한 학기 동안 소그룹으로 등록해 보라.
- 재미있는 운동 수업에 참여해 보라. 함께 겨루고 웃으며 나중에는 비디오 게임을 해 보라.
- 이웃들과 저녁식사 동아리를 계획해 보라. 함께 요리책을 보며 요리해 보라! 모두가 요리법을 하나씩 준비하고 각자 재료를 가지고 오라.
- 함께 누군가의 방을 페인트칠하거나 옷장을 정리하거나 꽃을 심어 보라.
- 보통 집에서 혼자 일한다면 하루는 아침 일찍 노트북을 들고 커피숍에 가서 함께 있을 친구 한 명을 초대해 보라.

하지만 이럴 땐 어떻게 ……

나에게 단지 그럴 만한 시간이 없다면?

시간이 남아 빈둥대면서 할 일을 찾고 있는 사람은 거의 없다. 그러나 시간표를 다시 한 번 살펴보라. 관계나 연결됨 같은 삶의 가장 중요한 부분에 목적과 의미를 부여해 줄 만한 일들을 하고 있는가? 올바른 일에 시간을 쓰고 있는지 확인하라. 만약 정말로 바쁘다면 당신 삶에는 사람들과 더 긴밀히 연결될 수 있는 기회들이 이미 확고하게 자리잡고 있어야 한다. 오직 그런 관점으로 시간표를 살펴보아야 한다.

이미 많은 시간을 함께 보내고 있지만 관계를 더 심화시키려면?

꿈꿀 시간을 가지라. 위의 몇 가지 아이디어를 늘어놓고 시도해 볼 것을 고르라. 전부 다는 아니다. 서로의 열정과 재능을 합쳐 줄 공동의 사명으로 연결될 간단한 방법 중 하나를 고르라.

나는 미혼인데 결혼한 친구들은 배우자와 아이들로 너무 바빠 시간을 내지 못한다면?

내 가장 친한 친구 중 몇몇은 미혼이다. 집에 잠깐 들르거나 함께 집 안팎의 볼일을 볼 때 그들이 융통성을 보여 주어서 감사한다. 아이가 있는 친구들과 함께 시작해 보라. 아마도 어른들끼리의 대화와 교제에 고마워 할 것이다. 일단 배우자나 가족이 생겨도 사람들은 여전히 외롭고 틀에 박힌 생활을 하게 된다. 당신의 우정은 그들의 삶에 아직도 필요하다. 함께 이 일을 계속 시도하자고 꼭 요청하라. 그들의 가족사에 초대해 달라고 말하라.

사이가 깊어지기 시작하다가도 약간의 긴장이 감돌
거나 나 때문에 친구들이 언짢을지도 모른다는 생
각이 들면 한 발 물러서고 말아요.

-브룩(Brooke)

내 사람들이 어땠으면 좋을지에 대한 기대가 있지만
그들은 내 기대에 미치지 못해요.

-산드라(Sandra)

솔직히 말하면 끝까지 버티기보다는
그냥 훌훌 털어버리고 새로운 친구를 찾겠어요.

-캐리(Carrie)

이 우정에 시간과 노력을 쏟는 사람은 나뿐이에요.

-제니퍼(Jennifer)

사람들에게 거는 비현실적인 기대감 때문에
친구를 찾거나 유지하고 깊이 사귀기가 힘들어요.

-카일라(Kayla)

말다툼 후에 친구로 지내기가 너무 어색해요.
어떻게 극복해야 할지 모르겠어요.

-엘라(Ella)

식탁
목표: 지속성
장애물: 갈등

9

지속성

갈등은
건강한 관계의 일부이다

지금껏 알아본 관계상의 원칙과 실천들을 적극 행동으로 옮긴다면 분명히 가까운 미래에 누군가를 떠나고 싶은 순간이 올 것이다. 내 말을 명심하라.

이 책을 쓰고 있을 때 시누이 애슐리가 전화를 해 왔다.

"얘기 좀 하게 차로 데리러 가도 될까?"

그녀에게 뭔가 힘든 일이 있음을 짐작했고 물론 "응, 좋아"라고 대답했다.

우리는 눈부시게 화창한 날에 공원으로 향했다. 차 안에서 시누이는 최근 몇 가지 일로 내가 어떻게 자기의 마음을 아프게 했는지 털어놓았다. 또 솔직하게 말을 꺼내기가 얼마나 힘들었는지를 말하면서 눈물을 터뜨렸다. 서서히 내게서 물러나 '떠나 버리고' 싶지 않았다고 했다.

떠난다는 그 말은 두려움의 파도를 몰고 와 내 마음을 덮쳤다. 즉각적인 반응은 공황이었다. 또 다른 친구를 잃을 것만 같았다. 그것도 가족을 말이다. 수치심이 엄습해 사그라지지 않았다.

'내가 무슨 짓을 한 거지? 계속 사람들에게 상처를 주고 있어!'

나는 깨닫지도 못한 채 가장 사랑하는 사람들에게 상처를 주고 있었다. 진즉부터 이 책을 쓰는 일에 파묻혀 지냈으면서 아무것도 배우지 못했단 말인가? 내 사람은 잃어 가는 판국에 자신의 사람들을 찾으라고 독자들에게 일러주고 있었다.

심호흡을 했다. 귀담아 들었다. 그리고 기다렸다. 그토록 아름다운 날 차 안에 앉은 시누이와 나는 둘 다 선택에 직면해 있었다. 우리가 할 수 있는 일은 무엇이었을까?

"자기 보호, 비난, 물러서기, 심지어 자리를 떠나 버리기."

아니면 싸울 수도 있을 것이다. 결판이 날 때까지 싸우고 서로를 위해 싸우고 납득하기 위해 싸우고 떠나지 않기 위해 싸우고 할 수 있을 것이다. 마음에 담고 있는 상처들과 왜 그것들이 상처가 되었는지를 모두 털어놓은 뒤 시누이가 말했다.

"난 떠나지 않을 거야. 우리를 위해 싸울 거야."

대화를 하고 며칠 동안 이런 생각이 문득문득 머리를 스쳐지나갔다. '그녀와 함께 있으면 더 이상 자연스럽게 행동하기는 힘들 거야. 이제부터는 살얼음판을 걷는 듯 할 걸.'

어째서 내심 그런 반응밖에 하지 못했을까? 이 아픔과 갈등을 불러일으키면서 시누이는 자신이 안전한 사람임을 증명하고 있었다. 나에 대한 사랑을 증명하고 있었다. 헌신을 증명하고 있었다. 화가 난 게 아니라 상처를 입었고 회복을 원했다. 내가 물러서거나 마음 조리며 슬금슬금 눈치 보기를 원하지 않았다.

우리가 도망치지만 않는다면 갈등은 우정을 깨뜨리지 않고 돈독하게 할 것이다.

사나흘 뒤 두려움이 사라지자 함께 저녁을 먹으러 갔다. 얼굴을 보면서 말했다.

"널 정말로 사랑해. 솔직히 말해 줘서 얼마나 고마운지 몰라. 미안해. 내가 잘못했어. 마음을 다치게 해서 미안해. 상처 주고 싶지 않아. 하지만 이미 그렇게 했고 앞으로도 또 그럴지 몰라. 그래도 나와 함께하는 걸 안전하다고 여기면 좋겠어. 어떻게 하면 더 잘 할 수 있을지 알려 줘, 제발."

그러자 마법과도 같은 말이 돌아왔다. 그녀는 자신을 사랑할 수 있는 대단히 쉽고 간단한 두 가지 방법, 즉 자신의 필요와 우리의 관계에 딱 들어맞는 방법을 일러 주었다. 더 이상 두려움의 소용돌이에 휘말릴 필요가 없었고 스스로를 방어할 필요도 없었다. 필요한 것은 성장이었다.

갈등은 건강한 관계의 일부

갈등은 우정의 적이 아니다. 갈등은 우정을 자라게 하는 거름과도 같다. 이제껏 말해 온 깊은 사귐의 공동체에서 갈등은 불가피하다. 하지만 성경적으로 다루면 관계를 더욱 탄탄하고 깊게 해 줄 것이다.

나는 이 책을 적어도 얼마간은 당신이 적극적인 역할을 할 실험으로 여기고 있다. 수천 년 동안의 마을 공동체 생활에서 관행을 빌려와 아파트 단지, 교외의 동네, 기숙사 또는 도시의 타운하우스촌에 적용해 보기를 바란다.

당신이 새로운 친구들에게 문을 열어 주고 불가에 모이며 더 나은 질문을 하고 다른 사람들을 날카롭게 하며 그들에 의해 날카롭게 되며 사랑하는 소수의 사람들과 함께 사명을 발견하는 모습을 그려 본다. 싸우는 모습조차 상상한다! 그렇다. 갈등이 배재된 돈독한 우정은 결코 나눠 보지 못했다. 그래서 싸우고 잠시 물러나지만 다시 협상 테이블로, 서로에게로 돌아오는 모습을 상상한다.

믿건대 하나님은 사람들을 우리의 일상생활 속으로, 우리의 가장 깊숙한 고군분투 속으로, 우리의 죄 속으로, 우리의 일과 속으로, 우리의 일 속으로 그리고 우리의 꿈속으로 들이라고 부탁하신다.

- 피차 권면하고 서로 덕을 세우기를(살전 5:11).
- 너희가 짐을 서로 지라(갈 6:2).
- 위로를 받으며(고후 13:11).
- 매일 피차 권면하여(히 3:13).
- 너희 죄를 서로 고백하며(약 5:16).
- 피차 용서하되(골 3:13).

성경에는 사람들과 어떻게 상호작용해야 하는지에 대한 지침이 차고 넘친다. 하나님이 서로를 용서하라고 명하신다면 우리는 서로 다가갈 수 있고 서로에게 상처를 줄 수 있을 만큼 가까이 있어야 한다. 하나님이 서로의 짐을 짊어져야 한다고 말씀하실 때는 더불어 그 짐을 지고 일어나 상대의 수고를 덜 수 있을 만큼 가까이 있어야 한다. 눈을 마주치며 말할 수 없다면 어떻게 죄를 고백하거나 책망할 수 있겠는가? '서로'의 계명을 지키려면 가까이 있어야 한다.

먼저 가까이 가는 사람이 되어야 한다. 참여하는 사람이 되어야 한다. 떠나지 않기로 선택하는 사람이 되어야 한다.

올바른 맥락에서의 갈등

공동체에서 내가 마주친 가장 큰 문제는 너무 자주 사람들과 상처를 주고받는다는 것이다. 거의 매주마다 내 삶에서는 갈등이 해결되어야 한다. 그러나 그것은 그저 건강한 공동체의 일부일 뿐이다. 상처는 건강함의 한 부분이기 때문이다. 어떻게 생각하면 이상하지만 분명한 사실이다.

최근에 여동생과 함께 친구의 목장을 운영하는 제부 토니(Tony)와 이야기를 나누고 있었다. 이 책의 전제는 우리가 어떻게 인류가 살아온 삶의 방식인 마을의 삶으로 돌아가야 하는가라고 설명하자, 제부는 고개를 내저으며 히죽히죽 웃었다. 마치 "내가 그런 곳에 살고 있는데 난장판이 따로 없어요!"라고 말하는 듯했다. 그의 입에서 실제로 나온 말은 "처형, 식인종 무리에 둘러싸여 있다는 걸 깨닫기 전까지는 마을 생활이 아주 근사하게 들릴 거예요"였다.

하지만 그 목장은 사실 지도자를 잘 양성하기로 유명했다. 소년과 소녀를 채용해 마침내 겸손한 지도자들, 대학 졸업장과 화장실 청소 경험을 겸비한 남녀 성인들, 일에 열심이고 사랑에는 더 열심인 건강한 사람들로 성장시켜 세상에 내보낸다. 왜냐하면 60명 이상의 사람들이 외딴 곳에 갇혀 지내는 것은 혼란의 도가니처럼 보일 수도 있지만 골치 아프게 얽히고설킨 관계 속에서 연마되다 보면 인격이 쌓이기 때문이다.

이것은 여동생과 제부가 목장 직원들을 위해 몇 가지 관계의 규칙을 세웠기 때문에 가능하다. 다음과 같은 것들이다. "진실만을 말하고, 말한 것은 지키라. 짜증이 곪아터져 전면전으로 번지게 하지 말고 그때그때 문제를 해결하고 넘어가라. 헐뜯거나 반쪽 진실을 퍼뜨리는 대신 서로를 적극 칭찬하라."

한 번은 여동생이 말했다.

"일단 신입 직원들이 들어올 때마다 첫 주가 지나기 전에 갈등을 다루고 해결하도록 시키고 있어. 예외 없이. 서로 너무 가까이서 지내면 힘든 대화를 엄청나게 많이 해야 해."

제부의 식인종 발언에 배꼽을 잡고 웃었지만 그는 웃자고 한 말이 아니었다. 100퍼센트 진심이 담긴 말이었고 나도 그 의중을 안다. 목장에서 상호작용을 하다 보면 인간 본성에 대한 근본적인 진실이 드러난다. 다른 사람들과 더 가까이 있으면 있을수록 우리의 모난 가장자리들은 서로를 더 긁어 댈 것이다. 제부는 투명성과 책임감을 지니고 살아가는 데 드는 비용을 알고 있다. 자신이 받은 상처와 작은 마을에서 자신이 돌보는 사람들이 받는 상처를 알고 있다. 하지만 그 작은 마을이 삶을 변화시키는 이유는 바로 그 갈등과 상처 때문이다.

하지만 건강한 갈등이 가져다주는 결실을 안다고 해서 그 고통이 덜어지지는 않는다. 헤아릴 수 없이 많은 사람이 예전에 믿을 만한 공동체에 자신을 열어 보인 후 겪었던 고통이 너무나 생생하다. 깊고 현실적이어서 다시 시도할 마음이 들지 않을 정도이다.

바로 그래서 하나님이 중심에 계시며 공동의 사명으로 뭉쳐진 관계가 필요하다. 관계의 중심에 사람을 만족시키려는 동기나 자존심, 사적인 행복이 차지하고 있지 않다면 우리는 자유롭게 맞서 싸우고 겸손하게 사과하며 안전하게 갈등을 해결하며 살 수 있다. 사람들은 당신을 실망시킬 수 있고 당신은 사람들에게 상처를 줄 수 있다. 그러나 우리의 희망과 정체성과 목적을 위해 사람이 아닌 하나님을 바라볼 때 용서가 이루어질 수 있다.

예수님으로 인해 이런 삶이 참으로 가능하다. 최후의 만찬을 나누던 밤의 장면을 상상해 보라. 예수님은 십자가 못 박힘으로 이어질 일련의 사건들이 시작되었음을 알고 계셨다. 곧 가장 가까운 사람들로부터 배신을 당하고 상처를 입으실 것이다. 그러나 함께 식탁에 앉아 있는 동안 분명히 절감했을 상처와 버림받음에도 불구하고 예수님은 떡을 꺼내 친구들이 먹을 수 있도록 떼어 주셨다. 친구들이 마시도록 포도주를 따라 주셨다.

"그들이 먹을 때에 예수께서 떡을 가지사 축복하시고 떼어 제자들에게 주시며 이르시되 받아서 먹으라 이것은 내 몸이니라 하시고 또 잔을 가지사 감사 기도 하시고 그들에게 주시며 이르시되 너희가 다 이것을 마시라 이것은 죄 사함을 얻게 하려고 많은 사람을 위하여 흘리는 바 나의 피 곧 언약의 피니라"(마 26:26-28).

궁극적인 화해의 식탁이 우리 구세주의 부서진 몸과 흘린 피에 의해 차려졌다. 이것이 우리가 누구든, 무엇이든 용서할 수 있는 이유다. 다른 죄인들과 함께 식탁에 둘러앉을 수 있는 이유다. 용서할 수 있다. 왜냐하면 예수님이 용서하셨기 때문이다. 용서할 수 있다. 왜냐하면 예수님이 우리가 하나님께 의로워질 수 있도록, 서로에게 의로워질 수 있도록 길을 여셨기 때문이다.

식탁으로 나아오라

역사와 문화를 통틀어 식탁에 모여 함께 떡을 떼는 것은 항상 화해와 치유를 상징해 왔다. 그동안 했던 모든 여행과 공동체를 주제로 한 온갖 대화 가운데서 이 사실을 거듭 확인했다. 이탈리아에서 아프리카까지, 음식, 식사, 식탁. 사람들은 변함없이 그리고 규칙적으로 음식 주위에서 함께 모인다.

이탈리아에서 친척이 사는 작은 마을을 방문했을 때 삼촌의 사촌 루치아노(Luciano)가 수트리라는 작은 마을 한가운데서 기다리고 있었다. 아저씨는 아주 큰 성조기를 든 채 아름답고 환한 미소를 지었다. 만난 적이 없음에도 우리를 꼭 껴안아 주었다. 우리는 가족이었고 그것이 이탈리아 마을에서는 어떤 의미가 있는지 막 보게 될 참이었다.

루치아노 아저씨는 발걸음을 재촉해 고즈넉한 돌길을 지난 뒤 여동생이 하는 식당으로 우리를 데려갔다. 그곳에서는 커플, 친구, 아이들 그리고 노인들이 모두 함께 점심을 먹고 있었다. 루치아노는 우리를 뒤편의 25명쯤 앉아 있는 식탁으로 안내했는데, 모두 아저씨와 친척 관계에 있는 사람들이었다. 우리 가족은 갑자기 열광적인 이탈리아식 인사와 행복하게 숨 막히는 포옹으로 폭격을 받았다. 혹 혈연으로 맺어지지 않았을지는 모르나 우리는 가족이었다.

조부모님, 친척들, 온갖 연령대의 아이들과 함께 점심을 먹으려고 자리에 앉으니 마치 왕족이 된 기분이었다. 여섯 가지 풀코스, 넘치는 웃음, 충분한 시간, 서로에 대해 담소하는 한 무리의 사람들, 흘러넘치는 사랑, 요란뻑적지근한 …… 싸움. 내가 그 싸움에 대해 언급했던가?

그들의 언어를 이해하지는 못했지만 분노와 좌절은 충분히 감지

했다. 떨리는 주먹이 무엇을 의미하는지 알았다. 유일한 영어 사용자였던 삼촌의 사촌은 내게 돌아가는 상황을 살짝 말해 주었다. 그러고는 "걱정 마세요. 늘 이래요" 하고 말했다.

몇 세대 동안 이 가족 구성원들은 모두 자신들이 태어난 똑같은 작은 마을에서 서로 가까운 거리에 살았다. 아마 내일도 점심을 먹으러 같은 식탁으로 올 것이다.

갈등은 서로를 떠나지 않으리란 사실을 알 때 안전하다. 우리는 떠나지 않기로 합의를 해야 한다. 가끔은 끝내야 할지도 모르는 관계가 있다. 아마도 그 관계는 너무 유독해서 서로 갈라서거나 더 엄격한 경계를 설정할 필요가 있을 것이다. 또는 여러 번 화해하고 이해하려 노력했지만 의견 차이와 불화 속에서 명맥을 이어가는 우정도 있다. 해결하기 위해 많은 노력을 했지만 아직 성과는 보이지 않을 수 있다.

사도 바울은 다수의 관계에서 이런 일을 겪었다. 바울과 베드로는 문제를 잘 해결했지만 대부분 서로 멀리 떨어져 지냈다. 바울과 바나바는 각자의 길을 갔지만 둘 다 복음을 섬기는 일을 계속했다.

하지만 당신이 떠나 버리면 그것은 당신의 사람들을 찾는 일을 다시 시작해야 한다는 뜻이다. 아는가? 새로운 사람들도 상처를 준다. 아니면 당신이 상처를 줄 것이다. 아니면 둘 다이다. 왜냐하면 우리는 모두 그런 존재들이기 때문이다.

만약 머무른다면 갈등을 극복하고 함께 더욱 강해질 것이다. 갈등을 겪을 때 도망치지만 않았더라면 아마도 영원한 친구가 될 수도 있었을 사람들이 있다. 그런 누군가를 회피하거나 심지어 잠수를 타기까지 했던 적이 몇 번이었던가?

갈등은 삶의 한 부분이다. 세상을 향해 하나님을 찬양하고 영화롭게 하면서 해결할 방법을 찾아야 한다.

어떻게 해낼까?

정말 실제적인 문제들을 다루어 보자. 어떻게 하면 건강한 갈등을 겪을 수 있을까?

최선을 가정하라

언짢은 일을 처리하려고 한다면 그것은 정말로 언짢은 일이어야 할 필요가 있다. 이런 일을 다룰 때의 내 규칙은 이렇다.

"너무 빨리 반응하지 말라."

받고 있는 수많은 상처들은 그저 오해일 뿐이다. 누군가 하나를 말하거나 행동하면 우리는 그것으로부터, 그들이 무슨 생각을 하는지 알아내려고 머릿속에서 온갖 이야기를 지어낼 수 있다. 우리가 전면전 모드에 돌입해 있는 동안 상대는 심지어 무엇인가 잘못됐다는 낌새조차 알아채지 못한다.

그러지 말고 최선을 가정하고 앞으로 나아가도록 노력하라. 우리의 희망은 진정한 시민권이 있는 천국에 있기 때문에 이렇게 할 수 있다. 하나님과의 관계에서 만족을 누리기 때문에 사람은 그냥 사람일 뿐임을 납득할 수 있다. 사람들이 실망시키더라도 내버려 두고 문제 삼지 않을 수 있다.

그때그때 해결하라

넘겨 버릴 수 없다면 그 사람을 찾아가라. 그것이 무슨 뜻이었는지 물어보라. 당신이 오해했을지도 모르니 설명할 여지를 주라. 하지만 무슨 일이 있어도 쓰린 감정이 곪지 않도록 하라. 바울은 조언한다.

"분을 내어도 죄를 짓지 말며 해가 지도록 분을 품지 말고"(엡 4:26).

다시 말해 다른 사람의 허물이나 죄를 쌓아 두었다가 일괄 계산하지 말라.

재빨리 사과하라

누군가 당신이 자신들에게 고통이나 해를 끼쳤다고 말하면 재빨리 사과하고 관계 회복을 위해 무엇을 해야 할지 물어보라. 그 외의 말은 별로 할 필요가 없다. 사실 말을 많이 하면 할수록 자신을 더욱 방어하게 될 뿐이다.

내 행동이나 의도가 옳았을지라도 자신을 방어하면 도움이 거의 되지 않음을 배웠다. 사람들이 와서 상처 받은 얘기를 꺼냈지만 나는 죄를 지은 사실조차 몰랐던 적이 도대체 몇 번인지 모른다. 나쁜 의도도 없었고 고의적으로 상처를 주지도 않았으며 그렇게 심한 아픔을 줄 말이나 행동을 했으리라고는 꿈에도 생각지 못했다. 하지만 그런 건 중요하지 않다. 그들은 상처를 받았고 특히 나 때문에 그랬다. 의도한 것이 아니라 하더라도 나는 다치게 만든 책임을 받아들인다.

다윗 왕은 결코 자신을 변호하지 않았다. 사람들이 자신을 변호하는 것을 만류했다. 그는 오히려 오해를 받거나 나쁘게 여겨지는 것에 느긋했다. 하나님이 변호받을 자격이 있는 사람을 변호해 주실 것을 믿었다. 하나님은 우리 이름의 수호자시다. 이는 우리가 어떤 비난에도 동요하지 않고 살 수 있는 이유다.

중재자가 되기를 힘쓰라

만약 누군가 맘이 상했지만 그걸 털어놓지 않는다고 생각될 때 어떻게 해야 할까?

나는 무엇이든지 털어놓고 함께 거리낌 없이 의논해야 한다고 굳게 믿는 편이다. 누군가 당신에 대해 품고 있을지도 모르는 생각을 놓고 온갖 이야기를 지어내느라 시간을 허비하지 말라. 대신에 그냥 휴대폰을 집어 들어 전화하거나 문자를 보내고 두 사람 사이가 괜찮은지 확인하라.

이것을 실천하면 만사가 다 좋다는 것을 때때로 알게 된다. 우리 사이에 문제가 터지기도 전에 해결할 수 있고 때로는 상대가 아무 문제가 없다고 말하지만 속에서 움트고 있는 무언가를 짚어 낼 수도 있다. 나는 이 성경 말씀을 붙들고 산다.

"할 수 있거든 너희로서는 모든 사람과 더불어 화목하라"(롬 12:18).

내가 할 수 있는 일을 하겠지만 다른 사람을 통제할 수도 그들을 화나게 만든 무언가를 내게 털어놓게 만들 수도 없다. 무엇인가 사람들의 마음을 상하게 하고 있다면 그것을 억지로 괜찮게 만들 수는 없다. 할 수 있는 일은 다 했음을 알면 쉴 수 있다.

불편함을 선택하기

그러나 우리 앞에 놓인 도전은 단순한 갈등 해결 이상으로 더 심층적이다. 매일매일 한결 같이 시간을 쏟으면서 서로에게 우선순위를 두기로 선택해야 한다. 때로 그것은 상처 받음을 뜻하며 그야말로 불편해짐을 뜻한다.

역사를 통틀어 대부분의 사람들은 말 그대로 서로 붙어 지냈기 때문에 함께 뭉쳤다. 평생 동안이었다. 결코 더 단기간이 아니었다.

50명이 사는 이탈리아의 마을에 살면서 싸움을 했다면 정말 괴로울 것이다. 다음날 당근, 파스타, 비스킷, 쿠키 같은 것을 사느라 마을에서 유일한 이탈리아 식료품점(당신과 싸우고 있는 사람이 주인)에 가야 하기 때문이다.

하지만 요즘은 너무 많은 사람이 서로를 떠나는 데 선수들이고 대부분은 그 과정에서 사람들로부터 숨는 방법에 정통해진다.

나는 당신에게 전적으로 차별적인 신령한 사고방식을 갖도록 부탁하고 싶다. 사도 바울은 물론 하나님이 우리에게 가지라고 부탁하시는, 예수 그리스도가 보호하시고 공급하시고 채워 주심을 믿는 사고방식이다. 예수님은 우리가 생각하고 관계를 맺고 말하고 화해하고 용서하고 사랑하는 방식이다. 우리는 그런 부요함을 받았으므로 우리의 부요함을 거저 나누어 준다. 이것이 우리의 이야기다. 이것이 복음을 실천하며 사는 방법이다.

우리는 서로를 위해 불편해지기로 선택해야 한다. 생각해 보면 우정, 아니 모든 관계는 불편함 그 자체다. 적어도 제대로 관계하고 있다면 말이다. 그리고 거듭거듭 불편을 선택해 나가다 보면 변화되고 깨어나고 웃고 사랑하고 희망하고 꿈꾸게 된다.

그렇다. 내 삶을 다른 사람들과 엮는 일은 불편하다. 하지만 혼자 힘으로 하려 할 때의 쉽고 공허함보다는 그런 종류의 수고를 몇 번이고 감수할 것이다.

외로움을 떨쳐 버리고 공동체의 보상을 누리려면 계속 모습을 드러내고, 거듭 취약해지며, 끊임없이 문제를 털어놓고, 기탄없이 대화해야 한다. 함께하라. 함께 일하고 삶을 공유하라. 거듭거듭 노력하라! 그러면 어느 날 문득 우정이 깊어졌음을 깨닫게 된다.

사람들과 시간을 맞추는 과학

좋은 친구를 사귀기가 이토록 힘든 이유는 일정을 잡는 일이 너무나 수고롭기 때문이다. 먼저 달력에다 규칙적으로 하는 일을 적어 보라. 수고를 많이 덜어 줄 것이다. 오스틴에서 내 친구들과 했던 방법으로 일정을 잡아 보라. 모두가 다 나올 수 있는 시간과 장소를 정하라.

가까운 사람들을 찾았으면 이제, 함께 시간을 보내는 데 대한 일반적 규칙을 깨트려라.

- 일부러 집을 엉망으로 만들어 놓으라.
- 1시간 일찍 누군가를 저녁 파티에 초대해 준비를 돕거나 늦게까지 남아서 뒷정리하는 것을 도와달라고 요청하라.
- 세탁물을 소파에 놓고 접는 일을 도와달라고 부탁하라.
- 오는 길에 당신의 아이를 좀 태워올 수 있는지 물어보라.
- 깜빡한 재료를 사려고 가게로 달려가지 말고 빌려 달라고 요청

하라.

- 볼일을 볼 때 같이 가 달라며 귀찮게 하라.
- 예고 없이 누군가의 집에 들르라.
- 다짜고짜 누군가에게 식사를 가져다주라.
- 새 원피스를 사기보다는 특별한 행사에 입을 옷을 빌려 달라고 부탁해 보라.
- 누군가에게 옷장 정리를 좀 도와달라고 부탁하라.
- 누군가에게 방 페인트칠을 돕겠다고 제안하라.
- 누군가의 가족 식사에 참석해도 되는지 물어보라.

위의 제안들은 당신의 안전지대를 훨씬 벗어난 것일 수도 있다. 하지만 말하고 싶다. 사람들과 보내는 시간을 기록하는 것을 진지하게 생각하지 않는 한 그리고 실제로 기록하기 전까지는 우리가 갈망하는 수준의 우정 즉 서로 연결되고 알려지는 관계를 누릴 수 없다. 이것을 어떻게 알까? 일부 명석한 사람들이 친구가 되기 위해 필요한 사항들을 수량화해 주었기 때문이다.

앞서 말했듯 한 사람의 지인이 친한 친구가 되기까지는 200시간이 걸린다고 한다. 그 흥미로운 작은 정보가 어디서 왔는지 말해 주겠다. 옥스퍼드대학의 진화 심리학자 로빈 던바(Robin Dunbar)는 우리의 관계 영역은 지인, 가벼운 친구, 친구, 좋은 친구, 절친한 친구와 같은 범주에 속하는 사람들의 층으로 구성된다고 말한다. 하지만 연구에서 획기적이었던 것은 그가 그 범주들에 숫자를 개입시켰다는 사실이다. 우리는 한 번에 약 150개의 의미 있는 관계를 유지할 수 있는 반면, 그는 그 사람들 중 50명만 '친구'로 간주되고 오직 5명만 '친한 친구'로 간주될 것이라고 제시했다.

그의 연구에 영감을 받아 캔자스대학의 제프리 홀(Jeffrey Hall) 교수는 다음과 같은 다양한 관계의 층을 탐색하기 시작했다. 어떻게 가벼운 친구가 의미 있는 관계 즉 친구로 바뀌었을까? 이러한 전환이 일어나려면 어떤 유의 투자가 필요했을까? 시간은 얼마나 걸릴까? 그가 깊숙이 파고든 연구 결과는 무척 흥미롭다. 〈사이콜로지 투데이〉에 보도된 바와 같이 홀은 "지인에서 가벼운 친구로 바뀌는 데는 약 50시간, 가벼운 친구에서 친구로 바뀌는 데 약 90시간, 가장 친한 친구의 자격을 얻는 데 200시간 이상이 걸린다는 것을 발견했다."[1]

이 모든 설명은 다음과 같은 질문을 불러일으킨다.

가장 절친한 친구라고 생각하는 사람들과 몇 시간 동안 함께한 기록을 남겼는가? 한두 시간 동안 다녀온 그 즉흥적 쇼핑몰 나들이? 절친한 관계의 1퍼센트에 해당하는 기록이다. 여름 오후 내내 뒷마당에서 열었던 야외 요리 파티를 했는가? 당신은 방금 죽고 못 사는 우정의 3퍼센트에 해당하는 점수를 획득했다. 이틀간의 여전도회 수련회에서 계속 함께 지냈는가? 바로 거기서 꽤 괜찮은 25퍼센트를 달성했다. 추측하건대 당신이 특정한 사람들과 친하다고 느끼는 이유는 함께 충실히 시간을 보냈기 때문이다.

친구를 위해 시간을 내기에 너무 바쁘다면 어디서 그런 시간을 찾을 수 있을 것 같은가? 맞다. 식사 시간이다. 음식을 준비하고 요리하고 먹고 치우는 동안이다.

나의 팀, 소그룹, 시댁 가족, 우리 아이들 그리고 아이들의 모든 친구 중에서 내가 요리를 하면 보통 누군가 나타날 것이다. 우리 아이들은 "○○명의 사람들이 먹을 만큼 충분한가요?"라고 묻는 법을 배웠다. 가끔은 그렇지 않지만 대부분의 경우에 식사는 정말 효과가 있다.

머무는 사람이 되어야 한다. 단지 먹기 위해서가 아니라 몇 시간 동안 도마질을 하고 심지어 더 늦게까지 남아서 설거지를 해 주기 위해 모습을 드러내는 친구가 되어야 한다. 이 일을 계속 반복해서 할 필요가 있다.

외로움을 느끼는 주요한 이유는 너무 쉽게 포기하기 때문이라고 확신한다. 우정에는 시간이 걸린다. 많이 걸린다. 많은 것을 해결해야 한다. 많이 모습을 드러내야 한다. 옷장 정리도 많이 해야 한다. 많이 웃어야 한다. 많은 음식이 필요하고 많이 불편해야 한다.

쉽게 포기하는 이유는 들여야 할 비용이 많기 때문이다. 골치 아프다. 어렵다. 그것은 원래 어렵다. 잠시 심호흡을 하고 진실을 받아들이라.

좋다. 이제 내 말을 들어 보라. 당신은 어려운 일을 할 수 있다.

하나님은 당신과 함께하시고, 당신 안에 계시고, 당신을 위해 존재하신다. 내 친구인 당신은 모습을 드러낼 수 있다.

누군가에게 상처를 주고 사과할 수 있다. 상처를 받고 용서할 수 있다. 한결같음과 불편함을 선택할 수 있다. 그리고 당신이 얻는 우정은 그만한 가치가 있을 것이다.

스스로를 돌아보는 시간

지속적으로 함께 보낸 시간 기록하기

앞으로 6개월 동안 매주 소그룹 친구들과 함께 지속적으로 투자할 날과 시간을 약속하라. 방법은 다음과 같다.

1. 당신의 사람들을 찾으라.

2. 그들이 좀 더 정기적으로 모일 수 있도록 초대하라.

3. 시간과 장소를 선택하고 바꾸지 말라.

4. 얼마나 오랫동안 이 일에 전념할지 결정하라. 종료 날짜를 정해도 괜찮다.

5. 갈등을 어떻게 처리할 계획인지 함께 의논하라.

'지속적인 관계'를 구축하기 위한 아이디어

- 친구 그룹에서 지원이 필요한 사람은 누구인가? 모두가 그 친구를 위해 무엇인가 근사한 일을 할 수 있는 방법을 계획하라.
- 하나님으로부터 멀어지고 있는 친구 혹은 자신을 고립시키고 있는 친구에게 연락하라. 식사를 가져다주고 괜찮은지 확인하라.
- 친구에게 함께 기도해 달라고 부탁하라.
- 사소한 불쾌함은 잊어버리고 새롭게 출발하라.

- 오해받고 있을 때 험담을 퍼뜨리지 말라.
- 받은 상처에 대해 친구와 얘기할 때는 먼저 그것을 놓고 기도하라.
- "우리 사이에 뭔가 있는 것 같아. 터놓고 이야기해야 할 게 있을까?"라고 먼저 말하는 사람이 되라.
- 화해를 하고 나서나 어떤 상처를 그냥 잊어버리기로 마음먹은 경우 다음에 친구를 만나면 평소처럼 대해 주라.
- 함께할 수 있는 일들에 대해 편안하고 가벼운 문자를 보내라.

하지만 이럴 땐 어떻게 ……

만약 배우자가 내게 다른 사람들과 보내는 시간이 많다고 불평한다면?

어려운 문제이다. 배우자보다 당신이 공동체에 더 큰 우선순위를 둘 수 있기 때문에 공동체를 삶에 어떻게 통합시킬지에 대해 배우자와 통일된 관점을 가질 필요가 있다. 이는 당신과 배우자 모두에게 필요한 일이다. 이 책을 함께 읽고 더 깊은 관계를 추구하는 방법에 대한 공유된 시각을 갖도록 제안한다.

만약 우정의 갈등을 좀처럼 겪지 않는다면, 좋지 않은 징조일까?

꼭 그렇다고 할 수는 없다. 당신은 쉽게 기분이 상하지 않는 느긋한 사람일 수도 있다. 하지만 만약 덜 호전적인 성격을 지녔다면 어떤 쓰라린 감정도 몰래 붙들고 있지 않도록 해야 한다. 또 현재의 친구들과 너무 몸을 사린 채 조심스레 지내거나 귀에 달콤한 말만 해 주는 사람들에게 휘둘리지 않도록 하라. 힘든 일들을 털어놓고 있는가? 감정에 솔직한가?

폭넓은 소통 없이 좋아하는 사람들과만 어울려서는 안 됨을 안다. 하지만 얼마큼 어울려 다니면 지나친 건지 판단하기 힘들다면?

우정에 내재된 사명의 패턴을 내가 참으로 좋아하는 이유가 바로 이것이다. 바라건대 하나님이나 더 깊은 우정을 필요로 하는 주변 사람들을 알아채고 지속적으로 그들을 끌어 당겨 주기를 바란다. 건강한 우정에 힘입어 의도적으로 사람들을 보살피고 사랑하기를 바란다. 만약 사명이 친밀한 우정의 일부라면 그 우정은 정체되지 않을 것이다. 하지만 생명을 주고받는 목적에 초점을 맞추지 않으면 우정은 언제나 건강함을 잃고 만다.

Part 3

공동체에서
뿌리
내리기

Find Your People

10

완벽한 공동체는

세상 어디에도 없다

지난주 한 무리의 친구들이 찾아왔다. 대부분이 일하는 미혼 친구들이었고 몇몇은 결혼해서 아이가 있었다. 가족 이야기가 나왔고 각자는 핵가족이 아닌 과거에 함께 살았던 확대 가족들의 이야기를 들려줬다.

로건(Logan)은 부부가 둘만의 집을 구할 만한 벌이가 있기 전에 맥팔린(McFarlins) 가족과 함께 살았던 얘기를 했다. 한나(Hannah)는 성장기에 함께 살았던 모든 미혼 친척들에 대해 그리고 그 대규모의 저녁식사를 얼마나 그리워하는지 이야기했다. 또 다른 친구는 어렸을 때 함께 살았던 할아버지 얘기를 했다. 친구이자 이프(IF) 멤버가 된 우리 집 육아 돌보미 캐롤라인은 웃으면서 날 바라보고 말했다.

"함께 보낸 시간만 놓고 보면, 전 이 집에 입양된 딸이에요."

변하고 있는 가족에 대한 정의

아직도 주변을 둘러보며 당신의 마을에 누가 사는지 궁금해 할지 모르겠다. 각양각색의 사람들이 당신을 사랑하고 또 당신의 사랑에 사랑으로 응답할 가능성은 어디에나 있음을 깨닫기 바란다!

가족은 공동체의 삶을 배우고 살아가도록 하나님이 마련해 주신 최초의 그리고 최고의 장소이다. 하지만 우리의 가족 개념은 하나님이 원래 염두에 두셨던 것과는 거리가 멀다. 시도는 해 볼 수 있겠으나 아무리 연구를 거듭해도 엄마, 아빠 그리고 2.5명의 아이들이 다른 사람들로부터 격리된 채 400평 정도의 땅을 차지하고 독립적으로 살았던 고대적 증거는 결코 발견하지 못할 것이다. 오히려 공동 생활의 수많은 증거들만 발견할 것이다.

오래전 평균 수명이 오늘날보다 짧아 사람들이 훨씬 젊은 나이에 죽었을 때의 가족이란 개념은 부모, 조부모, 이모와 고모, 삼촌, 이복 형제자매, 이웃, 사촌, 일터의 동료 그리고 가족처럼 느껴지지만 실제로는 그렇지 않은 친구들까지를 포함했다. 단일 가족용 주택에 대한 발상은 아직 떠오르지 않았고 인간이 된다는 것은 거의 주어진 시간의 100퍼센트를 마을에서 다른 사람들에게 둘러싸여 보냄을 의미했다.

1920년대에 모든 것이 바뀌었다. 브로니슬라프(Bronislaw)와 말리노프스키(Malinowski)라는 사회 인류학자가 부모와 그들의 2.5명의 자녀로만 구성된 사회적 단위를 가리켜 '핵가족'이라는 용어를 만든 후였다. 핵가족 개념은 마케팅에 혁명을 일으켰다. 왜냐하면 소규모의 고립되고 경계가 분명히 정해진 무리의 사람들이 기저귀에서부터 요리기구에 이르기까지 모든 제품에 대한 훌륭한 표적 소비자층이 되었기 때문이다. 더 적은 것들을 공유할수록 더 많은 것들을 개별적으로 사야 했다. 그 생각은 통했다. 토스트기 판매가 급증했다.

한편 가족에 대한 우리의 이해도는 떨어졌고 독신자들은 고립되었으며 젊은 엄마들은 아이들을 키우기 위해 쓸쓸하게 남겨졌다. 노인들은 사회 주변부로 밀려났다. 우리는 더 높은 울타리 뒤에 숨었고 외로워졌다. 반짝대는 새 토스트기와 함께 고립되었다.

적어도 대부분의 사람들은 그랬다. 감사하게도 우리 중 얼마는 여전히 하나님의 원래 계획에 담긴 아름다움을 인식하고 있다.

팬데믹 시기에 친구 타샤(Tasha)는 중조 할머니가 코로나에 걸렸다는 소식을 알려 주었다. "그분은 연세가 77세야." 타샤는 말을 이어갔다. "간병인이 일주일에 몇 번씩 와서 도움을 주고 있어. 듣기로는 지난주에 도우러 온 간병인들 가운데 한 명이 아팠고 지금은 그분도 아프시대."

타샤의 중조 할머니는 노스캐롤라이나에 산다. 어머니와 몇 년 동안 한 집에서 산 후 이제 혼자서 살려고 하고 있었다. 하지만 중조 할머니가 코로나 양성 판정을 받았기 때문에 간병인들은 그 집에 들어갈 수가 없었고 타샤는 걱정했다.

이어 타샤는 "중조 할머니의 자매가 뉴욕에서 내려와 최소 한 달 동안 함께 지낼 예정이어서 도움이 될 것"이라고 말했다.

"너의 중조 할머니의 자매는 70대 혹은 심지어 80대일 수도 있는데 뉴욕에 있는 자택을 떠나 노스캐롤라이나에 한 달 동안 간호하러 온다고?"

"응, 물론이야."

타샤는 계속해서 대부분의 흑인 사회에서 사람들은 "가족 구성원들을 돌보고 이웃들과 가족처럼 지낸다"고 말했다.

"제니, 우리는 공동체 안에 함께 있어. 삶, 패배, 승리, 슬픔, 코로나 바이러스 등 모조리 다 그 안에서 겪어."

타샤는 증조 할머니의 자매가 사랑하는 가족을 돌보기 위해 몇 주 동안 거처를 옮기는 것 외에도, 부근에 사는 가족들이 그분이 한 끼도 놓치지 않도록 식사 배달 봉사 계획을 이미 세웠다고 말했다. 타샤는 온라인으로, 생각할 수 있는 온갖 보존 식품을 병든 할머니에게 배달하도록 시켰다.

나는 모든 일이 상당한 희생으로 보였고 또한 솔직히 꽤 아름답게 느껴져서 그 점을 말해 주었다. 그러자 타샤는 자신이 속한 곳과 같은 공동체에서 집단생활은 단지 '만사가 돌아가는 법'임을 일깨워주었다. 또 "아프리카계 미국인들은 세대를 초월해 살고 있어. 서로를 돌보기 위해 필요하다면 무엇이든지 할 거야"라고 말했다.

서로를 보살피기. 그것은 모두가 갈망하는 것이 아닐까? 그러나 우리 안의 무엇인가는 타인에게 기대고 또 타인이 우리에게 기댄다는 생각에 저항감을 느낀다.

몇 년 전 내 친구가 결혼했을 때 친구의 백인 아내는 처음에 남편이 속한 아시아 문화의 기반을 높이 평가했다. 가족들이 밀착해 있는 방식과 장성한 자녀들이 연로한 어른들을 돌보는 방식 등을 훌륭하게 보았다. 그 후 친구는 홀로 된 어머니가 함께 살기 위해 올 것이라는 소식을 전하게 되었다. 그리고 그냥 이론상 한껏 부요해 보였던 문화를 실제로 환영하는 것은 한결 어렵게 느껴졌다고 말해 두자.

우리 중 많은 사람이 서로를 돌보는 일에 비참할 정도로 실패하고 있다. 물론 이 책은 나이 든 부모님을 돌보는 데 대한 지침서는 아니다. 하지만 다음은 우리 문화권 및 전 세계의 다양한 사람들에게서 내가 관찰한 분명한 사실이다. 그들은 가족을 보살핀다. 사실 가족과 평생을 붙어서 지낸다.

하나님의 원조 가족 계획

나는 하나님께서 만드신 최초의 그리고 최고의 공동체는 가족임을 진심으로 믿는다. 창조 사역 중 여섯째 날에 하나님은 자신의 걸작품을 만드셨다. 바로 인간이다. 아담과 하와다. 한 남자와 그의 아내이다. 그들은 아이를 낳고 자녀를 기르게 되었다. 바로 하나님의 형상대로 만들어진 가족이다.

처음부터 하나님은 사람이 혼자 있는 것, 혼자 사는 것, 다른 사람들과 떨어져 사는 것은 결코 좋지 않다고 보셨다. 그래서 해결책을 제시하셨다. 당신과 나를 위한 맞춤 제작 공동체였다. 그 순간부터 변함없이 우리는 삶이 힘겹거나 두렵거나 좌절을 안겨 줄 때마다 집으로 와 줄 사람들, 기댈 사람들 그리고 눈물로 얼룩진 얼굴을 문을 어깨가 있다. 친구들이다. 가족 또한 우리 곁에 있어 줄 것이고 우리도 그들 곁에 함께 있어 줄 것이다. 이것은 있다가 없다가 하는 합의라기보다는 언약적인 헌신과도 같다.

우리는 인생의 사계절을 지나는 동안 보고, 알고, 사랑하고, 봉사하면서 붙어 지낼 것이다. 우리 집의 사방 벽 안에서 관계 맺기 연습을 할 것이고 그래서 세상에 나갈 때 어떻게 다른 사람들을 잘 사랑할 수 있을지 알 것이다. 집에서 좋은 질문하기를 연습했기 때문에 어떻게 좋은 질문을 하는지 알 것이다. 집에서 공감어린 의사소통을 연습했기 때문에 상처 받은 사람들에게 공감을 표현하는 법을 알 것이다. 집에서 받은 상처를 내려놓는 연습을 했기 때문에 자기 감정을 해치지 않고 사는 법을 알 것이다. 집에서 다른 사람들을 용서하는 연습을 했기 때문에 진심으로 용서를 베푸는 법을 알 것이다. 집에서 효과적인 갈등 해결을 연습했기 때문에 차이와 불일치를 헤쳐 나가는 법을 알 것이다.

가족은 우리의 첫 번째 공동체 즉 우리를 받아들이고 사랑한 다음 우리도 다른 사람들을 잘 받아들이고 사랑하라고 가르치는 사람들의 모임이 되어야 한다. 이것은 가족 안에서 사람들을 축복하고 가족들을 통해 나머지 세상을 축복하려는 하나님의 원래 계획이었다.

"하나님이 고독한 자들은 가족과 함께 살게 하시며." 시편 기자는 약속했다. "갇힌 자들은 이끌어 내사 형통하게 하시느니라"(시 68:6).

항상 이 구절을 몹시 좋아하는데 이유는 가족의 일원을 자유의 몸이 된 죄수들에 빗대고 있기 때문이다. 가족 사진은 완전한 자유, 내던져지는 사슬, 기쁨과 환희를 보여 주는 사진이어야만 한다. 그렇기 때문에 역사적으로 자신의 욕망을 제쳐 두고 가족을 먼저 돌보는 것은 그리 대단한 일로 여겨지지 않았다. 여기서 사도 바울이 디모데전서에서 젊은 제자에게 가족의 중요성을 상기시켰던 권고를 떠올리게 된다.

"누구든지 자기 친족 특히 자기 가족을 돌보지 아니하면 믿음을 배반한 자요 불신자보다 더 악한 자니라"(딤전 5:8).

꽤 신랄한 말이다. 그렇지 않은가? 너무 신랄하기 때문에 거의 다음과 같은 요지를 과장해서 표현한 것처럼 읽힌다. "물론 우리는 가족을 보살펴야 해, 디모데야. 그러니까 이건 너무나 불 보듯 뻔해서 아마 내가 말할 필요조차 없을 거야."

바울 시대를 살았던 사람들에게 '친척'이란 직계 가족뿐만 아니라 친인척을 포함한 확대 가족의 구성원들, 심지어는 근처를 지나면서 머물 곳, 먹을 음식 또는 다른 종류의 단기적인 보살핌을 필요로 했던 낯선 이들도 포함하곤 했다. 일부 역사학자들은 이와 관련된 사람들의 모임이 100명에 달했을 수도 있다고 주장하는데, 오늘날 평균 2.63명으로 구성되는 현대 가족과는 큰 차이가 난다.[1] 가족은 누군가 책임지고 있는 모든 사람을 포함했다. 누군가 기꺼이 보살핀 사람들을 뜻했다. 흥망성쇠를 같이할 사람들을 뜻했다.

당신은

이 사람들과 함께 식사를 나눌 것이다.

이 사람들과 함께 집안일을 할 것이다.

이 사람들과 함께 아이들을 키울 것이다.

이 사람들과 함께 노동할 것이다.

이 사람들과 함께 꿈을 품을 것이다.

이 사람들과 이 이야기를 주고받을 것이다.

이 사람들과 함께 의견 차이를 극복하면서 일할 것이다.

이 사람들과 함께 승리를 축하할 것이다.

이 사람들과 함께 실망감으로 괴로워할 것이다.

이 사람들과 함께 새로 태어난 아기들을 환영할 것이다.

이 사람들과 함께 사랑하는 사람들을 땅에 묻을 것이다.

이 사람들과 함께 인생의 모든 것을 할 것이다.

그리고 날마다 이런 일을 할 것이다.

솔직히, 가족은 힘들다.

하나님의 가족 계획에 내재된 이 모든 일체감에는 아마도 의문이 따를 것이다. 가족이라는 사람들이 계속해서 우리를 오롯이 괴롭게 만든다면 어떻게 할 것인가? 아니면 훨씬 더 나쁘게는 완벽히 부재중이거나 학대를 일삼는다면 어떻게 할 것인가?

오랫동안 가족들이 저지른 상상할 수도 없는 만행에 대한 이야기를 들어왔다. 먼저 분명히 말한다. 유독한 관계에는 절대적으로 경계 설정과 십중팔구 소원함이 필요하다. 당신이 지금 그런 입장에 있거나 성장하면서 그랬다면 그리고 결코 치유된 적이 없다면 도움을 청하기를 간곡히 부탁한다. 누구도 혼자서 그런 일을 겪어서는 안 된다.

하지만 우리 대부분에게 가족 구성원들은 정말로 유독하지 않다. 그들은 그냥 짜증나게 할 뿐이다! 아니라면 우리가 가족들 중 몇몇을 좋아하지 않을지도 모른다.

아마 가족들은 당신의 자녀 양육법이나 대학 졸업 후의 진로 희망에 대해 비판적일 수도 있다. 어쩌면 결혼을 강요하거나 자신들이 지지하는 후보에게 투표하라고 압박할 것이다. 돈으로 조종하거나 문법이 틀렸다고 지적하거나 자주 찾아오지 않는다고 끊임없이 불평할지도 모른다. 아니면 내 친구의 형제처럼 와서 너무 오래 머물고 크리스마스에 자기들을 보살펴 주기를 기대할 수도 있다.

우리는 보통 너무 짜증나게 하지 않고 비판적이지 않으며 우리와 많이 닮은 사람들과 친밀한 관계를 추구한다. 하지만 가족에 대해서라면 사람들을 선택할 수 없다. 그 말은 필시 가족을 사랑하기는 쉽지 않을 것이란 뜻이다.

아들 쿠퍼를 입양하는 과정에서 우리는 가족간 애착과 전부가 되어야 마땅할 인생의 첫 번째 관계를 상실하는 것이 얼마나 영혼을 파괴시킬 수 있는지에 대한 많은 글을 읽었다. 입양은 벌충적 측면이 있는 반면 근본적으로 가장 상상할 수 없는 파탄 즉 자신을 존재하게 해 준 사람들의 상실에서 비롯되기에 이 글을 쓰는 동안 눈물을 쏟지 않을 수 없다.

첫 번째 관계에서의 애착이 어떤 식으로든, 어떤 이유로든 허물어지면 어떤 단계에서든 애착을 형성하는 것이 어렵고 무서워진다. 그래서 만약 상담 치료를 신청하면 첫 20분 동안은 부모님과의 관계에 대한 질문을 받게 된다.

좋은 소식이 있다. 우리는 관계를 이루는 더 나은 방법을 배울 수 있으며 확실히 치유될 수 있다. 내가 그 경험자이다.

서른 살 때 아빠와 마주 앉아서 아빠가 무심코 내 인생에 가져다 준 상처로 어떻게 절뚝거리는 삶을 살아왔는지 털어놓았다. 당시에는 나도 젊은 부모였지만 자녀들에게 상처를 주기가 얼마나 쉬운지 모르고 있었다.

아빠에게 6쪽짜리 편지와 3쪽짜리 감사문과 3쪽짜리 상처받은 이야기를 써서 소리 내어 읽어 드렸다. 의미심장했다. 수년간의 상담 사역을 포함해 비슷한 일들을 해 왔지만 아빠에게 받은 상처를 직접 털어놓은 적은 한 번도 없었다.

드디어 그날이 왔지만 필요하다고 생각했던 이 대화로부터 얻을 수 있는 어떤 유익도 머릿속에 떠오르지 않았다. 우선 아빠의 마음을 다치게 하고 싶지 않았다. 두 번째로 어떻게 이 대화가 잘 매듭지어질지 가늠할 수 없었다. 아빠는 날 비난하면서 최악의 두려움이 현실로 나타나게 만들거나 아니면 대수롭지 않게 여기며 자신의 말과 행동에는 아무런 의미가 없었다고 말할지도 모른다. 요컨대 내 어린 시절의 상처는 정당성을 잃을 것이다.

우리 육신의 아버지에 대한 아름다운 진실이 있다. 예수님을 사랑하고 가족을 사랑하며 평생을 좋은 아빠와 사랑하는 남편이 되기 위해 노력해 온 분이다. 딸로서 감사할 일이 한두 가지가 아니다. 그럼에도 나는 여전히 마음의 응어리와 상처 그리고 약간의 소용돌이치는 정체성의 위기를 안은 채 성장기와 작별을 고했다. 우리는 모두 부모님께 지은 죄들이 있어서 애착 문제를 성인기까지 짊어지고 간다.

아빠는 그날 모든 말을 다 들어주었다. 늘 침대에 누이고 잠자리를 봐 줬던 것과 가족을 부양하기 위해 지칠 줄 모르고 일했던 것에 내가 감사하자, 행복한 눈물을 흘렸다. 아빠의 기대에 한 번도 미치지 못해 어떻게 자주 두려웠는지 조심스럽게 설명했을 때는, 격한 눈물을 쏟았다.

아빠는 흐느꼈다. 귀 기울였다. 그러고 나서 대화 이전에는 상상조차 할 수 없었던 사실을 말해 주었다. 자신과 부모님의 관계에 대해서였다.

"제니, 내가 다 망쳐 놨구나. 모두 내 잘못이야. 네 잘못이 아니었어. 완벽해야 한다는 메시지를 어디서 처음 들었는지 말해 줄게.

내 부모님으로부터야. 나는 그 메시지를 듣고 흡수하고 또 너에게 전달했어."

우리는 자신이 사랑받았던 방식으로 다른 사람을 사랑한다. 마찬가지로 이 또한 사실이다. 우리는 자신이 상처받은 방식으로 다른 사람을 다치게 하는 경향이 있다. 그 순환은 무엇인가 그것을 중단시키고 누군가 "그만해!"라고 말할 때까지 영구히 지속된다.

그날 아빠와 나는 바로 그렇게 했다. 이구동성으로 소리쳤다. "그만해!"

당신의 가족 찾기

물론 모든 가족 관계를 성공적으로 치유하고 회복시킬 수는 없다. 만약 부모님이나 다른 가족들과 관계가 깨진 상태라면 절망적일까?

인류학에는 건강한 가정을 갈망하는 전 세계인들의 삶에서 일어나고 있는(친척들이 통제 불능의 악순환에 빠져 있는 것처럼 보일 때조차) 현상의 핵심을 정확히 짚어 낸 용어가 있다. 바로 유사친족 제도(fictive kinship)이다. 내 생각에 이것은 "당신의 사람을 찾으라"에 해당하는 고급스러운 용어인데, 결혼이나 혈연으로 맺어지지 않은 강한 사회적 유대를 가리킨다.[2] 흥미롭게도 몇몇 연구자들은 가장 행복한 사람들은 가장 강력한 유사친족 관계의 결속력을 지닌 사람들이라고 주장한다. 자신의 가족은 재앙이었기 때문에 그들은 가서 자신의 가족이라고 부를 새로운 가족을 만들었다.

일본의 오키나와 섬에서 이것은 모아이스(moais), 말 그대로 "공동의 목적을 위한 모임"이라고 불리는 사회적 지지 단체에서 실시된다.[3] 이 섬에서 아이들이 태어나면 평생 동안 서로 헌신할 사람들의 무리인 최대 다섯 명의 다른 아이들과 연결된다. 말 그대로 그들의 두 번째 가족이 된다. 설령 첫 번째 가족이 생활을 유지해 주고 친절을 베푼다 해도 마찬가지다. 아이들은 그 그룹과 함께 논다. 나중에는 그 그룹과 함께 일할 것이다. 더 나중에는 그 그룹의 맥락 안에서 아이들을 키우고, 병들었을 때 서로 보살피며, 경제적으로 힘든 시기에는 서로 돈을 빌려 주고, 함께 늙어 가는 등 모든 일을 할 것이다.

멕시코 중부에서는 다양한 가정의 부모들이 함께 모여 꼼빠드라즈고(Compadrazgo)라고 불리는 유사친족 제도 형태로 자녀들을 키운다. 원어 뜻 그대로 공동 양육이다.[4]

르완다에서는 전에 말했듯 나이 든 남자들이 어린 소년들을 마치 자신의 아이들인 것처럼 양육한다.

무수한 문화를 조사해 보아도 요점은 같을 것이다. 자연발생적 가족들이 채우지 않거나 채울 수 없는 구멍을 메우기 위해 함께 모이는 이러한 현상을 거의 모든 문화 속에서 볼 수 있다.

찰스 목사님에게 1990년대 중반 르완다에서 끔찍한 집단 학살로 아버지를 잃은 후 자란 소년 소녀들의 세대에 대해 물었을 때 목사님은 말했다.

"아버지 부재의 해결책은 교회예요. 지상의 아버지들을 되돌려 줄 수는 없기 때문에 우리는 대신 그 아이들에게 영적인 아버지들을 줍니다."

당신을 기다리는 가족

하나님은 사랑이 넘치고 자상하며 친밀한 부모로서 세상의 어떤 부모도 따라갈 수 없는 방식으로 우리의 필요를 충족시켜 주실 수 있다. 내가 가장 좋아하는 하나님의 모습 중 하나다. 혹 당신이 고아처럼 느껴져서 '가정을 꾸리고 싶다'고 갈망하든, 건강한 가정을 이루었지만 여전히 외로움을 느끼든, 하나님은 당신을 자신의 가정의 일부로 포함하는 하나의 아름다운 가정을 만드셨다. 사실 복음 메시지의 가장 핵심에는 우리가 죄 때문에 하나님으로부터 떨어져 나왔음에도 불구하고 하나님은 큰 사랑으로 우리를 되찾을 계획이 있다는 이 구상이 자리하고 있다.

하나님은 우리를 하나님의 가족이 되도록 초대하신다. 예수님을 구세주로 믿는 순간부터 우리를 입양해 들이신다. 형제자매들과 함께할 자리를 주시고 다정한 아버지가 되실 뿐 아니라 고통당할 때 돕겠다고 약속하신다. 하나님은 우리의 가족이며 하나님의 교회를 통해 우리는 이 지구상에 새롭고 더 큰 가족을 갖게 되었다.

"너희는 다시 무서워하는 종의 영을 받지 아니하고 양자의 영을 받았으므로 우리가 '아빠 아버지'라고 부르짖느니라"(롬 8:15).

성경은 상기시켜 준다.

"우리는 살아 계신 하나님의 성전이라 이와 같이 하나님께서 이르시되 내가 그들 가운데 거하며 두루 행하여 나는 그들의 하나님이 되고 그들은 나의 백성이 되리라"(고후 6:16).

남편과 내가 가진 가장 훌륭한 마을 경험 중 하나는 다양한 배경을 가진 몹시 친절한 죄인들이 모여 어설프고 흠투성이로 개척했던 교회와 관련되어 있다. 요사이 교회 소그룹이 내게는 가족과도 같다. 형제자매, 조부모, 사촌 그리고 끝내 주는 이모와 고모들이 많이 생겼다. 이 모든 것은 지역의 현실 교회를 통해 이루어졌다.

하지만 당신에게는 '교회'가 완전히 다른 생각을 불러일으킬 수도 있다. 내가 대화를 나누어 온 대부분의 사람들에게 지역 교회는 자신들의 핵가족만큼이나 많은 고통과 트라우마를 야기시켰던 유일한 사람들의 모임이다. 왜 그런가? 교회는 죄인들로 차고 넘치기 때문이다. 죄인들이 무슨 일을 하는지 맞혀 보겠는가?

그렇다. 죄를 짓는다. 우리는 서로 상처를 준다. 사람들이 교회를 떠나는 이유 중 하나는 가족처럼 느껴지지 않기 때문이다. 그런 교회는 예수님의 깃발 아래서 서로를 보살피기 위해 모이는 무리가 아니다. 전혀 아니다. 요즘은 교회에서 단 한 사람이라도 알고 지내면 운이 좋은 것이다. 우리는 종종 말없이 서로를 지나가는 낯선 사람들이다.

하지만 이럴 필요는 없다. 예수님의 추종자로서 우리는 서로를 필요로 한다. 힘들게 느껴질 수도 있겠지만 지역 교회는 당신의 사람들을 발견할 수 있는 최선의 장소 중 하나다.

팀원들이 이프 개더링에 일하러 올 때 이렇게 말하곤 한다.

"불완전한 교회를 얼른 찾아 보육실에서 봉사를 시작하세요."

당장 봉사에 뛰어들면 사람들을 만나게 될 것이다. 비록 완벽하지는 못하지만 실제로 살아 있는 존재들과 연결되면 당신은 무엇인가 좋은 것의 일부라는 사실을 기억하게 될 것이다. 그리고 봉사를 통해서도 자신이 교회의 일부라는 사실을 떠올릴 것이다. 교회에 몹시 분개하기 이전부터 말이다. 당신이 교회이다. 교회는 단순히 기관이 아니라 당신도 한 일원인 사람들의 무리이다. 교회는 우리의 사람들이 될 수 있다. 교회는 우리의 불완전한 작은 마을이 될 수 있다. 교회는 우리의 가족이 될 수 있다.

가족은 떠나지 않는다

고독을 벗어나지 못할 운명이라고 믿기 시작한 모든 사람에게 딱 한 가지만 말해 줄 수 있다면 바로 이것이다.

"만약 당신이 가족이나 지역 교회 가운데서 당신을 기다리는 아름답고 활력을 줄 잠재적 우정을 놓치고 있다면 어쩌겠는가?"

성경은 우리가 어떻게 상호작용해야 할지를 분명히 알려 주는 활발한 유사친족 관계로 넘쳐난다. 바꾸어 말하면 당신을 받아들이고 격려하고 사랑할 준비가 된 대리(代理) 가족원들이 십중팔구 주변에도 있을 것이다. 당신도 같은 마음으로 그들을 바라보고 마음에 들이고 또 위해서 헌신한다면 말이다.

그런데 그것은 어렵고 큰 대가가 따른다. 나는 가족 구성원이고 교회 구성원이다. 그리고 내가 얼마나 골칫덩이가 될 수 있는지 또 당신이 얼마나 골칫덩이가 될 수 있는지 잘 안다. 하지만 알고 있는 또 다른 사실이 있다. 이탈리아의 내 가족들처럼 싸우고, 웃고, 축하하며, 서로를 화제로 이야기하고, 모습을 나타내며, 사랑하고, 쓴소리를 하고 건배하는 상처투성이 사람들로 가득 찬 식탁은 최고의 선물이라는 점이다.

디트리히 본회퍼(Dietrich Bonhoeffer)는 '기독교 공동체' 자체보다 '기독교 공동체의 꿈'을 더 사랑하는 사람들은 기독교 공동체의 파괴자가 된다"고 썼다.[5]

혈연으로 이루어졌든 입양이나 선택으로 이루어졌든 가족에게 헌신하기 위한 출발점으로서 우리가 가족에 대해 이야기하는 방식에 주의하자.

"교회가 계속 돈을 요구해요."

"아버지는 항상 도움이 안되었어요."

"가족은 나를 이해해 준 적이 없어요."

"어째서 우리 교회는 _____에 관심이 없을까요?"

"그들은 절대로 나를 받아주지 않을 거예요."

"모두 각자 자기 길을 가기로 합의했어요."

"우리는 서로의 삶에 아무런 도움도 되지 않아요."

"우리는 그냥 사이좋게 지낼 수가 없어요."

"우리 가족은 엉망진창이고 제 기능을 못하고 있어요."

"엄마와의 관계는 돌이킬 수가 없어요."

"가족들이 없는 편이 오히려 나아요."

이런 말을 내뱉을 때마다 하늘을 찌를 듯 높다란 벽을 세우는 건축 프로젝트를 스스로 시작하게 된다. 그러고 나서 우리가 벽의 우리 편에 있고 '그들'은 여전히 그들 편에 남아 있는지 확인하는 데 여생을 보낸다. 눈에서 멀어지면 마음에서도 멀어진다가 우리의 해결법이다. 이따금 다음과 같은 성가신 생각이 슬그머니 들기 전에는 그런 사람들이 존재하는 것조차 거의 잊어버린다. '혹시 무슨 일이 벌어지고 있을지 궁금한 걸!'

고립에 열중하는 대신 보다 나은 헌신 한 가지를 고려해 보자. 이것은 베네딕토회 수도사들이 정주(定住)의 서원이라고 부르는 것이다. 트라피스트 수도사 토머스 머튼(Thomas Merton)이 한 번은 자신의 책에 "정주 서원(a vow of stability)을 함으로써"라는 글귀를 썼다.

> 수도사는 '완벽한 수도원'을 찾기 위해 떠돌아다니는 헛된 희망을 내려놓는다. 이것은 깊은 믿음의 행동임을 넌지시 보여 준다. 즉 우리가 어디에 있거나 누구와 함께 사는 것이 별로 중요하지 않음을 인식한다는 것이다. …… 수도원을 생각할 때 명성이나 비범함의 요소를 고려하는 사람은 정주를 이루기 힘들다. 모든 수도원은 대체로 다 평범하다. …… 평범함은 수도원이 지닌 가장 큰 축복 가운데 하나다.[6]

한 사람의 수도사가 다른 모든 서약을 하고 지킨 후에 정착의 서약을 할 때는 다른 형제들에게 이런 고백을 하는 것과도 같다.

"당신들의 엇비슷함과 부족함과 평범함에도 불구하고 나는 오랫동안 이 안에 있습니다. 나는 머무는 사람입니다. 나는 여러분의 일부이고 여러분은 나의 일부입니다. 나는 이곳에 있습니다. 나는 이곳에 있을 것입니다. 절대 어떤 다른 곳으로도 가지 않을 것입니다."

가족이 된다는 것의 의미를 이보다 더 잘 설명할 수 있는 방법은 떠오르지 않는다.

남편의 결혼 반지에는 세상의 많은 반지가 그렇듯 룻기 1장 16-17절 말씀이 새겨져 있다. "어머니께서 가시는 곳에 나도 가고 어머니께서 머무시는 곳에서 나도 머물겠나이다 어머니의 백성이

나의 백성이 되고 어머니의 하나님이 나의 하나님이 되시리니 어머니께서 죽으시는 곳에서 나도 죽어 거기 묻힐 것이라."

룻은 나오미의 며느리였다. 나오미의 아들인 남편이 죽은 후 룻은 시어머니에게 이렇게 다짐했다. 무려 시어머니다! 자신의 친족 집단으로 돌아갈 수도 있었지만 룻은 남아서 시어머니와 함께 살고 심지어 죽기까지 하겠다고 약속했다. 룻은 머물기로, 시어머니를 가족으로 여기기로 결정했다.

때로 남편은 나의 가장 친한 친구처럼 느껴졌고 때로는 가장 큰 적처럼 느껴졌다. 하지만 우리는 서로를 위해 싸웠고 우리의 관계를 위해 싸웠다. 왜냐하면 머물기로 약속했기 때문이다. 우리는 머물기로 선택한다. 불완전한 결혼 안에 불완전한 교회 안에 불완전한 우정 안에 머물 것이다.

당신은 무엇을 선택할 것인가?

머물기로 선택하면 무엇이 달라지는가?

머물기로 선택하는 것은 쉽지 않다. 그러나 하나님이 누구를 가족으로 주셨든 계속 그들을 바꾸려고 노력하는 대신에 있는 모습 그대로 받아들이기로 결정하는 순간, 가족과 교회로부터 끊임없이 무언가를 기대하는 대신에 그들에게 봉사하는 방법을 찾는 순간, 그들의 모든 결정에 의문을 제기하는 대신 격려의 말을 할 기회를 조용히 기다리는 순간, 그들과의 끔찍한 교류를 걱정스럽게 예견하며 하루하루를 보내는 대신 잘 사랑할 기회를 주의 깊게 찾는 순간, 그것은 아마도 당신의 가족과 교회가 변화되는 순간일 것이다.

확증 편향(confirmation bias)이란 말을 들어본 적이 있을 것이다. 딱 자신이 발견하고자 기대하는 그것을 세상에서 발견하는 현상이다. 확증 편향이 여기서도 작동한다. 만약 가족 관계에서 아름다움을 찾기를 기대한다면 아름다움을 찾을 것이다. 만약 지지받기를 기대한다면 지지를 얻을 것이다. 만약 받아들여지기를 기대한다면 받아들여질 것이다. 만약 우정을 발견하기를 기대한다면 십중팔구 어떻게 되겠는가? 친구를 찾을 것이다.

요즘 아빠는 내 삶에서 가장 비판을 적게 하는 사람이 되었다. 가장 훌륭한 내 응원단장으로 변신했다. 나를 얼마나 자랑스럽게 여기며 내가 얼마나 소중한지를 말해 주려고 끊임없이 노력한다. 언제 들어도 절대 질리지 않는 말들이다. 이제는 우리 부녀 관계에서 아름다움을 본다. 사실 그것이 내가 보는 전부이다. 내가 보고 싶은 전부이다. 바로 앞에 있는 불완전한 사람들을 놓치지 말라.

11

공동체를 지키기 위해
힘써 싸우라

더 크고 더 아름다운 비전을 주고 싶다. 다채로운 공동체 속에서 깊숙이 연결되어 살아갈 수 있도록 말이다. 이 책을 덮은 뒤 더 나은 일자리 제안, 더 넓은 평수, 더 멋진 도시보다 공동체에 우선순위를 두는 일에 헌신하기 바란다. 건강한 관계를 향한 하나님의 비전을 보고 그것을 안락함이나 편하고 얕은 대화, 가끔 만나는 편리한 모임보다 우선적으로 선택하기를 바란다. 단지 핵심 그룹만을 찾을 게 아니라 알고 섬기며 알려지고 섬김 받을 수 있는 마을을 찾기 바란다. 당신의 사람들을 찾기 바란다.

하지만 내가 말하는 비전은 이보다 훨씬 더 크다. 완전히 다른 삶의 방식을 포용할 수 있어야 한다. 나는 성경에서 그것을 보며, 또 그것이 가능함을 안다. 그렇다 해도 그 일은 항상 힘들 것이다.

우리를 대적해 싸우는 원수

성경은 "우리의 씨름은 혈과 육을 상대하는 것이 아니요 통치자들과 권세들과 이 어둠의 세상 주관자들과 하늘에 있는 악의 영들을 상대함이라"(엡 6:12)라고 말한다. 우리가 하고 있는 전투다. 이것을 기억해야 한다.

몇 년 전 교회 개척 초창기에 나는 친구와 크게 의견이 맞지 않았다. 나와 친구는 둘 다 서로 오해를 받고 있다고 느꼈다. 그래서 그것에 대해 이야기하기 위해 마주 앉았다. 해결하려고 노력한 후에 갈등은 훨씬 더 고조되고 말았다. 어떻게 문제를 해결해야 할지 모른 채 나는 전보다 더 노발대발하며 회의장을 떠났다.

그런 갈등을 겪어 본 적이 있는지 모르겠다. 비록 노력하고 있지만, 앉아서 해결의 단계를 거치고 있지만, 절대 해결책을 찾을 수 없을 것만 같다. 위의 에베소서 구절을 읽을 때 문제는 친구가 아님을 깨달았다. 문제는 우리를 분열시키려는 원수였다.

4장에서 논의했듯이 원수는 공동체를 극도로 싫어한다. 원수의 목표는 우리를 분열시키고 주의를 흩어지게 하며 이간질하여 우리가 최고의 성과를 내지 못하도록 막는 것이다. 지구상의 모든 신자가 연합해 선교에 한마음이 된다면 교회는 원수에게 믿을 수 없을 정도로 위험할 것이다.

우리는 모든 도시와 모든 나라에서 부흥을 볼 것이다. 상상할 수 있는 것보다 더 많은 하나님 나라의 일이 일어나고 있을 것이다. 그러니 당연히 원수가 지구상에서 하나님의 사역을 멈추게 하는 가장 효과적인 방법은 우리가 서로를 축하하고 사랑하며 섬기며 함께 일하는 대신 서로를 파멸시키도록 하는 것이다.

이것이 내가 깊고 진정한 그리고 헌신적인 공동체를 발전시키는 일에 그토록 마음을 쏟는 이유다. 관계에 투자하는 것은 자신의 행복을 추구하기 위해서가 아니다. 단지 외로울 때 함께 저녁을 먹으러 갈 친구들을 얻기 위해서만이 아니다. 그것은 영원히 성과를 내기 위해서다. 우리의 사랑 때문에 사람들이 그리스도를 알게 될 것이기 때문이다. 우리의 사랑이 예수님에 대해서 너무나 담대하고 분명하게 보여 줌으로써 파급을 일으키고 다른 사람들도 하나님을 따르고 싶게 만들 것이기 때문이다.

우리의 관계를 위한 하나님의 좋은 계획을 뒤엎기 위한 원수의 전술은 당신이 매우 잘 알고 있는 것들이다.

- 동반 의존
- 독립
- 분주함
- 험담
- 비교
- 게으름
- 두려움

여기서 이 각각의 전술을 논하는 데 약간의 시간을 할애하고 싶다. 당신의 사람들을 찾기 위해 온갖 노력을 기울이면서도 정작 그들을 오랫동안 붙들어 두는 법을 모르면 안 되기 때문이다.

동반 의존의 함정

'동반 의존의 함정(the trap of codependency)'이라는 심리학 전문용어는 도대체 무슨 뜻일까?하고 궁금해 할지도 모르겠다. 간단히 말하면 동반 의존적 관계는 한 사람의 행복이 과도할 정도로 다른 사람에게 의존돼 있는 경우를 말한다. 동반 의존성은 필요를 충족시키기 위해 하나님께 시선을 두는 대신 다른 사람들을 바라볼 때 키워진다. 그것은 보통 사람들이 우리의 모든 요구를 만족시켜 주기를 기대하는 것으로 시작한다. 어떤 형태든 건강하지 못한 한 무더기의 행동들로 발전될 것이다. 하나님이 중심에 계시지 않으면 관계는 항상 틀어진다.

배우자나 룸메이트나 친구와 관계를 맺을 때, 필요를 채우고 문제를 해결하고 하나님만 하실 수 있는 방식으로 당신을 만족시켜 줄 사람을 찾는다면 파괴적인 관계가 되고 말 것이다. 동반 의존적인 관계는 결코 도달할 수 없는 목표와 함께 구축된다. 그 사람은 당신을 100퍼센트 실망시킬 것이다.

하지만 괜찮다. 인간관계에서의 실망은 하나님이 내게 얼마나 족한가를 다시 한 번 되새기는 현실자각 시간이 될 수 있다. 어떻게 하면 자신이 동반 의존적인 관계에 있는지 알 수 있을까?

한 가지 징후는 그 사람에 대해 계속해서 낙담하고 실망한다는 것이다. 어떤 것에 대해 극단적인 반응을 보이고 있다면 주의해야 한다. 아마도 물건이나 사람을 우상으로 만들었다는 증거일 것이기 때문이다. 누군가 전화를 하지 않거나 당신을 충분히 사랑하지 않거나 어딘가로 초대하지 않아서 비정상적으로 화가 나 있다면 스스로에게 물어보라. 내 필요를 충족시키기 위해 이 사람에게 불공평한 기대를 걸고 있는 것은 아닐까?

관계에서 필요를 충족시키려거나 심지어 어떤 기대를 품는 것조차도 괜찮다. 우리는 그렇지 않은가? 하지만 그것이 정당한 기대일까? 합의를 기반으로 한 기대일까? 하나님만이 충족시킬 수 있는 필요를 사람에게서 찾고 있지는 않는가?

독립의 함정

살다보면 이런저런 오만 가지 방법으로 서로가 필요하다. 하지만 동반 의존 문제로 씨름하지 않는 사람들은 종종 독립적 삶이라는 함정에 빠진다. 하나님은 우리를 뼛속까지 연약하고 유한하며 궁핍한 생명체로 지으셔서 하나님께 나아가고 서로의 힘과 재능에 의지하도록 하셨다.

지난 3년간 내 사역을 형성해 온 한 가지 원칙이 있다면 바로 이것이다. 고비가 올 때마다 사람들을 끌어들여라. 절대 혼자서 아무것도 하지 말라. 왜냐하면 하나님도 공동체로 존재하시기 때문이다.

효율을 내고 싶다면 도움을 요청하라. 그러면 다른 사람들로 하여금 요긴한 존재로 느끼도록 해 주고 그들을 공유된 목적 아래로 함께 끌어 모을 수 있다. 더욱이 이 단순하지만 취약한 조치를 취함으로써 우리가 갈망하는 공동체를 이루기 시작한다.

주말에 할 강연을 준비하면서 메모를 하고 있었다. 만족스러울 만큼 준비했다고 여겨졌고 이제 다른 일을 해도 될 것 같았다. 하지만 그러는 대신 같은 소명을 품고 매일 내 곁에서 달리는 클로이에게 전화를 걸어 "제발 이 강연 준비하는 것 좀 도와줘요"라고 말했다.

이미 알고 있듯 나는 도움을 요청하는 것을 질색한다. 힘든 하루를 보낸 친구나 팀원을 귀찮게 하고 싶지 않다. 게다가 난 자존심이 강하다. 모든 준비를 마쳤다고 확신했다.

하지만 누구라도 혼자서는 아무것도 해서는 안 된다는 신념 때문에 도움을 요청했다. 그녀의 신선한 시각, 창의력 그리고 질문들은 좋은 이야기를 훌륭한 이야기로 격상시켰다. 그녀는 내가 놓쳤던 것을 보고 일의 효율을 높여 주었다.

내가 세상에 내놓는 도움이 될 만한 어떤 것도 최소한 다른 몇몇 사람의 손을 거쳐 이룩되었고 나는 그 사실이 창피하지 않다. 공동체를 통해 최고의 성과를 이끌어 내는 것은 하나님의 계획이다! 언제나 그랬고 앞으로도 그럴 것이다.

도움을 요청하라. 팀을 구성하라. 협력하라. 고립을 자초하거나 고립되어 살지 말라.

우리는 모두 사람을 필요로 한다. 친구에게 무언가를 부탁하고 부탁할 때는 미안해하지 말라. 독립하고 자급자족해야 한다는 것은 악마의 새빨간 거짓말이다!

분주함의 함정

당신은 분주한가? 정말 좋다. 사람들을 그 자리로 데려 오라. 분주한 생활 가운데서 관계에 투자하라.

18년 전에 베서니(Bethany)라는 이름의 소녀를 제자로 삼았다. 베서니는 십대였고 나는 초보 엄마로 좌충우돌 육아의 현장에서 허우적대고 있었다. 지금은 그녀가 어린아이들을 양육하는 인생의 단계에서 고전하고 있다. 그녀는 최근 저녁 식사에서 우리가 함께 보냈던 시간에 대해 기억나는 것을 조목조목 들려주었다.

1. 선생님은 저를 친구라고 불렀어요.
2. 집중해서 제 말에 정말로 귀 기울여 주었구요.
3. 볼 때마다 꼭 껴안아 줬죠.
4. 인자하셨어요.
5. 저를 조수석에 태우고 운전하는 동안 걸음마하는 아기들에게도 죄에 대해 가르치곤 했어요.

그녀에게 가장 큰 영향을 미친 것은 내가 이끌었던 훌륭한 성경 공부가 아니었다. 즉 내가 바랐던 만큼은 아니었다. 그저 생활 속의 온갖 사소한 일들과 일상적인 상호작용 가운데서 그녀는 보살핌을 받고 있다고 느꼈다.

그래서 요점은 무엇인가? 십대 청소년이나 젊은 청년을 카풀 드라이브에 초대해 보라. 커피 마실 때나 산책할 때 그들을 데려 가라. 아이들이 낮잠을 자거나 당신의 온몸을 기어 다니는 동안 집에서 성경 공부를 인도하라. 동료를 점심식사에 데려 가라. 신혼부부를 후식 시간에 초대하라. 동네에서 혼자 사는 여대생을 찾아보라. 이것이 우리가 세상을 바꾸는 방법이다.

내가 베서니를 제자 교육한 이후로 그녀는 얼마큼의 사람들을 제자로 삼아 왔을까? 일일이 다 헤아리지 못한다. 왜냐하면 이것은 그녀에게 삶 자체가 되었기 때문이다. 그녀는 내가 자신이 열여섯 살 때 또래들에게 성경 공부를 이끌게 했다는 점을 상기시켜 주었다! 그녀는 그 이후로도 멈추지 않았다.

베서니(Bethany), 앨리(Ali), 크리스티(Christi), 캐시(Cassie), 코트니(Courtney), 에밀리(Emily), 젠(Jen), 아만다(Amanda), 팸(Pam), 캐서린(Katherine) 그리고 또 다른 제자들은 내 인생 최고의 투자이다. 이들은 내가 삶을 쏟아 부었던 몇몇 사람일 뿐이다. 이 소수의 사람들은 또 다른 사람들을 제자로 삼아 왔다. 그리고 배후에서는 기하급수적이고 헤아릴 수 없이 많은 사람들이 또한 다른 사람들을 제자로 삼고 있다.

험담의 함정

한 번은 여동생 앞에서 누군가에 대한 분통을 터트리고 있었다. 아니나 다를까 주머니 속에 있던 휴대이 잘못 눌러져 내가 불평하던 사람의 친구들 중 한 명에게 전화가 걸리고 말았다. 그들은 내 분노의 자초지종을 모조리 들어 버렸다. 죽었다 다시 깨나도 이 일은 잊지 못할 것이다! 하나님이 그런 일을 일어나게 하신 이유는 이것이 결코 괜찮지 않음을 분명히 상기시켜 주시기 위해서였다. 이제는 다른 사람들을 헐뜯고 싶은 유혹이 찾아올 때면 그들이 내 뒤에서 걸어오는 모습과 만약 그 말을 듣는다면 어떤 기분에 휩싸일지를 그려 보곤 한다.

다른 사람들에 대해 끊임없이 이야기하는 친구들이 주변에 있는가? 작은 비밀을 하나 말해 주겠다. 당신이 없는 자리에서 그 친구는 당신 얘기를 할 것이다!

사실 험담을 할 때 기분이 불쾌하다면 계속할 이유가 없다. 우리 안에 있는 어떤 것 즉 건강하지 않고 뒤틀린 어떤 것은 군침이 돌 만한 소식에 대해 우리가 유리한 입장에 놓이거나 다른 이를 비난하면서 약간의 우월감을 느끼기를 좋아한다.

친구들과 시간을 보낸 후 우리는 자주 큰 실망감에 휩싸이곤 한다. 장점을 기뻐해 주기보다는 부정적인 면에 집착하는 탓이다.

로마서 8장 6절은 죄와 사망으로 인도하는 길과 생명과 평안으로 인도하는 길이 있음을 알려 준다. 험담을 하면서 어떻게 생명과 평안의 길에 머무를 수 있을까? 서로의 가장 긍정적인 면을 보고 서로를 보호해야 한다. 이것은 내 직장과 가정에서 가장 높이 여기는 가치 중 하나다. 내 아이들 중 한 명이 형제자매를 비난하면 나는 매번 그것을 차단한다. 우리 집에 안심할 수 없는 문화가 자리하기를 절대 원치 않기 때문이다. 만약 어떤 문화 속에서 안심할 수 없다면 마음껏 삶을 펼칠 곳이나 문제나 약점이나 실패를 공유할 곳이 없어진다. 상처 입을 곳조차 없어진다.

아마 "어떻게 하면 안전한 문화를 만들기 위해 친구들과 하는 대화를 바꿀 수 있을까요?"라고 궁금해 할지도 모르겠다. 앉아서 기본 규칙을 세워야 한다고 믿는다. 가장 건강한 문화와 가장 건강한 우정에는 언제나 기본 규칙이 있다.

그럼 어떻게 해야 할까? 알다시피 나는 어색한 대화를 믿는다. 좋은 친구를 원한다면 어색한 대화를 해야 한다. 그렇다면 친구들을 앉히고 이렇게 말해 보라.

"얘들아, 계속 험담을 해 왔지만 이제 멈추어야 해. 너희들과 있으면 안심이 안 돼. 너희들도 모두 나랑 있으면 안심하지 못하는 것 같아. 그러니 이렇게 하자. 서로에 대해 가장 좋은 것만 바라보고 하늘이 두 쪽 나도 다른 사람을 나쁘게 말하지 말자."

잠시 어색할 수도 있겠지만 그럴 만한 가치가 있다. 당신의 사람들과 함께 있을 때 안전함을 느끼고 싶을 것이다. 서로 격려하고 충성스럽고 안전하고 힘이 되는 우정, 인생을 함께하고 싶은 이들의 좋은 점을 보는 데 집중하면서 절대 비방하지 않는 우정을 바랄 것이다.

그런 사람이 되는 것부터 시작하라. 눈앞에서 험담이 이루어지지 못하게 하라. 그냥 화제를 바꾸거나 "왜 그렇게 못 되게 구니?"라고 쓴소리를 하라. 험담은 유치한 언행이지만 중학생부터 중년에 이르기까지 이런 풍조가 만연해 있다. 인생은 너무 힘들다. 항상 서로의 뒤를 받쳐 주자.

비교의 함정

비교는 원수가 가장 좋아하는 거짓말 중 하나일지도 모른다. 비교를 충동질하는 원수의 음흉한 속삭임은 하나님이 함께 하라고 보내 준 사람들을 의지하는 대신 경쟁하거나 더 앞서려고 하거나 또는 그러지 못할 경우 극도로 낙담하게 만든다. 우리는 함께 동역하는 팀(team)으로 서로 필요한 존재임을 알기 때문에 서로의 성공을 당연히 축하한다!

친구 캘리(Callie)가 어젯밤에 교회에서 말씀을 가르쳤다. 나도 자주 교회에서 가르치는 사역을 한다. 친구는 빛을 발하며 성도들에게 놀라운 말씀을 전했다. 나는 마음 한구석에서도 성경 교사로서 친구와 나를 비교하지 않았다. 타석에 선 팀 동료를 응원하는 기쁨을 누렸다.

왜냐하면 사람들 앞에서 이끌고 영혼을 나누려면 담대함이 필요함을 알았고 하나님이 친구를 통해 얼마나 많은 영광을 받으시는지 친구가 잊지 않기 바랐기 때문이다. 강의가 끝난 후에 메시지를 확인할 거라고 생각해서 강의 중에 격려 문자를 계속 보냈다. 교육이 끝난 후 달려가서 껴안아 주자 친구가 말했다.

"계속 문자 폭탄이 쏟아져 휴대폰이 폭발하는 줄 알았어."

그녀는 강의에 필요한 자료를 휴대폰에 넣어두고 강의하고 있었던 것이었다!

우리 모두 친구에게 잘하고 있다고 온갖 방법을 총동원해서 말해 주고 주의가 산만해질 정도로 친구의 삶에 칭찬 폭탄을 퍼붓자.

여자들은 경쟁심이 강한 것으로 알려져 있다. 하지만 그럴 필요가 없다. 사실 주위를 둘러보면 정확히 그 반대를 보게 된다! 내 두 여동생들로부터 이프 개더링의 엄청난 자매애, 날마다 나와 함께 일하는 여성들, 놀라운 내 친구들, 내 딸들까지, 어디에서나 서로를 응원하고 앞으로 나아가도록 밀어 주고 세상을 더 향상시키기 위해 자신들의 삶을 내려놓는 여성들을 목격한다.

하나님에 대한 믿음, 리더로서의 낙관적 태도, 사심 없는 꿈, 창조하는 기쁨을 통해 당신이 갖가지 방법으로 입지를 다져가는 모습을 상상하면 가슴이 벅차오른다. 만약 다른 사람들에게 경쟁심을 느낀다면 그 이유를 스스로에게 물어보라. 그러고 나서 누군가의 노력을 축하하는 전화 폭탄 세례를 퍼부으라. 관점이 바뀌기 시작할 것이다.

게으름의 함정

우리는 일상 속에서 고립을 실감하지만 거부당할 위험을 감수하거나 서로 연결될 방도를 찾고 싶지 않다. 그래서 굳이 애써서 누구에게라도 연락하려 들지 않고 왜 친구가 없는지만 궁금해 한다.

서로 연결되기 위해서는 기꺼이 투자하는 노력 그 이상이 필요하다. 케이트 해리스(Kate Harris)는 자신의 책 *Wonder Women*(원더우먼)에서 일과 가족, 우정을 동시에 챙겨야 하는 여성들에 대한 대규모 연구 결과를 인용했다. 해리스는 "이번 연구는 모든 여성들이 우선순위를 정하고 시간을 할당할 때 우정은 거의 가장 뒷전으로 밀려나고 있음을 지속적으로 보여 주고" 있으며, 동시에 여성 세 명 중 한 명 이상이 "나는 자주 외롭다"는 말에 동의했음을 주목했다.[1]

깊고 진정한 우정을 얻으려면 우리가 시작해야 한다. 자신이 먼저 다른 사람들로부터 바라는 그런 친구가 될 필요가 있다. 더 깊은 우정을 원하는가? 소외감을 느끼는가?

사람들이 연락할 때까지 기다리는 일을 멈추라. 먼저 시작하라.

먼저 다가간다면 주변 사람들은 우리와 편안하게 타협점을 찾을 수 있을 것이다. 사람들이 당신의 친구가 되고 싶어 한다고 가정하라. 사람들에게 빌릴 것을 찾아보고 그들이 돕고 싶어 한다고 가정하라! 사람들에게 질문받고 싶은 것들을 질문하라.

오늘 밤 피자를 사서 친구 집을 깜짝 방문해 보라. 최악의 경우라 해 봤자 친구가 바빠서 당신이 남은 음식을 싸들고 오는 것이다.

위험을 무릅쓰라. 필요를 찾으라. 귀찮게 하라. 이것이 공동체다.

두려움의 함정

댈러스로 이사해서 즐거웠던 한 가지는 가족 전체가 함께 그 과정을 겪었고 잔뜩 긴장했으며 새로운 친구들을 사귀고 주변의 길을 찾아다니고 온통 새로운 곳과 새로운 것들을 시도한 것이다.

성급한 판단을 내리고 자기를 방어하고 어떤 장소나 사람에 대한 인상을 너무 급히 결정해 버리기 쉽다. 하지만 경험상 그런 식으로 일을 풀어나가면 좋은 부분을 놓칠 공산이 크다.

하나님이 품으신 뜻에 마음을 열고 비판이나 경계심 없이 사람들을 사랑하고 사람들이 당신을 알뿐만 아니라 판단도 할 수 있을 만큼 자신의 모든 것을 쏟아 부으려면 위험이 따른다. 맞다, 위험하다. 하지만 그 대가로 친구를 얻고 그들의 최선을 믿어 주며 불완전한 교회 공동체를 발견하고 당신도 떳떳하게 불완전해질 수 있다. 더 많은 출혈이 있다 하더라도 경계하기보다는 우선 심장이 시키는 대로 살고 싶다.

어째서 상처 받기를 무릅써야 할까? 그것이 복종이기 때문이다. 소규모 지역 그룹에 대한 헌신과 복종은 하나님이 주신 최선의 방법이다.

우리가 지금의 소그룹에 합류했을 때 그저 몇 명의 친구들만 얻지 않았다. 몇 명의 사람들에게 복종하고 헌신해야 했다. 오직 복종할 때 우리의 자아가 제지당하며 진실을 들을 수 있다. 가끔 멱살을 잡고 나를 제자리에 앉혀 줄 사람이 필요하다.

권력을 남용하거나 사람들을 혹사시키는 지도자들 때문에 교회를 몹시 싫어하는 사람도 있을 것이다. 이해한다! 나도 지체 없이 도망치고 싶을 정도로 여러 차례 진땀을 뺐다. 필시 그 지도자들은 하나님이 제시한 질서에 진정으로 복종하지 않았을 공산이 크다.

영적 지도자이자 그리스도의 추종자로서 나는 이사회와 참석하는 지역 교회의 장로들, 내 남편 그리고 우리 소그룹에 복종하고 있다. 이 말을 듣고 마음이 다소 동요될 수 있으리라 짐작되지만 나는 기꺼이 그리고 기쁨으로 이 일을 한다. 왜 그럴까?

사람들을 신뢰하기는 힘들다. 마찬가지로 나는 자신을 신뢰하지 않는다! 나는 스스로를 높이 평가하고 사람들을 다치게 하고 멋대로 행동할 것이다. 복종을 좋아하는 것은 복종이 나를 보호하기 때문이다. 혼자 일을 해나가면 신뢰할 만한 몇몇 사람들과의 깊은 사귐에 전념할 때보다 훨씬 더 위험하고 두려워할 만하다.

유독한 관계에 대한 조언

그러나 자신이 유독한 관계에 빠져 있음을 깨달을 때는 어떻게 해야 할까? 내 팟캐스트 'Made for This'(이를 위해 지음 받다)의 첫 번째 시즌 동안 상담가이자 심리학자이며 작가인 존 타운센드(John

Townsend) 박사를 인터뷰했다. 특히 '경계선 설정'이 이기적인 행동인지 아니면 영적인 행동인지 물어보기 위해서였다.

아마도 그가 기념비적인 책《No!라고 말할 줄 아는 그리스도인》의 공동 저자 임을 기억할 것이다. 출간 30년이 지난 이 책은 5백만 부가 훨씬 넘게 팔렸고 인간 상호작용에 대한 우리의 접근방식을 영구히 바꾸어 놓으면서 문화적 현상을 촉발시킬 정도였다.

그는 질문에 대답하면서 말했다.

"우리는 신자로서 주님을 사랑하고 이기적인 욕망을 내려놓고 성경을 읽으라는 등의 성경 구절에는 재빨리 주목해요. 반면 동시에 잠언 4장 23절 말씀처럼 마음을 지키도록 주의하라는 구절들은 완전히 소홀히 여기고 있어요. 하지만 마음을 지키지 않으면 누구에게도 쓸모없는 존재가 되고 말아요. 무엇인가 당신을 채워 주기보다 더 빨리 소모시키고 있다면 그것은 우정이 아니에요. 사역의 기회라고 보는 게 나아요."

맞는 말이다. 인스타그램에서 관계에 대한 댓글들을 읽고 또 실생활에서 상처 입은 수많은 사람과 대화하면서 관찰한 것을 토대로 말하겠다. 참으로 영혼을 짓누르는 유독한 관계 속에 있음을 깨닫는다면 내 조언은 명확한 경계선을 그으라는 것이다. 때로는 상대방과의 접촉을 거의 차단할 정도의 경계선이 되어야 한다.

그렇다. 예수님은 일흔 번씩 일곱 번이라도 사람들을 용서하라고 하셨고 그것은 무한대의 용서를 뜻한다. 그럼에도 가장 친밀한 그룹에 누구를 데려올 것인가는 신중할 필요가 있다. 우리는 모두 이따금 다른 사람들에게 상처를 주지만 그것이 다른 누군가가 지속적으로 보여 주는 관계 파괴적인 모습까지 수용해야 한다는 뜻은 아니다.

당신의 역할과 실수를 인정하라. 여러 번 중재를 시도하라. 결코 아무것도 변하지 않더라도 앞으로 나아가기를 두려워하지 말라.

친구로부터 벗어날 때가 되었음을 깨닫는다면 그저 잠수를 탈 것이 아니라 정직하고 분명하게 말할 것을 권한다. 가끔은 그런 대화를 마땅히 해야 할 만큼 친한 친구가 아닐 수도 있다. 하지만 친구가 당신의 삶에서 큰 부분을 차지해 왔다면, 당신이 신뢰하고 보다 깊숙이 사귀어 왔던 누군가라면 마땅히 해야 할 어려운 말을 하라. 우정을 왜 끝내야 하는지에 대한 솔직한 대화는 사람들로 하여금 어느 지점에서 더 성장하고 변화해야 하는지 인식하도록 이끌 수 있다. 심지어 우정을 회복시킬 수도 있다.

하지만 문제에 부딪힐 때마다 관계를 끊는 것도 건강하지 않다. 누구를 받아들이고 누구를 신뢰할 지에 대한 무리한 기준 탓에 오히려 어느 누구도 받아들여지지 못하는 것은 아닐지 염려스럽다.

공동체를 원한다면 기꺼이 그것을 위해 싸워야 한다.

이 일은 노력이 필요하다

오늘날 친밀감이라고 부르는 것을 그저 삶이라고 부르던 시절이 있었다. 수세기 동안, 서로 가까이에 살았던 사람들은 함께 일하고 함께 아이들을 키우며 함께 하나님께 예배드리고 함께 요리하며 함께 식사를 했다. 또한 그 외의 다른 일들도 함께했다. 일상생활은 사람들과 부딪치고 죄를 책망 받고 친구를 실망시키고 동료 교인들과의 갈등을 해결할 수 있는 한 번의 지속적인 기회를 의미했다.

오늘날 우리 사회를 둘러보며 나는 끊임없이 스스로에게 상기시킨다.

"제니, 더 깊은 관계를 위해 노력해야 해. 그것은 마법처럼 나타나지는 않을 거야."

생명을 주고받는 친구가 될 뿐더러 그런 친구를 찾는 것이 우리의 목표이며 그 목표에 도달하는 길은 정말 간단하다.

- 깊숙한 질문을 던지라.
- 귀 기울이라.
- 사람들의 어떤 점에 대해 감사하는지 말하라.
- 진실되고 중요한 것들을 털어놓으라.
- 예수님에 대해 이야기하라.
- 흥미로운 활동을 함께 하라.

모두가 생명을 나누는 친구들이 되기를 꿈꾼다. 하지만 이미 살핀 모든 함정들 외에도 우리는 우정 때문에 자신을 망가뜨리고 삶을 소모시키는 성향을 인정해야 한다. 스스로에게 놓아 오히려 문제를 키우는 함정 몇 가지를 살펴보자.

- 친구들이 먼저 전화하기를 기다린다.
- 친구들에게 쉽게 기분이 상한다.
- 친구들의 삶에 감 놔라 배 놔라 한다.
- 친구들이 화가 나 있다고 가정하라.
- 친구들에 대해 부정적으로 이야기한다.
- 받은 상처를 털어놓지 않는다.
- 친구들의 실수를 기억하고 절대 잊어버리지 않는다.

아무도 당신과 친구가 되고 싶어하지 않는 게 확실해서 친밀한 관계를 피해 왔는가? 그렇다면 내가 잠시 큰언니 모자를 쓰고 당신의 친구가 될 누군가에게 값을 치르러 가라고 조언해도 되는가? 진심이다. 돈을 좀 모아서 학위 값을 톡톡히 하는 상담사 앞에 서라. 만약 한때 친구였던 모든 사람들이 예외 없이 어떤 식으로든 잘못을 저질렀다면 여기서 공통분모는 그저 당신이 될 수도 있다.

읽어 나가기 힘들다는 거 안다. 나를 믿으라. 이런 말을 하기는 쉽지 않다. 하지만 진실은 항상 어렵다. 그것이 당신의 삶을 완전히 자유롭게 해 줄 때까지는 어려운 게 맞다!

- 누구와 화해를 할 필요가 있는가?
- 누구를 너무 쉽게 또는 너무 빨리 포기했는가?
- 누구를 밀어 냈는가?
- 누구에게 잠수를 탔는가?

하나님이 당신의 성장을 돕기 위해 사용하시려는 바로 그것들로부터 스스로를 고립시켜 왔을지도 모른다. 가족, 친구, 교회 소그룹……. 이들 모두 우리에게 상처를 주는 대상들이지만 또한 우리가 위해서 살도록 설계 받은 마을 공동체의 일부이다. 그들을 놓치지 않으면 좋겠다. 그들도 노력이 필요하거나 아니면 또 다른 기회가 필요할 수도 있기 때문이다. 우리는 서로가 필요하다. 서로에게 헌신하고 예수님에게 헌신하는 한 무리의 사람들이 우리와 함께 달리고 우리를 책망해 줄 필요가 있다.

2주 전 근황을 나누기 위해 친구 몇 명을 만났다. 이야기를 나누던 중에 나는 정말 솔직하고 노골적인 어떤 말을 하기로 위험을 무릅썼다. 겪고 있던 상황에 대해 숨김없이 털어놓았다. 하지만 그에 대한 응답으로서의 공감을 받지 못한다는 느낌이 들었다. 사실 친구들 중 한 명은 귀담아 듣지 않았을 뿐만 아니라 자신의 고통과 비교하여 내 고통을 폄하했다. 이런 일을 겪어 본 적이 있는가? 삶에서 무언가 정말 힘들다고 말했는데 다른 사람은 자신이 훨씬 더 힘든 일을 겪고 있다는 말로 응수한다.

마음이 아팠다. 이루 말할 수 없을 만큼 쓰라렸다. 하지만 하나님의 은혜로 이렇게 생각할 수 있었다. '그 친구는 나를 다치게 할 의도는 없었어. 그리고 친구가 내 근황에 무심하다는 사실이 내가 친구에게 진실을 나누는 일을 그만두어야 함을 뜻하지는 않아. 친구는 지금 몹시 힘든 일들을 헤쳐 나가고 있고 그건 진짜 그래. 지금 할 수 있는 일은 내가 기대했던 경청을 친구에게 보여 주는 거야. 이제 곧 내 차례가 올 거야. 지금은 이 모든 것을 대수로이 여기지 않고 좋은 친구가 되는 데 집중해야 해.'

친구는 아마 그냥 일이 잘 안 풀려 짜증이 나 있었을 것이다.

나의 한 친구는 일회성 일들은 그냥 넘기고 패턴으로 나타나는 반복적 일들에만 반응하려고 애쓴다고 말한다. 모든 사람은 때로 실수를 한다. 친구가 습관적으로 여러분을 무시하거나 비하하지 않는 한 문제 삼지 말라. 훌훌 털고 앞으로 나아가라.

만약 처음에는 그저 몇 번의 일회성 행동처럼 보였던 것이 관계에서의 잘못된 행동 패턴으로 굳어 가고 있음을 알아차렸다면, 내가 마지막으로 조언을 하고 싶다. 둘 사이의 일이 잘 풀리지 않는 것처럼 여겨지더라도 서로 맞서기 전에 자신에게 24시간의 여유를 주라. 뭔가를 먹고, 산책을 하라. 하룻밤 푹 자라. 감정이 누그러질 때까지 기도하라.

오직 그러고 나서만 친구에게 인정할 수밖에 없는 이 우정의 악화일로에 대해 대화를 나누자고 초대하라. 나는 하고 싶은 말을 잠시 참고 나서 후회해 본 적이 없다.

이것은 싸울 가치가 있다

우리의 사람들을 붙잡기 위해 싸워야 한다. 원수가 건강한 관계로부터 우리를 갈라놓고 산만하게 하기 위해 사용하는 함정에 주목하자. 이 전투는 그만한 가치가 있다고 장담한다!

내 사람들 중 두 명인 애슐리, 린지와 잠시 시간을 보내고 막 돌아 와서 다음과 같은 문자를 보냈다.

함께해서 정말 좋아. 식당에 갈 때마다 거의 매번 너무 늦은 시간까지 머무르다 쫓겨나는 게 좋아. 우리가 가장 힘들었던 때 하루는 새벽 두 시까지 웃으며 얘기하다가 시간 가는 줄도 몰랐잖아? 얼마나 소중한 시간인지 몰라. 뭐든지 얘기할 수 있어서 좋아. 우린 서로가 진실을 믿도록 싸워 주지. 숨지 않아. 서로의 집 페인트 색깔부터 세상이 돌아가는 모습까지 모두 관심이 있어. 얘기를 나누다 보면 상담에서 지하 교회로 다시 샹들리에로 너무나 편하게 왔다 갔다 하지. 얘들아 사랑해!

자랑을 늘어놓으려고 하는 말일까? 이 말을 하는 이유는 진심으로 당신도 그러고 싶도록 해 주고 싶어서다. 당신도 이런 우정을 얻기 위해 싸우도록 하기 위해서다! 이 글을 읽고서 깊숙하고 친밀하고 잘 연결된 친구가 무엇을 의미하는지에 대한 나름의 이런저런 생각을 갖고, 엉망진창인 당신의 사람들을 갈망하도록 하기 위해서다.

왜냐하면 당신도 나도 삶이라고 불리는 이 힘든 과정에서 혼자 힘으로 잘 해 내려고 해서는 안 되기 때문이다.

12

당신의 사람들을 찾고,

그들을 힘껏 사랑하라

남편과 나는 지난 일 년이 유난히 힘들었다. 외부적으로 일어난 어떤 일 때문이 아니라 지속적이고 실망스러운 내부 사정 때문이었다.

구체적으로 우리 네 명의 아이들 중 한 명이(그 아이가 평생 나를 미워하지 않도록 이름은 익명으로 남을 것이다) 거의 사 개월 내내 줄줄이 나쁜 결정을 내리고 있었다. 우선 이 아이는 언제나 친구가 많고 똑똑하고 천진하게 사람을 끌며 분위기를 환하게 만들어 준다는 말부터 하고 싶다. 녀석은 이런 장점들 외에도 성격상의 독특하고 붙임성 있고 재미있는 수천 가지 매력 포인트로 가족에게 사랑받고 있다. 모든 것이 사실이다.

또 다른 사실은 이 아이가 지금 꽤 엄청난 대실수를 하고 있다는 점이다. 점점 결과가 불어나는 실수이다. 자녀들처럼 사랑을 듬뿍 준 누군가 계속해서 나쁜 선택을 할 때 그 두려움과 걱정은 마음을 온통 다 빼앗아 놓는다.

최근 울다가 잠든 적이 한 두 번이 아니다. 어떤 한 가지 사건 때문만은 아니다. 사 개월 동안의 하향 소용돌이가 멈추지 않는다면 무슨 일이 벌어지는 것일까? 앞일을 염려하며 뇌가 쉬지 않고 돌아가는 것을 멈출 수 없었기 때문이다. 지금 그런 어려움을 겪고 있다.

만약 우리가 커피숍에 마주앉아 있다면 당신이 내 질문에 해 줄 모든 대답에 매달릴 것이다. 당신은 힘든 일이 무엇인가?

인생은 그냥 힘들다. 사람들은 부서진다. 어둠은 현실이다. 사실 우리가 삶에서 중요한 것들을 놓고 차분히 대화할 수 있다면 나는 틀림없이 당신과 당신의 가족이 마주쳤던 특정한 어둠을 알게 될 것이다. 당신은 어렸을 때 겪은 학대에 대해 말할 것이다. 아니면 이혼으로 끝난 결혼에 대해서 아니면 아직도 집에 돌아오지 않고 있는 고집불통 자녀에 대해서 말할 것이다.

당신은 벗어나기 힘든 중독에 대해 말할 것이다. 아니면 해고, 아니면 파산, 아니면 진단, 치료, 통증 등에 대해서 말할 것이다.

환상이 아직 남아 있었을 때 삶이 어떻게 이와는 아주 다르리라고 생각했는지 말할 것이다.

응답으로 나는 그 자리에 도사리고 앉아 팔꿈치를 무릎에 괴고 손깍지를 낀 채 당신의 눈에 시선을 붙박을 것이다. 그리고 "얼마나 힘들었을까요"라고 말할 것이다.

진심으로 이해한다. 나도 책에서는 결코 드러내지 못할 상처의 무게에 짓눌려 어두운 심연으로 가라앉아 본 적이 있다. 세부적인 것들은 마음대로 공유할 나만의 사안이 아니기 때문이다.

내가 당신의 끔찍한 기억이나 상황을 깡그리 없애도록 도울 수는 없을 것이다. 하지만 하나하나 고통을 털어놓을 때 기꺼이 경청함으로써 짐을 조금 가볍게 해 줄 것이다. 그런 다음엔 내가 겪는 힘든 일들을 털어놓을 것이다. 결국 우리 두 사람은 그곳에 도착했을 때보다 좀더 기운을 얻고 떠날 것이다. 당신도 알듯 현실은 하나도 변하지 않았을 것이다. 그럼에도 모든 것이 더 나아질 것이다.

우리는 그 속에서 함께할 사람들이 필요하다

이름을 밝힐 수 없는 우리 아이의 지난번 사건 이후 소그룹 모임에 갔다. 그룹의 다른 부부들은 이미 사정을 다 알고 있었다. 이런 일은 당신의 소그룹 멤버와 자녀들이 다니는 학교의 부모들이 같은 사람들일 때 가능하다. 달아날 수도, 처한 상황의 진실로부터 숨을 수도 없다는 사실에 좌절하고 싶은 유혹을 느꼈다.

"너희 부부를 위해 이 노래로 기도해 왔어"라고 엘리자베스(Elisabeth)가 차분히 말했다. '전투는 주님의 것'이란 가사가 있었어." 핸드폰을 손에 들고 그녀가 가사의 일부분을 읽어 줄 때 눈물을 꾹 참았다. 친구가 속삭였다,

"넌 나쁜 엄마가 아니야."

참았던 눈물이 주르륵 흘러내렸다. 그 말을 들을 필요가 있었다. 나의 문제를 해결하면서 아이에게 가장 좋은 일을 해야 했다. 내 사람들이 필요했다. 우리의 깨트려진 모습을 낱낱이 보여도 될 만큼 안전한 사람들이 필요했다. 온갖 일에 매우 깊숙이 관여해 줄 사람들, 말을 꺼내기도 전에 이미 알고 있는 사람들, 믿어 왔던 거짓말을 책망해 줄 만큼 담대한 사람들 그리고 이 문제를 헤쳐 나가도록 장

기적으로 돕기 위해 우리 가족에게 충분히 헌신된 사람들이었다.

몇 주가 지나서 아침에 눈을 뜬 우리는 크리스마스와 또 다른 난국 하나를 맞았다. 애슐리가 들러 성탄절 인사를 했다. 나는 만사가 순조로운 것처럼 가장하기보다는 감정이 복받쳐 눈물을 터트리며 모든 것을 털어놓았다. 시누이는 내가 우는 것을 지켜보지만 않고 나와 함께 울었다.

오후에 시누이가 떠날 때 나는 아무것도 가장할 필요가 없는 가족이자 친구가 되어 준 데 대해 감사를 전했다. 시누이는 눈물로 꼭 껴안아 주며 속삭였다.

"우린 아무 데도 가지 않을 거야. 이 속에서 너희와 함께 있어. 네가 사랑하는 그 아이는 우리의 아이기도 해. 우리는 서로의 사람이야!"

우리 가정의 가장 힘든 일들에 대해 자세히 아는 사람은 거의 없다. 엄밀히 말해서 나는 사생활을 지나치게 드러내는 사람이 아니다. 하지만 내 '소수'의 사람들은 알고 있다. 그리고 그 속에서 나와 함께 있다. 힘든 사정을 알아줄 50명의 사람이 필요하지 않다. 우리가 필요한 건 어려움 가운데서 함께 있어 줄 소수의 사람들이다. 내 사람들을 찾으며 여기 댈러스에서 작은 마을을 이루어 오던 중 발견한 사실은 이런 식으로 사는 것은 가능할 뿐만 아니라 필요하다는 것이다.

우리의 지나치게 책임감있는 소그룹 리더는 자녀들이 있는 40대기혼남이다. 20대에 예수님을 발견했으며 좋은 사람이다. 좋은 아빠, 좋은 남편 그리고 성공적인 경영인이다. 그런데 또 어떤 사람인지 아는가? 예수님의 피로 구원받은 죄인이기도 하다.

우리 리더를 궁지에 빠뜨리려고 하는 말이 아니다. 자신도 당신에게 그렇게 이야기할 것이다. 그리고 당신이 만약 나처럼 같은 소그룹원이라면 리더는 그보다 더 많은 것들을 말할 것이다. 정기적으로 우리 멤버들은 리더로부터 다음과 같은 내용의 이메일을 받는다.

여러분, 그냥 확인 차 연락했어요. ○○(지난번에 리더가 그룹에서 제기한 문제)에 대해 계속 기도해 주셔서 감사합니다. 저는 거기서 약간의 승리를 거두고 있는데 무척 고무적이네요. 여전히 물질주의와 싸우고 있어요. 어후! 햄튼(Hamptons)에 작은 집이 있으면 삶이 훨씬 더 나아질 것 같아요. 제가 고려해 볼 더 좋은 생각들이 있을까요? 주변에 온통 예수님을 모르는 사람들이 많은데 저는 도망칠 생각만 하고 있어요. 이 짐승이 그 사로잡은 힘을 풀 수 있도록 기도해 주세요.
또한 밤에 폰을 내 몸의 또 다른 부속물처럼 취급하지 말고 아래층에다 확실히 두어야 한다는 걸 잊지 마세요. 전 매일 밤 가족과 이야기하는 대신 잠들 때까지 핸드폰을 보고 있어요. 무슨 짓을 하고 있는거죠? 너무 한심해요. 바보 같은 짓이란 거 알아요. 하지만 어젯밤도 오늘밤도 계속해서 똑같이 바보 같은 선택을 하고 말아요. 누가 저한

테 책임 좀 물어 주세요, 네? 여러분은 멍청이가 안 되도록 하세요.

또 다른 얘기를 더 할 수도 있겠지만 이제 당신은 감을 잡았을 것이다. 이 리더가 보이는 본은 우리가 누군가와 같은 곳에 함께 있을 때만 경험하는 소통이다. 남편과 나는 이 그룹에 참여한 것을 더할 나위 없이 감사하고 있다.

마을 생활은 어떠해야 하는가?

최근에 이 소그룹이라는 그물 조직이 없었다면 내 삶은 과연 어떨지에 대해 생각해 보았다. 솔직히 말해서 겉으로는 꽤 괜찮아 보이리라 인정한다. 나는 말할 수 없이 단정하고 완전히 자기 충족적이고 누군가로부터 결코 아무것도 받을 필요가 없는 그런 사람으로 보일 것이다. 독립적인 나의 삶은 근사해 보일 것이다. 하지만 바로 그 순간에도 내 안에서는 백 번 천 번 죽음을 맞이하고 있을 것이다.

얼음장 같은 마음 때문에 죽어 가고 있을 것이다. 경계심 때문에, 어리석음 때문에, 이기심 때문에, 절망감 때문에, 수치심 때문에 죽어 가고 있을 것이다.

그날 밤 그룹 모임에 참석해 모든 사람들이 이미 우리 집의 치부를 알고 있음과 바로 현장에서 그 치부가 낱낱이 파헤쳐질 때 결코 도망쳐 나올 수 없음을 깨닫자 참으로 고통스러웠다. 하지만 내가 정말로 고통 받고 있다는 사실을 회피할 수 없었던 데 대해 결국은 감사할 수밖에 없었다. 나를 향한 내 사람들의 사랑에 굴복하고 나의 필요에 굴복하고 끔찍이도 되기 싫어하는 민폐가 될 수밖에 없었다.

게다가 그룹의 방침에 따라 사람들을 내 치부의 쓰레기통으로 초대하는 법을 배웠다. 애슐리는 내가 슬퍼할 때마다 자신도 슬퍼한다고 자주 상기시켜 준다. 정말 단순하고 직설적인 표현 아닌가? 그런데도 나는 매번 그 덕분에 털어놓게 된다. 여기서 얼른 짚고 넘어가야겠다. 시누이가 보여 주는 것은 동반 의존적인 반응이 아니다. 오히려 로마서 12장에서 즐거워하는 자들과 함께 즐거워하고 우는 자들과 함께 울라고 한 바울의 현명한 조언을 완벽하게 구현하는 것이다.[1]

이러한 공동의 슬픔과 공동의 기쁨이 마음을 오랫동안 하나로 묶어 주는 것이라고 확신한다. 다른 이의 축하 행사나 고통에 참여할 때(이야깃거리를 남기기 위해서가 아니라 진정으로) 더 이상 경계와 장벽에 신경 쓰지 않는다. 그들은 당신의 것이고 당신은 그들의 것이다.

그러니 소수의 사람들을 찾아서 당신의 소수임을 알게 하라.

나는 여대생들과 함께 시간 보내기를 몹시 좋아한다. 대학은 종종 폭넓고 가벼운 우정에 대한 연구 사례가 될 수 있기 때문이다. 내 친한 동생 한나는 최근 대학 첫 학기를 마치고 집으로 돌아왔다. 그녀는 전형적인 자신의 방식으로 캠퍼스의 거의 모든 사람과 연결되었으며 기숙사에 있는 모두와 친구가 되었다. 함께 수업을 듣는 모든 학생과도 친구가 되었다. 가입한 모든 동아리의 모든 사람들과 친구가 되었다. 현재 그녀가 친구라고 생각하는 사람들은 대충 53,742명에 이른다.

집에 도착했을 때 동생은 완전히 지쳤고 슬펐다. "무엇을 잘못하고 있는지 모르겠어요"라고 어느 날 밤에 말했다. "모든 사람들과 폭넓게 사겨 왔을 뿐인데 아직도 친한 친구가 없는 것처럼 느껴져요."

지친 동생을 바라보며 말했다.

"한나야, 만약 네가 올해 결혼할 것이고 결혼식에서 누가 네 들러리를 설지 결정해야 한다면 누구를 선택하겠니? 가장 가깝고 친한 여자 친구 중 누가 네 곁에 있을지 상상해 볼 수 있겠니?"

그녀는 금세 5-6명의 이름을 줄줄 꿰고는 아직 마음을 다 정하지 못한 채 기대에 찬 눈으로 나를 바라보았다.

"그 친구들은 자기들이 너에게 그렇게 특별한 사람이란 걸 알고 있을 것 같아?" 내가 물었다.

잠시 동안 동생은 입을 다물었다. 그리고 작은 소리로 대답했다. "그 친구들은 그렇게 생각하지 않을 것 같아요." 타고난 외향적인 성격을 억누를 필요는 없다고 말해 주었다. "그저 우선순위를 두고 있는지 꼭 확인하렴." 나는 말했다. "가장 중요한 우정에다가 말이지."

필요하다면 얼마간 일정을 잡아서 죽고 못 사는 그 멋진 친구들과 의미 있는 접점을 즐기지 못한 채 며칠 몇 주 그리고 어느새 몇 달이 지나가 버리지 않도록 하라고 격려했다.

"그 친구들은 너의 닻이고 네가 영양분을 공급받을 뿌리란다"라고 동생에게 조언했다.

"그 친구들은은 네게 연료가 되어 주고 책임감을 느끼게 할 거야. 캠퍼스로 돌아가면 또 누가 친구가 될 수 있을지 잘 살펴봐야 할 거야."

학교로 돌아간 후 한나는 친구들을 앉히고 이렇게 말했다.

"너희들은 내게 몹시 특별한 사람들임을 알아 줬으면 좋겠어. 너희들은 내 가장 친한 친구들이야."

그러자 친구들은 진솔하게 사실을 털어놓았다. 계속 친구들을 불려나가는 한나의 행동이 어떻게 자신들로 하여금 우선순위에서 밀려난 것처럼 느끼게 만들었는지를 말이다.

많은 사람처럼 그녀는 자신도 모르게 마을이 아닌 명백한 도시를 만들고 말았다. 반경을 좀 더 축소할 필요가 있었다.

그래서 이것이 첫 번째 주의사항이다. 전 세상을 친구로 삼지 말라. 친밀한 소수는 다 이유가 있어서 소수라고 불린다. 오직 몇몇의 사람만 필요하다. 하지만 다음의 두 번째 주의사항도 마찬가지로 중요하다. 백만 명과 친구가 되지 말고 또한 자기만의 굴을 파고 그 속으로 숨지도 말라.

날이면 날마다 전 세계의 문제들을 떠안고 다니지 않아도 된다.

우리는 그 문제들을 모두 알고 있는 최초의 세대이다. 분명히 짚고 넘어가자. 우리 시대의 문제들에 눈을 감거나 신경 쓰지 않아도 된다는 통과 증서를 주려는 게 아니다. 하지만 모든 것에 신경을 쓰다 보면 결국 아무런 도움도 주지 못하고 만다. 그것을 연민 피로증(compassion fatigue)이라고 부른다. 전 세계적 위기에 마음을 쓰는 동안 가장 가까운 사람들에게 무감각해지고 말았다. 하나님은 대부분의 시간 동안 서로를 돌보도록 우리를 마을에 자리잡아 주셨는데 그 수용력은 평생 동안 30명에서 50명을 넘어서는 경우가 거의 없었다. 그러나 우리는 그런 삶의 방식을 상실했다.

한때 나는 적어도 몇몇 핵심 관계 속에서 친밀감을 발전시키는 주된 이유가 힘든 시기가 올 때 의지할 사람들을 얻기 위해서라고 생각했다. 하지만 여정을 할수록 힘든 시간들은 이미 이곳에 와 있음을 깨닫는다. 살아가면서 해마다, 주마다, 날마다, 힘겨운 무엇인가 있다. 병적으로 음울한 분위기를 조장하려는 게 아니다. 마찬가지로 살아가면서 해마다, 주마다, 날마다, 아름다운 무엇인가 또한 있다!

남편과 내가 아이와 관련된 최근의 모든 문제들을 털어놓아야 했던 그날 밤 소그룹을 떠날 때 교회 자매 한 명이 나를 쳐다보며 말했다.

"제니, 이미 알겠지만 당신 가족을 위해 기도할 때 내 가족을 위한 것처럼 기도하고 있어요."

그들은 우리의 사람이고 우리는 그들의 사람이다. 우리는 서로의 것이다. 우리는 원래 그렇게 되도록 지음 받았다.

가장 아끼는 바로 그 친구

내 말을 들어 보라. 우리는 이 책의 거의 막바지까지 함께 왔다. 당신이 삶 가운데서 이런 유형의 친구 한 명을 얻기 위해 무슨 일이든지 기꺼이 할 준비가 되었으리라고 믿는다.

댈러스의 새집 바닥에 주저앉아 있을 때 바로 내가 그랬다. 그리고 그때 젊은 대학생 캐롤라인이 현관을 걸어들어 왔다. 그 대학생을 우리 집 돌보미로만 볼 수도 있었지만 그러지 않았다. 우리 가족의 일부, 마침내는 내 그룹의 일부로 보았고 내 사람, 내 친구로 보았다. 사실 우리는 오늘 글을 쓰고 있는 동안에도 자연스레 문자를 주고받았다.

다시 한 번 말하지만 당신의 사람들이 눈앞에 있을지도 모른다. 만약 지금 눈앞에 없다고 해도 가장 멋진 위로의 소식을 들려주겠다. 내가 발견한 가장 한결같은 친구 최악의 모습을 보고도 여전히 나를 사랑하는 친구는 바로 예수님이시다. 예수님은 당신을 자신의 친구라고 부르신다.

"이제부터는 너희를 종이라 하지 아니하리니 종은 주인이 하는 것을 알지 못함이라 너희를 친구라 하였노니"(요 15:15).

우리가 완전히 알려지고 완전히 받아들여지고 사명을 수행하고 보이고 사랑받고 혼자가 아니고 싶은 갈망은 온전히 하나님 안에서 응답되어야 한다. 예수님은 우리의 가장 친한 친구이다.

아직 예수님과 그런 친구가 되지 못했을 수도 있다. 괜찮다. 한 번은 내 딸 케이트가 다섯 살이었을 때 자신의 가장 친한 친구에 대해 말한 적이 있다. 그때 펑크록 음악 팬인 오빠가 "그 애가 아니라 예수님이 네 가장 친한 친구가 되어야 해"라고 말하며 동생을 부끄럽게 만들었다.

케이트는 대답했다.

"글쎄 난 이제 막 예수님을 알아가고 있어."

당신도 그렇다면, 괜찮다. 하지만 말할 수 있다. 예수님은 참된 친구가 되어 주신다. 결코 무시하거나 제외시키거나 부끄럽게 만들거나 짜증스럽게 눈을 치켜뜨신 적이 없다. 한 번도 그러지 않으셨다. 예수님은 항상 경청하고 돌보며 진리를 말씀하신다. 언제나 함께 하신다. 또한 안전하고 용기를 북돋아주며 언제나 도전을 주고 우리를 향상시켜 주신다. 우리는 절대 혼자가 아니다. 예수님이 계신다. 그리고 우리는 예수님의 소유이다.

하지만 예수님은 우리에게 더 많은 것을 원하신다. 매일매일 함께 달리고 함께 예수님을 사랑하고 고난을 통해 서로를 사랑하는 한 팀의 사람들이 되기를 원하신다. 예수님은 당신에게 이것을 원하신다. 나도 당신에게 이것을 원한다.

그것은 싸울 가치가 있는 싸움이다. 계속 달려가라. 계속 사랑하라. 당신의 사람들을 찾고 절대로 그들을 보내지 말라.

진정한 공동체를 위한
기도

■

기도로 이 책을 끝내고 싶다. 하나님께서 도와주시지 않는다면 우리의 사람들을 찾고 유지하려는 목표는 너무 벅차게 느껴진다.

나와 함께 기도하기를 부탁한다.

하나님,

우리는 하나님이 필요합니다.

하나님 이외에는 다른 소망이 없습니다.

우리는 새로이 또는 어쩌면 처음으로 하나님을 신뢰하고 있습니다.

예수님, 당신은 우리 죄를 충분히 대속하셨습니다.

우리가 먼저 하나님께 의로울 수 있는 길을 열어 주셔서 감사합니다.

그리고 또 서로에게 의로울 수 있는 길을 열어 주셔서 감사합니다.

우리와 함께 거해 주셔서 감사합니다.

우리에게 자신을 넘어서는 목적을 주셔서 감사합니다.

우리를 잊지 않으셔서 감사합니다.

우리가 천국에서 예수님과 함께 영원히 거할 수 있도록

집을 준비해 주고 계심에 감사드립니다.

하지만 그동안에 우리는 천국이 이 땅에 임하기를 원합니다.

하나님 나라가 이 땅에 실현되기를 원합니다!

그리고 하나님, 당신은 그것을 이룰 사람이 우리라고 말씀하십니다!

교회는 하나님 나라의 소망을 세상에 전합니다.

그래서 하나님, 우리의 깨트러진 관계를 치유해 주시겠습니까?

우리가 이렇게 살아갈 수 있도록 도와주시겠습니까?

우리가 진정한 공동체를 찾을 수 있도록 도와주시겠습니까?

하나님께 헌신하는 삶을 사는 동안

친구를 사귀고 관계를 유지할 수 있도록 도와주십시오.

우리의 공동체와 하나님의 교회를 세우겠습니다.

우리의 역할을 하겠습니다.

솔직해지겠습니다.

회복하겠습니다.

사람들을 가까이 하겠습니다.

머물겠습니다.

하나님의 말씀은 우리가 치유하고 용서할 수 있을 뿐만 아니라

파괴의 구렁텅이로 몰아넣는 분열을 극복할 수 있다고

약속하십니다.

그러므로 우리가 신실하게 그 말씀을 믿고

그것을 위해 싸우는 일에 충성하도록 이끌어 주십시오.

하나님, 우리에게 인간의 한계를 뛰어넘는

더 큰 비전과 소망을 주십시오.

주님의 나라가 임하기를 주님의 뜻이

하늘에서와 같이 땅에서도 이루어지기를 바랍니다.

아멘.

"하나님 안에서 공동체를 얻을 때까지"

■

지상에 있는 한 우리는 더 큰 것을 갈망할 것이다. 사람은 무엇인가 더 크고 나은 것을 추구하도록 설계되었기 때문이다. 하나님과 영원히 친밀한 관계를 맺도록 설계되었다.

성 어거스틴은 "하나님은 우리를 하나님을 바라도록 지으셨기에 하나님 안에서 쉼을 얻을 때까지 우리의 마음은 정처가 없습니다"라고 고백했다.[1]

죄가 아담과 하와를 통해 세상에 들어오기 전까지 인류는 하나님과 완벽한 관계를 유지했다. 죄가 불러 온 것은 죽음의 확실성 및 하나님과의 영원한 분리였다. 처벌이 따라야 했다. 그러나 하나님은 죄에 대한 최초의 벌을 선언하심과 동시에 우리가 하나님께 돌아갈 수 있는 길을 마련해 주시겠다는 약속을 공표하셨다.

우리의 죄는 완벽한 희생제물 위에 놓여졌다. 하나님은 우리를 되찾기 위해, 우리 죄를 떠맡고 우리의 마땅한 운명을 짊어질 흠 없고 완벽한 아들을 보내셨다.

수천 년 동안의 예언을 이루시며 오신 예수님은 흠 없는 삶을 사셨고 우리의 죄에 대한 대가를 치르시면서 참혹한 죽음을 당하셨다. 그리고 삼 일 후에 죽음을 물리치고 무덤에서 일어나 지금 하나님 아버지와 함께 보좌에 앉아 계신다.

죄를 용서하기 위해 예수님이 흘리신 피를 인정하는 사람은 누구나 하나님의 자녀로 입양될 수 있다. 믿는 사람에게 하나님은 하나님을 위해 그리고 하나님과 함께 이 삶을 살 수 있도록 인을 치고 능력을 주기 위해 성령을 보내 주신다.

우리는 하나님을 위해 지음 받았고 하나님은 우리의 영혼이 마침내 하나님 안에서 영원히 안식을 찾을 수 있도록 모든 것을 주셨다.

만일 그리스도가 당신의 죄를 용서하신 것을 믿어 본 적이 없다면 지금 이 순간 그렇게 할 수 있다. 예수님을 필요로 한다고 고백하고 예수님을 주인이자 구원자로서 신뢰하기로 선택한다고 말하라.

감사의 말

지지를 보내 준 수많은 이들이 없었다면 우리의 사람들을 찾는 데 관한 책을 결코 쓸 수 없었을 것이다. 하나님이 계속 그 사실을 가르쳐 주고 계셔서 나는 그들의 도움 없이는 이 책이 세상에 나오지 못했을 것이라고 겸허히 말할 수 있다.

먼저 내게 가장 중요한 사람인 남편 재크에게. "사랑해요. 당신은 언제나 일을 순조롭게 진척시켜 주는 사람이에요. 당신의 끊임없는 격려와 지원 없이는 결코 이 일을 할 수 없었을 거예요. 당신은 나를 향상시켜 주고 얽매임 없이 사역할 수 있도록 배려해 주었어요. 드러나지 않는 방법으로 나와 우리 아이들을 섬김으로써 이 사역이 결실을 맺도록 해 준 것은 하늘도 자랑스럽게 여길 거예요. 감사해요."

사랑하는 내 아이들 코너, 케이트, 캐롤라인 그리고 쿠퍼에게. "엄마 노릇을 하다 보니 언제부턴가 너희는 내 사람들이 되어 있었어. 이제 너희 하나하나가 우리의 가장 친한 친구들이 되었구나. 모두를 사랑하고 좋아해. 너희들은 늘 엄마를 믿고 응원해 주지. 정말 고마워. 엄마 아빠는 너희들의 가장 열혈 팬인 거 알지? 또 너희가 경건한 어른들로 성장하는 걸 지켜보는 것이 엄마 아빠의 삶에서 가장 큰 기쁨인 것도 알지?"

　나의 부모님에게. "사랑하는 엄마 아빠, 해가 갈수록 두 분의 결혼 생활과 제게 베풀어 주신 모든 것에 대해 더욱 감사해요. 두 분은 늘 제게 신실할 뿐만 아니라 지원을 아끼지 않으시죠. 영원히 감사해요!"

　캐롤린(Carolyn)과 랜디(Randy)에게. 두 사람 다 우리를 여러 모로 지지해 주고 있어요. 요즘 댈러스에서 우리 마을의 일원이 돼 주어 감사해요."

　내 동생 브룩과 케이티 그리고 덤으로 얻은 시누이 애슐리에게. "너희 셋은 의심할 나위 없이 내가 가장 아끼는 친구들이야. 너희들이 가족으로서 언제까지나 내 곁에 머무르는 것은 큰 선물과도 같아."

　클로이에게. "당신 없이는 이 일을 할 수 없었을 거예요. 그 어떤 것도 말이에요. 하나님은 미리 아시고 결코 잊지 못할 방법으로 당신을 보내 주셨어요. 당신은 내 모든 사역이 순탄하게 진행되도록 해 줘요. 내 모든 삶이 제대로 돌아가도록 해 줘요. 내가 쏟는 노력 못지않게 이 일에 마음을 쏟아 줘서 고마워요. 때로는 내가 지칠 때 더 신경 써 주는 것도 알아요."

　제임스(James) 그레이(Gray) 윌(Will) 브룩스(Brooks)에게. "당신들의 아내와 어머니를 알게 해 줘서 고마워요."

　이프 개더링 식구들에게. "이프(IF)가 내 삶에 선사해 줄 가족은 꿈에도 생각하지 못했어요. 전 세계의 자매들로부터 날마다 함께 일해서 행복한 사무실 식구들까지. 모든 점에서 이 책은 당신들을 위한 것이고 당신들 덕분에 나올 수 있었어요. 당신들은 내 사람들이 되기 위해 그리고 이 사역이 이루어지도록 돕기 위해 많은 희생을 치렀어요!"

조딘(Jordyn), 한나 M.(Hannah M.), 에이미(Amy), 다니엘(Danielle), 캐롤라인(Caroline), 리사(Lisa), 메그(Meg), 케이티(Katy), 케일리(Kayley), 크리스틴(Kristen), 칼리(Kali), 앨리(Aly), 한나 R.(Hannah R.), 트레이시(Traci) 그리고 우리의 두려움 없는 지도자 브룩 마자릴로(Brooke Mazzariello)에게. "당신들은 내게 더없는 선물이에요. 이렇게 한마음을 가진 팀과 함께 영광스러운 사명을 수행하게 된 것은 정말 축복이에요. 저와 함께 브레인스토밍을 하고 이 책을 더 향상시켜 주셔서 감사드려요."

파커(Parker)에게. "백지로 시작하지 않도록 내가 했던 말들을 많이 모아 줘서 고마워! 넌 나의 친구, 사랑스런 여동생이자 팀 동료야. 지난 몇 년간 우리 곁에서 삶을 함께 해 줘서 정말 감사해."

그 외의 내 마을 사람들에게. "여러분들이 없었다면 이 책을 쓸 수 없었어요. 칼라(Carla), 리즈(Liz), 미셸(Michelle), 엘렌(Ellen), 린지(Lindsey), 캘리(Callie), 데이비(Davy), 제니 E.(Jennie E.) 그리고 다른 많은 분들, 이렇게 빠르고 아름답게 내 사람들이 되어 줘서 고마워요. 이 책을 여러분에게 바칩니다!"

예이츠와 예이츠 팀(Yates & Yates team)에게. "다시 한 번 감사의 인사를 드려요. 여러분은 어떤 일에도 뜨뜻미지근하지 않아요. 지금 모든 것을 바치고 있어요! 그것은 그리스도의 몸이 무엇인지 보여 주는 더할 나위 없이 아름다운 그림이 되고 있어요. 여러분은 이것이 올바른 메시지이며 하나님을 드러내 보여 주는 최선의 방법이 되도록 배후에서 많은 시간 동안 각자의 재능들을 사용해 왔어요. 커티스(Curtis)와 캐런(Karen), 당신들은 우리에게 가족과도 같아요. 우리가 오래 전에 만나지 못했더라면 어땠을지 상상조차 할 수 없어요. 삶은 지금과는 딴판일 거예요."

잠언 31팀에게. "리사(Lysa), 쉐이(Shae), 마디(Madi), 메건(Meagan), 조엘(Joel), 여러분의 창의성과 다양한 의견은 이 프로젝트를 구성하는 데 큰 도움이 되었어요. 여러분에게 아무리 감사해도 부족할 거예요!"

워터브룩(WaterBrook) 팀에게. "세상에, 처음 만났을 때부터 여러분이 너무 좋아서 믿기지가 않을 정도였어요. 여러분 모두는 나보다 더 큰 꿈을 꾸었고(그리고 이건 정말 대단한 걸 말해주죠), 나를 열정적으로 믿었어요. 여러분은 나에게 모든 것을 주었고 모습을 드러냈고 여성들에게 다가가는 독창적인 관점을 보여 주었어요. 심지어 여러분에게 완전히 열광해서 마지막 순간에 책 내용을 바꿀 때조차도 나를 지지해주었어요.

티나(Tina), 지니아(Ginia), 베브(Bev), 캠벨(Campbell), 조안나(Johanna), 첼시(Chelsea), 로리(Lori) 로라 W.(Laura W.)에게. "솔직히 여러분보다 더 나은 팀을 결코 만날 수 없었을 거예요."

그리고 마지막으로 애슐리 위어스마(Ashley Wiersma)와 로라 바커(Laura Barker)에게. "당신들의 사랑과 헌신이 없었다면 이 책은 존재하지도 전혀 도움이 되지도 않았을 거에요. 애슐리, 당신의 연구 아이디어 그리고 창의력 덕분에 이 책에 대한 긍정적인 믿음을 가질 수 있었어요. 당신은 이 책이 존재할 수 있도록 도움을 주었어요! 그리고 로라, 당신과 당신의 편집은 내가 안주하고 싶을 때조차도 그것을 허락하지 않아요. 비록 이 프로젝트에는 혼자서 수백 시간 동안 글을 쓴 작업이 포함됐지만 나는 혼자가 아니란 것을 알았어요. 정신 나간 전화를 받아주시고 이 책이 오직 하나님이 원하시는 모습으로 완성되도록 나 못지않게 마음 써주셔서 감사드려요!"

주

프롤로그

1. Tina Payne Bryson, PhD, "When Children Feel Safe, Seen, and Soothed (Most of the Time), They Develop Security," 2020년 1월 9일, www.tinabryson.com/news/when-children-feel-safe-seen-amp-soothed-most-of-the-time-they-develop-security.

PART 1

Chapter 1

1. Elena Renken, "Most Americans Are Lonely, and Our Workplace Culture May Not Be Helping," NPR, 2020년 1월 23일, www.npr.org/sections/health-shots/2020/01/23/798676465/most-americans-are-lonely-and-our-workplace-culture-may-not-be-helping.

2. Brad Porter, "Loneliness Might Be a Bigger Health Risk Than Smoking or Obesity," 2017년 1월 18일, www.forbes.com/sites/quora/2017/01/18/loneliness-might-be-a-bigger-health-risk-than-smoking-or-obesity/?sh=32b6a0e725d1.

3. Curt Thompson, *The Soul of Shame: Retelling the Stories We Believe About Ourselves* (Downers Grove, IL: InterVarsity, 2015), 52. 커트 톰슨, 《수치심: 수치심에 관한 성경적·신경생물학적 이해와 치유》(IVP 역간).

Chapter 2

1. 이에 대해 더 알고 싶다면 다음 책을 보시오. Timothy Keller, *The Reason for God: Belief in an Age of Skepticism* (New York: Penguin, 2008), chapter 14. 팀 켈러, 《팀 켈러, 하나님을 말하다》(두란노 역간).

2. 요한복음 16-17장을 보시오.

3. Timothy Keller, *The Reason for God*, 224. 팀 켈러, 《팀 켈러, 하나님을 말하다》(두란노 역간).

4. Anne Punton, *The World Jesus Knew: Beliefs and Customs from the Time of Jesus* (Grand Rapids, MI: Monarch, 1996), 50.

5. Eric Bond et al., "The Industrial Revolution," https://industrialrevolution.sea.ca/impact.html.

6. 이 통찰은 상담가 Dr. Mark Mayfield와의 대화로부터 얻었다.

7. John J. Pilch, *A Cultural Handbook to the Bible*(Grand Rapids, MI: Eerdmans, 2012), 59. "널리 인정되는 것처럼 서양 문화는 매우 개인주의적이다. 이 문화의 구성원들이 깨닫지 못하는 것은 그러한 성격 유형이 지구상 인구의 20퍼센트만을 대표한다는 것이다. 나머지 80%는 집단주의적이다. 이러한 문화의 구성원들은 자신들의 집단에 너무 강하게 함몰되어 있어서 개인들로서 두드러져 보이고 싶어 하지 않는다."

8. "Self-Help, Individualism and the Social Brain," *RSA*(blog), 2009년 1월 12일. www.thersa.org/blog/2009/01/self-help-individualism-and-the-social-brain.

Chapter 3

1. C. S. Lewis, *The Four Loves*(New York: Harcourt, Brace, 1960), 61-62. C. S. 루이스, 《네 가지 사랑》(홍성사 역간).

2. Brené Brown, "The Power of Vulnerability," TED Talk, filmed June 2010 in Houston, Texas, www.ted.com/talks/brene_brown_the_power_of_vulnerability.

3. 요한계시록 21장 1-5절, 7장 9절을 보시오.

4. Elena Renken, "Most Americans Are Lonely, and Our Workplace Culture May Not Be Helping," NPR, 2020년 1월 23일. www.npr.org/sections/health-shots/2020/01/23/798676465/most-americans-are-lonely-and-our-workplace-culture-may-not-be-helping.

Chapter 4

1. 사도행전 17장 26-27을 보시오.

2. 잠언 17장 17절, 에베소서 4장 2절, 잠언 18장 24절, 야고보서 5장 16절, 히브리서 12장 1-2절, 3장 13절을 보시오.

3. Judith Graham, "Good Friends Might Be Your Best Brain Booster as You Age," Blue Zones, www.bluezones.com/2019/02/good-friends-might-be-your-best-brain-

booster-as-you-age.

4. Prakhar Verma, "Destroy Negativity from Your Mind with This Simple Exercise," Mission.org, 2017년 11월 27일. https://medium.com/the-mission/a-practical-hack-to-combat-negative-thoughts-in-2-minutes-or-less-cc3d1bddb3af.

PART 2

Chapter 5

1. Christopher D. Lynn, "Would Our Early Ancestors Have Watched the Super Bowl?" Sapiens, 2019년 1월 31일. www.sapiens.org/archaeology/history-of-fire-super-bowl.

2. Rachel Nuwer, "How Conversations Around Campfire Might Have Shaped Human Cognition and Culture," *Smithsonian*, 2014년 9월 22일. www.smithsonianmag.com/smart-news/late-night-conversations-around-fire-might-have-shaped-early-human-cognition-and-culture-180952790.

3. Nuwer, "How Conversations Around Campfire," *Smithsonian*.

4. 사도행전 2장 46절을 보시오.

5. "How to Make Friends? Study Reveals Time It Takes," KU News Service, 2018년 3월 28일, https://news.ku.edu/2018/03/06/study-reveals-number-hours-it-takes-make-friend.

Chapter 6

1. "How Shame Is Secretly Affecting All of Us with Dr. Curt Thompson," *Jennie Allen* (blog), www.jennieallen.com/blog/how-shame-is-secretly-affecting-all-of-us-with-dr-curt-thompson.

2. C. S. Lewis, *The Four Loves* (New York: HarperCollins, 1960), 155. C. S. 루이스, 《네 가지 사랑》(홍성사 역간).

Chapter 7

1. "How to Be a Healthy Person," *Jennie Allen* (blog), www.jennieallen.com/blog/how-to-be-a-healthy-person-with-jim-cofield?rq=cofield.

Chapter 8

1. "Fertile Crescent," National Geographic Resource Library, www.nationalgeographic. org/encyclopedia/fertile-crescent.

2. C. S. Lewis, *The Four Loves* (San Francisco: HarperOne, 2017), 85. C. S. 루이스, 《네 가지 사랑》(홍성사 역간).

3. Timothy Keller, *Every Good Endeavor: Connecting Your Work to God's Work* (New York: Penguin Random House, 2012), 47–48. 팀 켈러, 《일과 영성》(두란노 역간).

4. C. S. Lewis, *The Weight of Glory* (New York: HarperOne, 1949), 46. C.S. 루이스, 《영광의 무게》(홍성사 역간).

Chapter 9

1. Lydia Denworth, "How Do You Make or Maintain Friends? Put in the Time," Psychology Today, 2018년 3월 30일. www.psychologytoday.com/us/blog/brain-waves/201803/how-do-you-make-or-maintain-friends-put-in-the-time

PART 3

Chapter 10

1. Richard Fry, "The Number of People in the Average U.S. Household Is Going Up for the First Time in over 160 Years," Pew Research Center, 2019년 10월 1일, www.pewresearch.org/fact-tank/2019/10/01/the-number-of-people-in-the-average-u-s-household-is-going-up-for-the-first-time-in-over-160-years.

2. 더 알고 싶다면 David Brooks, "The Nuclear Family Was a Mistake,"을 보시오. *Atlantic*, 2020년 3월. www.theatlantic.com/magazine/archive/2020/03/the-nuclear-family-was-a-mistake/605536.

3. Aislinn Leonard, "Moai—This Tradition Is Why Okinawan People Live Longer, Better," Blue Zones, www.bluezones.com/2018/08/moai-this-tradition-is-why-okinawan-people-live-longer-better.

4. Erin Jelm, "Fictive Kinship and Acquaintance Networks as Sources of Support and Social Capital for Mexican Transmigrants in South Bend," *University of Notre Dame Institute for Latino Studies*, 2010년 봄, https://latinostudies.nd.edu/assets/95249/original/3.7_fictive_kinship_and_acquaintance_networks.pdf.

5. Dietrich Bonhoeffer, *Life Together*, Dietrich Bonhoeffer Works, vol. 5, ed. Geffrey B.

Kelly (Minneapolis: Fortress, 1996), 36. 디트리히 본회퍼, 《신도의 공동생활 · 성서의 기도
서》(대한기독교서회 역간). / 디트리히 본회퍼, 《현대인을 위한 성도의 공동생활》(프리셉트 역
간).

6. Thomas Merton, *The Sign of Jonas* (Orlando: Harcourt, 1953), 10. 토머스 머튼, 《토머스 머
튼의 영적 일기: 요나의 표징》(바오로딸 역간).

Chapter 11

1. Kate Harris, *Wonder Women*, Barna Group Frames (Grand Rapids, MI: Zondervan, 2013),
24.

Chapter 12

1. 로마서 12장 15절을 보시오.

부록 2

1. Saint Augustine, *Confessions*, quoted in John Stott, Basic Christianity (Grand Rapids,
MI: Eerdmans, 2008), 91. 《성 어거스틴의 고백록 해설》(대한기독교서회)